Fuori dall'ombra del Rushmore
LA STORIA DI LUIGI DEL BIANCO

La riscoperta di uno scultore friulano sulla Montagna dei Presidenti

Recensioni al libro *Fuori dall'ombra del Rushmore*

"*Fuori dall'ombra del Rushmore* è una storia stupenda e rivelatrice del personaggio che è stato Luigi Del Bianco, il vero genio dello scalpello che sta dietro la scultura del Monte Rushmore. Questo libro affascinante cambia radicalmente la storia ufficiale sul Rushmore. Da adesso in poi guarderò le Black Hills del Sud-Dakota tenendo a mente Del Bianco. Vivamente consigliato!"

— **DOUGLAS BRINKLEY**
Autore di *Rightful Heritage: Franklin D. Roosevelt e di the Land of America* e professore di Storia alla Rice University.

"Con tutta la sua ricchezza nell'ambito della cultura e dell'artigianato italiano, Luigi Del Bianco rappresenta un chiaro esempio di come gli italiani hanno contribuito alla nostra grande nazione".

— **DANIEL J. LONGO**
**Presidente Nazionale,
Ordine Figli d'Italia in America®**

"Crescendo, ho sempre pensato che Gutzon Borglum, grazie all'aiuto di suo figlio Lincoln negli ultimi anni, fossero stati gli unici artefici della creazione del Monte Rushmore. Poi ho incontrato Lou Del Bianco. E solamente DOPO essermi buttato a capofitto tra le pagine del suo indiscutibile saggio, in gran parte scritto da Borglum, ho appreso il ruolo critico e storico che ricopriva Luigi Del Bianco in qualità di capo intagliatore. *Fuori dall'ombra del Rushmore* è una storia avvincente che Lou Del Bianco ha inteso scrivere; una raccolta meticolosa di avvenimenti che hanno spinto il Servizio del Parco Nazionale a fare la cosa più giusta".

— **T. SEAN HERBERT**
**Produttore esecutivo,
UnXpected Development**

FUORI DALL'OMBRA DEL RUSHMORE
LA STORIA DI LUIGI DEL BIANCO

La riscoperta di uno scultore friulano sulla Montagna dei Presidenti

LOU DEL BIANCO

NICHE CONTENT PRESS | NEW JERSEY

Titolo originale: *Out of Rushmore's Shadow: The Luigi Del Bianco Story – An Italian Immigrant's Unsung Role as Chief Carver*
© 2018 Lou Del Bianco
Pubblicato da Niche Content Press

Tutti i diritti sono riservati. Il presente libro o parti di esso in qualsiasi modalità non potranno essere riprodotti senza l'espresso consenso da parte di Anthony Fasano, Niche Content Press Corporation, 38 East Ridgewood Ave. N. 345, Ridgewood, NJ 07450 o Keep Point Scrl - Udine (Italy).

Tutte le foto, i documenti, le lettere, i telegrammi o le cartoline presenti all'interno del libro sono di dominio pubblico grazie all'autorizzazione della Biblioteca del Congresso degli Stati Uniti d'America o in quanto provenienti dalla Collezione di famiglia della discendenza Del Bianco, salvo diversamente indicato. Alcune immagini sono state modificate per ragioni di stampa ma non sostituite agli originali.

Copertina e grafica a cura di James Woosley (FreeAgentPress.com)
Edited by Dolores Alfieri
Consulente editoriale: Camille Linen (artofenglish.net)

Contatti di Lou Del Bianco: www.luigimountrushmore.com | www.findlou.com

Prima edizione americana (inglese): settembre 2017
   ISBN: 978-0-9989987-2-5 (edizione tascabile)
   ISBN: 978-0-9989987-3-2 (e-book)
   ISBN: 978-0-9989987-4-9 (edizione rilegata)

Prima edizione americana (italiana): dicembre 2018
   ISBN: 978-0-9989987-7-0 (edizione tascabile)
   ISBN: 978-0-9989987-8-7 (e-book)
   ISBN: 978-0-9989987-9-4 (edizione rilegata)

Prima edizione italiana: dicembre 2018
   ISBN: 978-8-8908286-3-8 (edizione tascabile)

A cura ed esclusiva di KEEP POINT scrl – Udine
da un'idea di Fabrizio Romanelli

Traduzione: Elisabetta Lo Guasto
Revisione dei testi: Alessandro Zolin
Coordinamento: Francesco Scalettaris

KEEP POINT ringrazia l'architetto Carla Sacchi per la sensibilità e la collaborazione dimostrate; e inoltre: Francesca Agostinelli, Daniele Cassan, Gloria Del Bianco, Rino Del Bianco, Emilia De Stefano, Onelia Pin, Catherine Swain.

Con il patrocinio di:

Note alla edizione italiana.
1. Nel testo italiano, salvo eccezioni, sono state mantenute le unità di misura americane. Per facilitare la lettura, riportiamo qui la conversione nel Sistema internazionale di alcune di esse: 1 piede = 30,5 cm, 1 pollice = 2,54 cm, 1 miglio = 1,6 km.
2. Le fotografie e i documenti storici sono stati riprodotti nel testo come da originali, senza manipolazione alcuna. Questa scelta può aver determinato in diversi casi una qualità non ottimale.

Mi piacerebbe dedicare il presente libro a tutti coloro che rimangono nell'ombra...

"L'America apprezza i numerosi doni che voi portate al suo altare. Avete portato la vostra musica, la vostra poesia, la vostra arte, la vostra cultura... tutto ciò inizierà a far parte dell'America. Avete portato anche le mani con cui lavorate, le menti con cui immaginate, i cuori pieni di speranza".
— **Wolfe Cribari,**
1941

"Noi immigrati siamo quelli che abbiamo portato a termine il lavoro".
— **Lin Manuel Miranda,**
Hamilton, 2015

INDICE

NOTA xiii

PRESENTAZIONE xv

PARTE I - SCOPRIRE CHE NON SI PARLA DI LUIGI 1
   CAPITOLO UNO - "Io sono Luigi, tu sei Luigi" 3
   CAPITOLO DUE - Zio e "nipotino" 7
   CAPITOLO TRE - Come è possibile che Luigi non sia menzionato? 9
   CAPITOLO QUATTRO - Dovrai andare senza di me 17
   CAPITOLO CINQUE - Sembra più grande in TV! 21
   CAPITOLO SEI - In ogni autore c'è un "tranello" 31
   CAPITOLO SETTE - La più grande biblioteca del mondo 35
   CAPITOLO OTTO - Washington, stiamo arrivando 37

PARTE II - LUIGI RITROVATO 45
   CAPITOLO NOVE - Il piccoletto curioso 47
   CAPITOLO DIECI - Luigi nella capitale del granito 51
   CAPITOLO UNDICI - La Prima Guerra Mondiale: l'Italia chiama 53
   CAPITOLO DODICI - Devi incontrare Borglum! 55
   CAPITOLO TREDICI - Bianco e "il Maestro" 59
   CAPITOLO QUATTORDICI - Trionfo e tragedia 65
   CAPITOLO QUINDICI - La vita va avanti 67
   CAPITOLO SEDICI - "Il Maestro" chiama 69

CAPITOLO DICIASSETTE - Cominciano i problemi 81
CAPITOLO DICIOTTO - Il richiamo della famiglia 87
CAPITOLO DICIANNOVE - Ecco che arrivano i Del Bianco 93
CAPITOLO VENTI - Come hanno scolpito quei volti giganteschi? 103
CAPITOLO VENTUNO - Ancora problemi di soldi 117
CAPITOLO VENTIDUE - L'incontro a Port Chester 125
CAPITOLO VENTITRE - Luigi incontra un presidente 129
CAPITOLO VENTIQUATTRO - La politica come al solito 137
CAPITOLO VENTICINQUE - "Mio caro Maestro" 141
CAPITOLO VENTISEI - Rushmore, 1938. Dov'è Luigi? 153
CAPITOLO VENTISETTE - Luigi ritorna! 155
CAPITOLO VENTOTTO - Borglum ed il Rushmore se ne vanno via insieme 165
CAPITOLO VENTINOVE - Il ritorno alla vita di Port Chester 171
CAPITOLO TRENTA - La famiglia accoglie un nuovo nato 177
CAPITOLO TRENTUNO - Gli anni del dopoguerra 179
CAPITOLO TRENTADUE - La crudeltà del granito 185

PARTE III - IN DIFESA DI LUIGI 197
CAPITOLO TRENTATRE - Non vedo l'ora che vedano cosa ho trovato!.. 199
CAPITOLO TRENTAQUATTRO - L'anniversario 203
CAPITOLO TRENTACINQUE - "É possibile vedere ciò che è stato eretto lì" 211
CAPITOLO TRENTASEI - L'intervento delle Poste degli Stati Uniti 217
CAPITOLO TRENTASETTE - "Sei friulano: vanne fiero!" 219
CAPITOLO TRENTOTTO - Borglum, dibattiti, conferenze 225
CAPITOLO TRENTANOVE - "Incontro con i Borglum" 229
CAPITOLO QUARANTA - "Tale padre tale figlio" 233
CAPITOLO QUARANT'UNO - La famiglia perde il passaggio del testimone 239
CAPITOLO QUARANTADUE - Protagonista...Luigi! 249
CAPITOLO QUARANTATRE - La svolta di Rushmore! (credo) 257
CAPITOLO QUARANTAQUATTRO - L'offerta, un nuovo amico, maggiori riconoscimenti 271

CAPITOLO QUARANTACINQUE - Alti e bassi e di nuovo alti 277

CAPITOLO QUARANTASEI - Contro la versione ufficiale 285

CAPITOLO QUARANTA SETTE - Pubblicazione, discussione e presentazione 299

CAPITOLO QUARANTOTTO - Il traguardo 313

EPILOGO 325

Gloria Del Bianco - Ricordi di mio padre... 329

INTERVENTI DELLE NIPOTI DI LUIGI 337

Le congratulazioni di illustri americani - Luigi Del Bianco! 339

RINGRAZIAMENTI 341

NOTA SULL'AUTORE 345

NOTA

L'ENTE FRIULI NEL MONDO plaude a questa pregevole iniziativa editoriale della cooperativa Keep Point che ha il merito di far conoscere ai lettori di lingua italiana la straordinaria storia di emigrazione friulana del maestro Luigi Del Bianco e la fiera e strenua battaglia familiare condotta dal figlio Caesar e dal nipote Lou per rivelare al mondo intero il suo eccezionale talento di artigiano e artista.

"Vale più di tre uomini messi assieme che potevo trovare in America per questo tipo di lavoro" scriveva di lui Gutzon Borglum, ideatore del disegno e ingegnere della scultura del *Mount Rushmore*. Quale miglior sintesi per legittimare un emigrato italiano ed esaltare la "scalata professionale" alla *Montagna dei Presidenti* intrapresa da Luigi Del Bianco, che da umile scalpellino assurge al ruolo di capo intagliatore di uno dei capolavori monumentali più celebri degli Stati Uniti.

Ci piace immaginare che le montagne di Meduno che lo abbracciavano nell'infanzia possano avere forse accompagnato e ispirato la sua creatività artistica anche nei lunghi anni trascorsi da emigrante nel remoto Dakota del Sud e dato vigore al suo instancabile scalpello nel plasmare e animare i blocchi granitici delle Black Hills.

Il resto è frutto del suo spirito di sacrificio, della sua dedizione al lavoro e del suo coraggio di emigrante, qualità e valori che lo hanno sostenuto per tutta la vita e hanno contribuito a renderlo un simbolo imperituro del lavoro friulano nel mondo.

Adriano Luci
Presidente dell'Ente Friuli nel Mondo

PRESENTAZIONE

Fu PER UNO STRANO motivo professionale che nel 1984, fresco di laurea, misi piede per la prima volta a Meduno, paese della provincia di Pordenone a me all'epoca del tutto sconosciuto. Come progettista ebbi occasione di occuparmi poi di diversi interventi in zona e la mia frequentazione di Meduno e di Cereis si fece quasi quotidiana. E così avvenne per diverso tempo. Poi le dure regole di noi tecnici "mercenari" mi portarono altrove, ma rimangono indimenticabili i luoghi, i boschi e soprattutto i volti delle persone del posto, come Oreste Del Bianco, patriarca della famiglia detta "Bocul" e indiscusso riferimento per tutti, Daniele Cassan, Giovanni Mincin "Bacju" e i soci del consorzio agro-forestale del monte Cereis, conosciuti uno ad uno. Famiglie di agricoltori di una volta, anche se molti non lo erano più; gente moralmente solida e quindi predisposta ad affrontare in modo positivo impegni e problemi.

Questo necessario preambolo e un salto nel tempo di qualche decennio mi permettono di arrivare al 2017, settembre, allorché esce in America la storia di Luigi Del Bianco, originario di Meduno – Borgo Del Bianco, per la precisione – e protagonista, come leggiamo in questo libro, della realizzazione dei busti dei quattro Presidenti più rappresentativi della storia degli Stati Uniti, scolpiti sul monte Rushmore alla fine degli anni '30 del secolo scorso. Un libro scritto dal nipote Lou, ovviamente in inglese americano. A noi di Keep Point, cooperativa che si occupa anche di arte, cultura e territorio, questa storia è sembrata subito ricca di interessanti spunti, alcuni riportati qui di seguito.

Intanto non è una storia che si conclude con la morte del protagonista. Sarebbe stata una vicenda come tutte le altre quella di Luigi Del Bianco, come tante, tantissime vicende di emigranti friulani che, sparsi sul pianeta, ricercano con il lavoro una vita dignitosa per sé e per la propria famiglia, se l'intuito e la tenacia del figlio Cesare e soprattutto del nipote Lou non fossero intervenuti. Senza questo lavoro di riscoperta durato un quarto di secolo, di faticosa estrazione dall'ombra in cui era nascosta, la figura di Luigi si sarebbe persa nel nulla. Vittima di un recondito pregiudizio teso ad incrinare il mito del sogno americano? O comunque di un velato sciovinismo giocato ai vari livelli delle istituzioni pubbliche, centrali e locali, come leggeremo o intuiremo in queste pagine? Forse. Certo è che la storia di Luigi comincia con un "respingimento".

Siamo negli ultimi decenni del XIX secolo e lo sviluppo industriale che si era affermato anche in Friuli nel periodo post-unitario non era stato sufficiente ad assorbire l'offerta della manodopera che sovrabbondava in agricoltura. Per questo motivo, in particolare nella seconda metà degli anni '80 si verificò una sensibile emorragia migratoria verso il Nuovo Mondo – Argentina, Brasile e Nord America – quale alternativa alla più sperimentata emigrazione temporanea o stagionale rivolta verso i Paesi dell'Europa centrale. Tale fenomeno interessò anche il Friuli occidentale, e anche la famiglia Del Bianco. Non conosciamo i dettagli storici e cronologici; sappiamo solo che quel tentativo di cercar fortuna negli Stati Uniti fallì per i genitori di Luigi, costretti a ritornare in Patria via nave. E proprio su quella infausta nave di rientro nacque Luigi, nel maggio 1892. Il Nostro vedrà l'America solo 16 anni dopo.

Meduno "terra di scalpellini". L'architetto Carla Sacchi, medunese, ci riferisce che la tradizione si tramanda fin dal 1600, allorché maestri lombardi al servizio della Serenissima si trasferirono in zona e insegnarono ai giovani locali l'uso dello scalpello, da impiegare nell'ornato e nelle finiture edili. Non vi è quindi da meravigliarsi se papà Vincenzo Del Bianco mandò il giovanetto Luigi, che già maneggiava gli arnesi, a specializzarsi nell'arte dell'incisione e dell'intaglio a Vienna, probabilmente in quella *Kunstgewerbeschule* che addestrò centinaia di operai friulani là emigrati e, solo qualche decennio prima, impiegati nella costruzione di quel capolavoro imperiale che è il Municipio della capitale austriaca (*Wiener Rathaus*). Asburgicamente addestrato, Luigi ritornò in patria da abile incisore, ma anche come scultore e intagliatore di pietre. E questa distinzione specialistica risultò decisiva per il destino del ragazzo. In una America evoluta, dove la forza-lavoro generica, soprattutto se esterna, difficilmente trovava occupazione dignitosa, lo specialista, l'artista geniale e lavoratore avrebbe trovato lo spazio per esprimersi. Proprio in questo contesto va inserito quanto avvenne più tardi e che più volte emerge nella storia, quel braccio di ferro tra Luigi e i suoi committenti americani a riguardo del trattamento economico: c'è differenza tra un esecutore e un responsabile artistico (come diremmo adesso), tra un tagliapietre e un intagliatore e rifinitore. Questa differenza si può chiamare valore aggiunto, un valore personale e unico che da uno sperduto luogo di una sperduta regione italiana, in qualche modo ha solcato l'oceano per lasciare un'impronta memorabile, sul monte Rushmore. Lì, nei periodi in cui Luigi fu assente i lavori di dettaglio e di finitura si bloccavano, perché "Bianco" non era sostituibile.

Quando nel 1936 il Presidente Franklin D. Roosevelt, in occasione della cerimonia d'inaugurazione del busto di Thomas Jefferson, chiese a Luigi se fosse italiano, lui rispose: "Certo, italiano al 100%". Era vero. Ciò che traspare dei Del Bianco dal racconto di Lou è l'immagine di una famiglia di immigrati italiani che vive in una silenziosa normalità, propria di chi, in un grande Paese superorganizzato e in continuo sviluppo, si sente un ospite, un beneficiato. Pur avendo costruito una famiglia *ex novo* in America, Luigi mantiene l'indole e il temperamento di chi è nato e cresciuto in una tipica famiglia contadina friulana di inizio secolo.

Questa considerazione fa luce su un aspetto che l'Autore in più occasioni ci presenta, fornendo una ulteriore chiave di lettura su tutta la vicenda della "riscoperta". A leggere il libro viene spontaneo porci alcune domande. Perché solo parecchi anni dopo la morte di Luigi, avvenuta nel 1969, e con grande fatica si è potuto ricostruire il ruolo da lui avuto nel cantiere di Rushmore? Leggiamo dei tentativi di oblìo e di livellamento dei mansionari operati per molto tempo dalle autorità pubbliche: forse che nemmeno i suoi familiari avevano del tutto compreso quella maestria? Vista la distanza di Keystone, Sud-Dakota da Port Chester, New York – 2800 chilometri, come tra Meduno e gli Urali – possiamo pensare che quando Luigi rientrava a casa nel periodo invernale, la famiglia tornava ad essere il suo autentico centro di gravità. Nel mondo contemporaneo degli *archistar*, dell'immagine e della mania di protagonismo a tutti i livelli ci è forse difficile comprendere quello che all'epoca costituiva invece la normalità: la famiglia era il patrimonio umano dell'emigrante friulano, custode di valori che da sempre trascendono le vicende quotidiane, positive o negative che siano. Quel tipo di famiglia non aveva bisogno di pubblicità, o di vanagloria. E per queste intrinseche ragioni Luigi, concluso l'impegno sul Rushmore, tornò a casa sua e riprese il mestiere di scultore e di incisore. Di quel lavoro grandioso i figli, pur assidui frequentatori della bottega del padre, seppero appena l'indispensabile.

Quando arrivò per la prima volta in America, a Barre nel Vermont, anno 1908, Luigi si trovò "come a casa". Allora vediamola, questa casa. Sta in Borgo Del Bianco, grumo di case abbarbicato a mezzo monte sopra Meduno, circondato da prati, orti e frutteti in basso e da boschi in alto. Il poggiolo del secondo piano, tutto in legno, doveva essere per il piccolo Luigi un favoloso punto d'osservazione, panoramico, aperto sulle praterie dei magredi e sulla pianura friulana fino al mare, protetto ai fianchi e alle spalle dal Raut e dai monti tramontini. A guardare il mondo dall'alto in basso Luigi doveva dunque essere abituato quando, anni dopo, si ritrovò ancorato alla roccia strapiombante del Rushmore, scalpello in mano, per dar vita a grandi occhi di pietra. Quella casa e quel poggiolo ci sono ancora, nonostante che il terremoto del '76 non abbia per nulla risparmiato l'area.

Da qui un invito ai lettori. Un invito a visitare Meduno e Borgo Del Bianco, a percorrere le stradette e i sentieri nel bosco e salire a Cereis e al monte Valinis. E a incontrare la gente del posto. Mettendosi così alla "riscoperta" di un'altra parte della affascinante storia di Luigi Del Bianco, la più recondita: le sue origini e il Friuli.

Fabrizio Romanelli
Presidente di KEEP POINT scrl

PARTE I:

SCOPRIRE CHE NON SI PARLA DI LUIGI

CAPITOLO UNO

"Io sono Luigi, tu sei Luigi"

ALL'ETÀ DI 5 ANNI ero solito andare a trovare mio nonno ogni domenica. Non appena varcavo la soglia del suo appartamento al secondo piano, la prima cosa che vedevo era la scultura di un volto in pietra, robusto e stupendo, scolpito su marmo bianco. Pensavo che fosse la cosa più bella che avessi mai visto.

Un autoritratto di Luigi Del Bianco.

Dopo aver fissato quel giovane busto, ricordo che mia madre mi conduceva nella camera dove, seduto sul bordo del suo letto, stava un uomo anziano che aspettava il mio arrivo. Come unico nipote maschio della famiglia nonché omonimo di mio nonno che avesse origini italiane, la mia posizione era perfettamente stabilita. Stavo seduto timidamente sul bordo del letto per tutto il tempo e lui, con braccia muscolose e con lunghe dita ossute, mi faceva cenno di avvicinarmi.

"Luigi, abbraccia il nonno."

Prima che mi prendesse tra le sue braccia, davo un'occhiata alla sua faccia. Era rugosa e dai tratti grossolani con le caratteristiche imponenti di un capo indiano Sioux. Malgrado la mia timidezza e la mia esitazione, accettavo volentieri quell'abbraccio. Era come sentirsi a casa, pieno di ciò di cui tutti abbiamo bisogno: amore incondizionato.

Io e il nonno due anni prima della sua scomparsa.

Alcune domeniche, aiutavo mio nonno ad alzarsi dal letto. Mi prendeva per mano e mi portava dietro la porta d'ingresso dell'appartamento per andare a vedere il suo busto di marmo.

"Questo è opera mia," diceva mio nonno orgoglioso con la sua voce debole e rauca affannandosi a tirare fuori le parole. Prendeva le mie dita da bambino di cinque anni e le usava per tracciare quel profilo romano. Altre volte rimanevo seduto su una sedia e mettevo il cappello in feltro di mio nonno sul suo busto scolpito.

Poi mio nonno si chinava, mi prendeva dalle spalle e mi diceva, "Io sono Luigi…tu sei Luigi".

Chiamatelo come vi pare: un legame, una relazione, che si era sicuramente rafforzata durante quelle visite della domenica mattina. Anche se mio nonno morì quando io avevo sei anni, posso ancora sentire quell'abbraccio e quelle mani enormi sulle mie minuscole spalle.

Due anni dopo, mentre stavo rovistando in un cassetto pieno di cianfrusaglie in cucina, trovai un vecchio libricino ingiallito.

Il libricino riguardante il monumento nazionale del Monte Rushmore, 1930 circa.

"Mami, cos'è questo?"

Mia madre mi disse che il nonno Del Bianco era il Capo intagliatore del Monte Rushmore, l'uomo che aveva scolpito gli occhi di Lincoln. Come? Avevo sentito bene? Non potevo crederci. Allora, tutt'a un tratto, l'abbraccio, il busto, quelle mani che non sentivo più sulle mie spalle da quando il nonno era venuto a mancare ritornarono presenti ai miei sensi nel modo più viscerale.

Mi afferrò una grande emozione che sento ancor oggi.

"Posso mostrarlo alla mia classe domani?"

In qualità di fratello molto tranquillo di sei sorelle più socievoli, questo per me era un comportamento inusuale. Era come se lo spirito di mio nonno si fosse incanalato all'interno di quel libricino, dandomi una sicurezza tale che non avrei mai pensato di avere. Immediatamente corsi in camera mia, mi sedetti sul letto ed iniziai a sfogliare ogni pagina cercando mio nonno, sperando di trovare la sua immagine in una delle sue vecchie foto. Non era lì.

Riesco ancora a ricordare il momento in cui mi son trovato davanti alla mia classe di seconda elementare della Park Avenue School, stringendo quel libretto ed esclamando in maniera orgogliosa, "Vorrei raccontarvi di mio nonno. Mio nonno, Luigi Del Bianco, è stato il Capo intagliatore del Monte Rushmore..."

C'era, tuttavia, un senso di frustrazione perché non potevo *vederlo* lavorare su quel monte, intagliare quei grandi volti giganteschi. Quando ritornai a casa, corsi subito in camera e ci riprovai; le mie piccole dita seguivano i volti dei lavoratori. *Credo di vederlo lì! No, è troppo basso. È troppo magro. Aspetta, assomiglia al cappello che solitamente indossava! No, non era il nonno.*

Alla fine, non lo trovai. E sono rimasto lì a cercarlo da allora.

Col passare del tempo, il mio interesse ed il mio entusiasmo nei confronti di mio nonno erano stati stemperati dalla linea di giocattoli G.I. Joes, da bastoni, da pupazzi di neve e dalle solite distrazioni infantili. Quell'episodio del secondo anno delle scuole elementari prefigurò il mio grande desiderio di esprimere me stesso di fronte ad un pubblico. Il liceo divenne un'opportunità di realizzare l'obiettivo di tutta una vita, ossia lo spettacolo. Non avevo idea che un giorno avrei utilizzato il mio talento per il palcoscenico con l'intento di portare nuovamente in vita mio nonno. Ma dovevo farmi strada da solo!

CAPITOLO DUE

ZIO E "NIPOTINO"

COSA POTREI DIRE IN merito a mio zio Cesare? Era un bel personaggio. Tutti in città lo conoscevano. Era una persona pittoresca, buffa e difficile. Tuttavia, restava pur sempre mio zio. E, per quanto fossi intimorito da alcuni suoi comportamenti diretti, ero anche attratto dal suo carisma naturale e dalle sue visioni uniche sulla vita. Cesare aveva molte idee e rimaneva legato a tali idee.

Tu non capisci era il suo motto. Molte volte, quando comprendeva che il suo punto di vista non veniva compreso, la sua diatriba sfociava o in un insulto o in un'accusa. Un amico mi raccontò che sua moglie aveva letteralmente preso a calci Cesare, sbattendolo fuori di casa, dopo un'accesa discussione sul ruolo delle donne all'interno della società. E poi c'era stata quella volta in cui, mentre mangiava al ristorante, Cesare era rimasto coinvolto in un dibattito con il proprietario riguardo alla corretta compitazione del suo nome. "C-e-s-a-r-e" non "C-h-e-s-a-r-e". Era iniziato tutto con la frase *tu non capisci* ed era terminato con le grida del proprietario: *Fuori!* Cesare era stato scortato da un robusto barista ed invitato a non ritornare mai più. A dire il vero, Cesare combatteva contro una depressione maniacale; una cosa che, come narrerò di seguito, non avrebbe avuto solamente degli effetti sulla sua vita, ma anche, alle volte, sulla nostra ricerca di Luigi.

Cesare "aveva scritto un libro su come premere i bottoni"; lui era in grado di provocare rabbia all'individuo più calmo della terra. Ricordo le tante volte in cui accostavo la mia macchina al margine della strada e indicavo a Cesare il marciapiede. Ogni volta che succedeva, il piccolo ragazzino colpevole sarebbe riapparso, pieno di rimorso e ansia per la sua "punizione" imminente. "No, no, no"! Avrebbe urlato, pregato e implorato di restare in macchina. La mia rabbia avrebbe iniziato a sciogliersi. Con me faceva sempre così. Lo faceva anche con i suoi amici. Solamente con Cesare puoi essere furibondo per poco tempo. Ogni volta che ti allontanava, trovava un modo per riportarti indietro. Lo faceva con una storia buffa o con una bizzarra osservazione filosofica. La maggior parte delle volte ti ringraziava più e più volte perché lo aiutavi nelle sue difficoltà giornaliere o placavi temporaneamente una delle sue numerose nevrosi.

Quando divenni adulto, iniziai ad assomigliare di più a mio zio. Molto di più di quando ero un ragazzino. Avevamo molto in comune. Piaceva a entrambi cantare e recitare e anche esibirci su un palco insieme in un paio di produzioni locali. Amavamo anche i vecchi film ed avevamo sempre un parere riguardo a quegli attori che non si vedevano più sul set cinematografico. Mi fece scoprire Frank Sinatra. Di ciò gliene sarò per sempre grato. Ma fu il giorno di Natale del 1986 che ci fu la nostra prima discussione su di un argomento che ci legava più di qualsiasi altro tra quelli che avevamo in comune: suo padre e il Monte Rushmore. Mi parlò di un importante libro che aveva letto. Questo libro riaccese la mia passione nei confronti di mio nonno e ci portò a fare un viaggio insieme: alla ricerca di Luigi.

CAPITOLO TRE

COME È POSSIBILE CHE LUIGI NON SIA MENZIONATO?

NEL 1985 VENNE PUBBLICATO il più autorevole libro sul Monte Rushmore. Si intitolava *The Carving of Mount Rushmore* scritto da Rex Alan Smith. Nessun libro fino a quel momento aveva raccontato bene tale storia (o almeno così pensavamo). Il giorno di Natale del 1986, dopo un pasto delizioso di pollo alla parmigiana, la famiglia era seduta attorno alla tavola per chiacchierare. Riesco ancora a vedere Cesare che stava urlando al vento, agitando le braccia e gridando: "Quel dannato libro non cita neppure una volta mio padre! È come parlare degli Yankee e non citare Di Maggio!"

Lo so, mi trovavo ad un punto della mia vita, all'età di 23 anni, in cui le mie priorità erano i soliti obiettivi di un ragazzo: l'indipendenza dalla famiglia e cominciare una carriera. Eppure sentire parlare mio zio con una tale emozione mi riportò indietro nel tempo, a quella grande curiosità nei confronti di mio nonno e nei confronti del nostro legame speciale. Venni immediatamente riportato a quell'episodio in seconda elementare, mentre stavo studiando quel libretto, cercando Luigi senza mai trovarlo. Adesso avevo scoperto che anche suo figlio lo stava cercando. La passione di mio zio aveva risvegliato la mia.

Le mie sorelle ascoltavano con attenzione mentre io condividevo i miei ricordi da bambino e trovai strano che stessi raccontando a Cesare ed alla mia famiglia quelle storie per la prima volta. Non aveva importanza. Cesare lo capiva. Avevamo legato di più quel Natale, entrambi infuriati e sconvolti dal fatto che il Capo intagliatore, la mano destra del progettista Gutzon Borglum del Monte Rushmore, non era stato menzionato neppure una volta nel libro più autorevole sulla questione. Ci riproponemmo di trovare Luigi una volta per tutte.

Prima di fare qualsiasi cosa, dovemmo chiederci: se non avevamo trovato Luigi in un libro così importante, dove si stava nascondendo? E - cosa ancora più importante - chi lo stava nascondendo? Avevo imparato nella mia prima età adulta che la storia scritta non sempre narra tutta la storia. Dunque dove poteva trovarsi la storia di Luigi?

Cesare aveva già acquistato alcuni altri libri riguardanti il Monte Rushmore per vedere se vi fosse qualche traccia. Fortunatamente, c'erano degli indizi luminosi. Nel suo libro *Mount Rushmore*, Gilbert Fite menzionava Luigi solamente una volta, ma ciò che scrisse ha un certo peso:

> *"Era stato assunto L. Del Bianco, un abile scultore. Bianco era un uomo tra i più competenti che abbia mai lavorato sul monte".*

Judith St. George, all'interno del suo libro *The Mount Rushmore Story*, scriveva come Luigi avesse riparato una pericolosa crepa sulle labbra di Jefferson e quale fosse la sua importanza in qualità di intagliatore:

> *"La crepa adesso si è spostata verso l'occhio destro di Jefferson, ha attraversato il suo naso e le sue labbra superiori e si è spostata al centro del mento. Al contrario del naso, il volto aveva dietro di sé la massa della montagna, dunque dopo la chiusura della crepa con una mistura in parti uguali di polvere di granito e di polvere bianca è stato possibile iniziare ad agire con olio di semi di lino quanto basta per modellare un impasto che non avrebbe avuto possibilità di rompersi. Luigi Del*

> Bianco, uno dei più esperti scultori che il Monte Rushmore abbia mai avuto, rattoppò la crepa sulle labbra di Jefferson con un grande pezzo di granito sui pilastri, l'unica rattoppatura all'intera scultura e l'unica che risulta difficile da rilevare anche in primo piano...
>
> "Sotto pressione, Borglum spostò, riluttante, la sua attenzione di nuovo sui volti, prendendo personalmente il controllo del lavoro su Roosevelt e le ultimazioni di Washington e Jefferson. Almeno adesso aveva abbastanza fondi per assumere intagliatori competenti, una mancanza di cui lui si era lamentato per anni. Ma con sua grande sorpresa, ad eccezione di Luigi Del Bianco, pochi intagliatori avevano lavorato fuori. Quando uno scalpellino diveniva molto abile, questi di solito aveva raggiunto la mezza età e la prospettiva di un lavoro con un'imbracatura o con una cabina rotante sulla montagna ventosa risultava così poco allettante che, se pure qualcuno di loro iniziava, ben presto rinunciava. Anche Del Bianco lavorò sempre in cabina, rifiutandosi fin dall'inizio di essere calato sulla montagna con un'imbracatura".

Infine, Lincoln Borglum [il figlio di Gutzon] riconobbe Luigi come un intagliatore abile all'interno del suo libro *Mount Rushmore: The Story Behind the Scenery*:

> "Tra gli esperti scalpellini che lavoravano sul progetto vi erano tre che avevano studiato sotto mio padre nell'Est – Luigi Del Bianco, William S. Tallman e Hugo Villa – e Joseph Bruner un tagliatore di pietre di grande esperienza che proveniva dall'Indiana".

Mio zio e io eravamo sicuramente incoraggiati da ciò che avevamo trovato. Tuttavia, c'erano altri autori come Rex Alan Smith che non menzionavano per niente Luigi: Howard e Audrey Karl Shaff, *Six Wars at a Time*; John Taliaferro, *Great White Fathers*; e Mary Borglum, *Give the Man Room*.

Oltre a leggere i libri sul Rushmore, Cesare iniziò anche a scrivere a Lincoln Borglum nel maggio del 1985. Lincoln era il fedele figlio di Gutzon che lavorò con suo padre durante l'intero progetto dal 1927 al 1941. Lincoln alla fine proseguì il progetto quando suo padre divenne troppo malato per continuare. Di seguito la corrispondenza tra Cesare e Lincoln:

Mr. Caesar DelBianco
108 South Regent Street
Port Chester, New York 10573
May 15, 1985

Dear Mr. Borglum;

I am writing this letter seeking information about my father, Luigi DelBianco, who you know worked on Mt. Rushmore from 1933 to 1941. I have some questions to ask you and would appreciate it if you could give me some answers. If you don't know the information that I'm seeking, maybe you could refer me to other sources for the answers.

These are the questions:

(a) Was my father involved in the carving of all faces?

(b) You were chief pointer with a crew of 3 carvers. Was my father one of them?

(c) Were there any film documentaries made of Mt. Rushmore? Where can they be secured?

(d) Was my father ever chief carver or pointer on Mt. Rushmore? If yes, what did it entail?

(e) Where can I purchase your book, "Unfinished Dreams."

(f) How many men worked on Mt. Rushmore? How many carvers and drillers, engineers, etc., etc.

(g) Is there a book published of just photos of the men working on the mountain?

I would like to add on a personal note I have many childhood memories of my father working on Mt. Rushmore. The family was out there the summer of 1935. I'm pretty sure we lived in Keystone. I remember the general store, the mines, the school, and of course, the mountain. I'm sure my father introduced our family to your family. My father took me along to North Stamford once to your home and I remember your mother.

I hope this letter finds you in good health and am anxiously awaiting your reply.

Sincerely yours,

Caesar Del Bianco

> **Lincoln Borglum**
>
> P.O. Box 908   La Feria, Texas 78559   512-423-1888
>
> Dear Mr. Bianco:
> I am sorry about the long delay in this letter but my wife has just passed away from cancer and we have been in hospitals for months.
> I will try and answer your questions in the order you have written them.
> Yes
> No
> There have been some made and I would suggest that you contact the Superintendent of Rushmore at Keystone, he should know. Your father was chief carver and it mainly entailed that he was the most skilled stone carver, when he had that title. At the Rushmore-Borglum Museum, in Keystone South Dakota.
> An average of about thirty, with about drillers and the rest pointers, call boys, blacksmiths hoist people, mechanics.
> I think you can get a book of photos from the Keystone place.
> Sorry it has taken so long to answer your letter.
> Sincerely
> *Lincoln Borglum*
>
> Sept. 16

Si può notare dalla prima domanda di Cesare, "Mio padre era coinvolto nella scolpitura di tutti i volti?" che Lincoln rispose "Sì". Lincoln chiarì che Luigi era il più abile intagliatore sul lavoro. Due elementi significativi da una fonte molto attendibile.

Cesare inoltre scrisse al sovrintendente James C. Riggs del Monte Rushmore per vedere che genere di informazioni avesse su Luigi. Non riuscii a trovare la lettera di Cesare, ma ecco qui di seguito una risposta di Riggs:

United States Department of the Interior
NATIONAL PARK SERVICE
MOUNT RUSHMORE NATIONAL MEMORIAL
KEYSTONE, SOUTH DAKOTA 57751

IN REPLY REFER TO:

H-14

January 30, 1986

Mr. Caesar Del Bianco
108 South Regent Street
Port Chester, New York   10573

Dear Mr. Del Bianco:

Thank you for your letter concerning information about your father Luigi Del Bianco, Chief Carver at Mount Rushmore National Memorial. Gilbert Fite in his book Mount Rushmore gives high praise to your father's work on Mount Rushmore. He was a talented man of whom you must be very proud.

In response to your list of questions, some research and records show the following information:

1. Approximately 400 men worked on Mount Rushmore from 1927 through 1941. The information we have on each employee is limited. No records of actual work exist except for payment records and daily logs. We are currently preparing a complete list, but need more research. Most of the men skipped around and were not assigned to the same job each year. Many only worked a few months, a year, or two years and then left.

2. Daily logs did exist throughout the project. The National Park Service assumed control in 1936 and until that time records are limited. Enclosed are copies of two daily logs referring to your father—one dated 1933 and the other 1936.

3. Information related to actual positions assigned to people is again limited. Workmen often did many of the jobs depending on amount of workers the project could afford at the time. Included is a sample list of workers employed in November 1935; their salaries and positions.

4. Mount Rushmore had many film documentaries completed during the construction. Most notable is one narrated by Lowell Thomas. Unfortunately, the documentaries are not available except through a visit to Mount Rushmore.

Save Energy and You Serve America!

> 5. Enclosed is a bibliography available on Mount Rushmore. Borglum's Unfinished Dream, Mount Rushmore is available at Rushmore-Borglum Story in Keystone (closed in winter) or our concessioner, Mountain Co., Inc., Keystone, South Dakota 57751. In reference to question Number 6, an excellent book of construction photos is Stan Cohen's book Borglum's Mountain, also available from the Mountain Company.
>
> 6. Refer to question Number 5.
>
> 7. Gilbert Fite refers to your father being employed first in 1933 as Chief Carver. Our records show the following information:
>
>   1933 - Chief Carver; worked on Washington and Jefferson figures.
>
>   1934 - No record of Mr. Del Bianco working at Mount Rushmore.
>
>   1935 - Chief Carver; salary raised to $1.50 per hour.
>   (See enclosed letter approving payroll changes)
>
>   1936 - Chief Carver; finishing work on Washington figure.
>   (No details)
>
>   1937 - Chief Carver; finishing work on Washington and Jefferson figures. (No details)
>
> Our records are not complete after 1937. However, our information does not show your father working on Mount Rushmore after 1937.
>
> We hope this will provide you some information previously not known about your father's work on Mount Rushmore. Hopefully in the near future our records on all the workers will be more complete. Time requirements on our part and poor record keeping early in the project have limited us from researching much of this information.
>
> If you have other information concerning your father's work on Mount Rushmore or a photograph you could spare for our files; they would be appreciated. For further information please contact Chief of Interpretation Jim Popovich, (605) 574-2523.
>
> Sincerely,
>
> James C. Riggs
> Acting Superintendent
>
> Enclosures

Ben diversi dai diari giornalieri, si capì che le documentazioni dal Monte Rushmore nel 1986 erano molto limitate. In quel periodo, secondo Riggs, Luigi si trovava lì per un lavoro di quattro anni in totale. Dopo il 1937, Rushmore non faceva più menzione di lui. Alla fine della lettera, Riggs chiese anche a Cesare se lui avesse avuto alcuni documenti da poter condividere. Non era un buon segno. Immagino che fosse giunto il momento in cui Cesare ed io avremmo dovuto prendere la situazione di petto ed iniziare la nostra ricerca investigativa. Dovevamo almeno colmare gli anni di vuoto dal 1938 al 1941. Il nonno era lì?

Cesare era molto eccitato del fatto di mostrarmi queste lettere. Quando chiesi se avessi potuto prenderle in prestito per farne delle copie, i suoi occhi lampeggiarono.

"No, no. Non voglio che queste lettere finiscano nelle mani sbagliate. Non voglio che qualcuno rubi le mie idee".

Cosa? Non capivo. Dopo aver supplicato Cesare di avere fiducia in me, mi trovavo di nuovo di fronte a un muro. Perché non me lo permetteva? Perché era così protettivo per delle lettere che interessavano anche me? Beh, Cesare era Cesare e dovevo accettarlo.

Mio zio ed io dovevamo lavorare in gruppo, così io mi misi da parte. Eravamo entrambi arrivati alla conclusione che avevamo ancora molte più domande che risposte. Sapevamo che Luigi era un abile scalpellino e che aveva ottenuto il titolo di Capo intagliatore. Perché, dunque, alcuni autori lo menzionavano mentre altri no? Perché era così difficile ottenere qualsiasi informazione di Luigi sul monte? Cesare iniziava a preoccuparsi che forse suo padre non era così importante come lui credeva.

"Sai, il mio vecchio amava raccontare storie ed esagerava" diceva, straziato dopo varie tazze di caffè, che forse suo padre aveva gonfiato il suo contributo all'opera scultorea. Sebbene da Rushmore le persone ci stessero evidentemente dicendo tutto ciò che sapevano, c'era solamente una cosa che era rimasta da fare. Dovevamo essere più incisivi e andare dritti alla fonte.

CAPITOLO QUATTRO

DOVRAI ANDARE SENZA DI ME

MIO ZIO CESARE AVEVA molte fobie: di cani, elettricità, tuoni e fulmini, giusto per nominarne alcune. Aveva una pila di libri e una sedia nel suo ripostiglio per fare qualcosa quando c'erano i tuoni. Gli amici di zio Cesare erano al corrente di queste fobie e si divertivano a chiamarlo al telefono nel pieno di una tempesta. Solitamente immaginavo il suo appartamento vuoto pieno di tuoni e fulmini, il telefono che squillava e una voce neutra che gridava, *So che sei tu, Nick Ply,* bastardo!

La paura che si trovava al primo posto nella lista di mio zio? Era la più comune, ossia volare. Non aveva mai preso un aereo e solamente l'idea di prenderne uno era troppo difficile per lui da tollerare.

"Dovrai andare senza di me" mi diceva, con il viso che esprimeva rammarico e frustrazione.

"Che ne dici del treno?" gli suggerii, sperando che fosse aperto ad altre soluzioni.

"Fammi pensare", rispondeva.

Ora, ogni volta che mio zio diceva questo si prendeva troppo tempo per rimuginare e ponderare tutte le possibili soluzioni. Alla fine, se ne usciva con un *no*. Le mie sensazioni erano un mix di emozioni: dispiaciuto per il fatto che non avrebbe potuto condividere l'esperienza insieme a me, e tuttavia sollevato dall'idea che non avrei dovuto fare i conti con la sua forte personalità.

Quando avevo detto a mia moglie Camille che avrei voluto fare una camminata sul Monte Rushmore, lei mi aveva suggerito di combinarla con un viaggio in tutto l'Ovest. Percorrendo il tragitto verso la zona in cui viveva sua madre, avremmo potuto volare verso Bozeman, nel Montana, per far visita ai suoi parenti e in seguito noleggiare un'auto per spostarci verso la parte est delle Black Hills. Camille ed io amavamo viaggiare insieme e potrei anche dire che era incuriosita riguardo alla storia di mio nonno. Lei voleva supportarmi nella mia ricerca. Facemmo questo viaggio verso ovest nell'agosto del 1988.

Mi piaceva il Montana ed ero veramente felice all'idea di stare con i parenti di Camille. Sua madre, Carola, anche lei di New York, aveva trascorso molte estati a Bozeman, sia da bambina che da adulta. Il nonno di Carola, Julius Lehrkind, era un famoso birraio di Bozeman ed alcuni dei suoi discendenti erano ancora vivi. La dimora dei Lehrkind adesso era un *bed and breakfast* ed i proprietari erano emozionati all'idea di incontrare alcune persone che avevano vissuto proprio in quel luogo agli inizi del ventesimo secolo. Ricordo Carola che abbracciava suo cugino, "Dannazione", diceva con occhi offuscati, sapendo che sarebbe potuta essere l'ultima volta che avrebbe potuto vederlo. Nonostante non avessi intenzione di far visita all'intera famiglia nel Sud-Dakota, avevo detto a Camille e a sua madre di ritrovarci con i più cari del loro albero genealogico. Anche io, seppure in modo diverso, stavo cercando di riunificare la famiglia.

Camille ed io salutammo Carola mentre stava per partire sull'aereo di ritorno per New York. Poi noleggiammo una macchina e guidammo per vari giorni in direzione est, verso le Black Hills, fermandoci in varie città lungo il tragitto. Per due newyorkesi, l'Ovest era un altro pianeta. Un posto stupendo, con spazi aperti e scarsamente popolato. Camille stava guidando, così presi il mio piccolo registratore e iniziai a raccontare il nostro viaggio. *Ehi, controlla il cartello di benvenuto di questa piccola città. Popolazione 75...75?*

Quando ero un adolescente timido ed asociale, avevo iniziato a registrare un diario audio chiamato "Manji Manjos". Vi prego di non chiedermi da dove avessi preso il nome. Come diceva John Lennon, "Mi è comparso in sogno". All'interno del diario parlavo delle mie attività giornaliere ed immaginavo un pubblico in studio che registrasse ogni mia parola. *Ciao, è il momento di un altro Manji Manjo. Dopo il segnale acustico saranno... beep! Le sei in punto.* Immagino che fosse per me un modo per "scoprire" la mia voce. Quando Camille ed io iniziammo il viaggio, decisi di portare il mio piccolo registratore di colore grigio e di documentare il nostro viaggio. Povera Camille. Chi aveva piacere di essere intervistato alla fine di un lungo viaggio o al momento in cui ci si sveglia? Che donna paziente.

Quando passammo il confine con il Sud-Dakota, iniziammo subito ad intravvedere i primi segnali. Non del Monte Rushmore, ma del suo ingegnoso creatore, Gutzon Borglum. "Gutzon Borglum: The Rushmore Story" era la frase che tappezzava il lato di un grande autotreno posizionato su un lato della carreggiata autostradale. Cinque miglia dopo vedemmo la stessa cosa ed altre cinque miglia dopo lo stesso, e così lungo tutto lo Stato. A quanto pare, un filantropo milionario aveva aperto un museo dedicato a Gutzon Borglum all'interno della città chiamata Keystone, proprio accanto la montagna. Doveva aver acquistato un bel po' di vecchi autotreni per fare pubblicità al museo in tutto il Sud-Dakota, che non è per niente un piccolo Stato. Perlomeno sapevamo che andavamo nella direzione giusta! Il problema era che, ogni volta che vedevamo un segnale, ci faceva sentire come se fossimo già lì. Non c'era il GPS, dunque non avevamo la percezione reale di quante miglia o di quanti minuti fossimo distanti dal Monte Rushmore.

Mi registravo mentre prevedevo che, ad ogni svolta, la strada ci avrebbe rivelato quei quattro volti.

Oh, è lì! Penso di vederlo! No, non è lui.

Tutto ciò andò avanti per circa un'ora.

Ah! Penso di vederlo! Noooo... è lì, è lì... Su, andiamo!

Iniziai a gridare al registratore. Quando mi girai verso Camille e vidi quel sorrisetto familiare sulla sua faccia, mi misi a ridere. Mi conosceva molto bene.

Tutt'a un tratto, era lì. Anche se i volti erano distanti e parzialmente nascosti dagli alberi, la loro maestà era innegabile. Da sempre, a mia memoria, avevo sentito parlare del Monte Rushmore e di mio nonno. Avevo visto l'immagine tante e tante volte in fotografia e nei film. Il Monte Rushmore era divenuto parte emblematica e leggendaria della mia eredità familiare, parte di ciò che ero. Adesso ero finalmente faccia a faccia con il Monte. Immaginai immediatamente mio nonno su un'impalcatura, che mi salutava da lontano, chiamandomi per avvicinarmi, per saperne di più, per scoprire la storia. La sua storia. Mio Dio, cosa si era perso Cesare.

Camille stava guidando, dunque non poté vederne appieno l'effetto, ma potevo affermare che ne rimase impressionata anche lei. Facemmo la nostra strada verso Keystone e ci stabilimmo alla Rushmore Manor Inn. Mi coricai, presi il mio registratore e iniziai a registrare. Dovevo assicurarmi di tenere aggiornato il mio pubblico. *Ciao, è il momento di un altro Manji Manjo. Dopo il segnale acustico saranno... beep!* Camille aveva tolto i suoi vestiti. Mi amava, anche con le mie manie.

Dopo le estenuanti ore a bordo della nostra auto a noleggio, facemmo una passeggiata per Keystone per sgranchirsi le gambe. La città sembrava una versione più moderna di quelle dei western che avevo visto da bambino. Mi piaceva quell'atmosfera. Di certo non ci trovavamo a New York. Decidemmo che la nostra prima sosta sarebbe stata "The Borglum Story", il museo che avevamo visto pubblicizzato lungo la strada per raggiungere il monte. Ero certamente interessato a Borglum per la sua connessione con mio nonno, ma, girovagando nel museo, ad ogni angolo che passavo i miei occhi vagavano per scovare una foto od anche solamente un riferimento a Luigi. Istintivamente, ogni volta che mi imbattevo in qualcosa che centrasse col Monte Rushmore, iniziavo a cercare mio nonno. Ancora una volta lì non c'era. La sola connessione che riuscii a trovare fu il busto originale del Gesù Cristo di cui Borglum aveva chiesto a mio nonno di realizzare una copia. La copia si trovava nell'appartamento di mio zio. Beh, era già qualcosa.

Il talento di Borglum era innegabile. Avrei voluto comprendere in che modo mio nonno venerasse il suolo sul quale camminava. Il busto di Lincoln realizzato da Borglum, l'unico presente nella rotonda di Washington, DC, è una vera testimonianza del suo genio. Mio zio era convinto che fosse il miglior ritratto del suo sedicesimo presidente perché catturava veramente l'essenza dell'uomo. Non potevo togliere gli occhi di dosso dall'originale presente all'interno di quel piccolo museo di Borglum. E ancora una volta, dove si trovava mio nonno?

Alla fine del tour, vidi un anziano signore, con indosso un cartellino col suo nome, che parlava con alcuni turisti. Alcuni avevano detto che lui aveva lavorato sul Monte Rushmore. Mi avvicinai e mi presentai. Questo signore era Ed Hayes ed aveva lavorato sulla montagna dal 1932 al 1941, allorché la scultura fu considerata conclusa. Ed operava sull'ascensore che trasportava le attrezzature via cavo fino alla montagna. Lui ricordava mio nonno, anche se potevo notare dai suoi occhi che era un ricordo flebile; cosa ricordava e quanto accuratamente? Ed era molto contento di parlare con me. Gli raccontai il motivo per cui ero lì e che stavo effettuando una ricerca. Gli chiesi se poteva aiutarmi a mettermi in contatto con altra gente che aveva lavorato sui volti. Ed mi disse che mi avrebbe fornito i nomi e gli indirizzi di altri lavoratori che erano ancora vivi. Che persona gentile. Che scoperta. Dissi a Ed che sarei tornato al museo il giorno successivo così da potergli dare il tempo di fornirmi maggiori informazioni.

CAPITOLO CINQUE

SEMBRA PIÙ GRANDE IN TV!

IL GIORNO SUCCESSIVO ERA la nostra occasione per andare sul Monte Rushmore ed avvicinarci ai quattro volti. L'accesso alla montagna consiste in un sentiero segnalato da bandiere che conducono al Centro visite e quindi alla piattaforma principale di osservazione. Camille ed io fummo immediatamente sorpresi dall'enorme cumulo di macerie sulla base della scultura. Tali macerie costituivano sicuramente le tonnellate e tonnellate di pietre rimosse e cadute dalla montagna. Per alcune ridicole ragioni, non erano mai state portate via. O meglio: sapevo che le macerie si trovavano lì, ma vederle di persona era tutta un'altra cosa. Immaginate la base della Statua della Libertà circondata da grandi frammenti di rivestimento in rame. Non aveva alcun senso.

Dopo essere passati per il Centro visite, raggiungemmo la piattaforma di osservazione principale. Rimanemmo al limite della piattaforma ed alzammo lo sguardo ai volti. Silenzio. Troppo silenzio. E sempre di più. Guardai Camille.

"Non so. Da questo punto così privilegiato, non dà l'impressione di essere un po'…piccolo?"

Gli occhi di Camille si spalancarono. "Stavo pensando la stessa cosa".

Per un solo motivo: i volti non riempivano il panorama nel modo in cui pensavo avrebbero dovuto. Sembravano molto piccoli rapportati a una montagna di 500 piedi che si erge su un detestabile mucchio di macerie. In quel momento tutto ciò mi colpì. Nel corso della mia vita, avevo visto delle immagini della montagna accuratamente ritagliate, senza il resto della montagna e delle macerie. I quattro volti mi erano sempre sembrati *colossali*. Poi, ancora, se mio nonno fosse tornato in vita, mi sarei probabilmente aspettato di incontrare un gigante di sette piedi. Le immagini presenti nella mia mente, specialmente di quando ero bambino, erano così iconiche, così mitiche. Di certo, questi volti non avrebbero mai potuto competere con quelli. Ed ancor di più, gli altri turisti si erano dileguati e non avevano proferito parola in merito. Decisi di andare via e di guardare quei volti successivamente con occhi più riposati. Camille concordò. Rientrammo al Centro visite. Avevo bisogno di parlare con alcuni funzionari per vedere se avessero potuto fornirmi un qualsiasi dettaglio relativo a Luigi. Dalle poche fonti che avevamo trovato, Cesare e io sapevamo che lui era Capo intagliatore, ma esattamente cosa significava? Quanto era importante? C'erano altri Capi intagliatori?

Prima che io parlassi con i funzionari del Monte Rushmore, avevo bisogno di andare al museo di Borglum e di contattare Ed Hayes. Il museo si trovava sulla strada di ritorno per Keystone, quindi dovevo lasciare il Monte Rushmore. Quando ritornai al museo, c'era Ed che mi stava aspettando con dei fogli tra le mani. Mi piacciono le persone che si offrono di aiutarti e mantengono la parola. Cesare aveva già scritto ad alcune figure chiave, inclusi Lincoln Borglum, così, nel momento in cui Ed mi diede i nomi e gli indirizzi di alcune persone con cui Cesare non era stato in contatto, ne fui molto felice. Iniziammo a parlare e Ed acconsentì a che registrassi la conversazione. Sono contento di averlo fatto, perché risultò che tutto ciò che Ed disse di mio nonno era *l'opposto* di ciò che mio zio ed io già sapevamo. Ed disse che Luigi si trovava sulla montagna dal 1927 al 1931. (Luigi, in realtà, fu lì dal 1933 al 1937 ed in seguito venimmo a sapere che si trovava lì anche nel 1940). Ed mi disse che Luigi era un pugile professionista il cui pugno enorme era stato calcato su gesso. (In realtà Luigi fece un calco del pugno di Primo Carnera, pugile italiano suo compatriota). Tutto ciò continuò per un po' fino a quando Ed ammise che non conosceva molto bene Luigi. A sua discolpa, bisogna ammettere che aveva lavorato sul Monte Rushmore abbastanza tempo fa ed i ricordi possono facilmente divenire confusi. Nel caso di Ed, senza dubbio. Prima che lo lasciassi, Ed mi disse di parlare con Howard Shaff, il curatore del museo di Borglum. Il nome non mi suonava nuovo. Ma certo. Era uno degli autori che scrisse del Monte Rushmore e non aveva citato mio nonno.

Ringraziai Ed per essere stato così gentile e per la sua generosità. Corsi letteralmente verso la mia automobile e tornai indietro velocemente alla montagna, dove avevo altri appuntamenti.

Io per la prima volta davanti ai Presidenti. Che gran cosa!

Mia moglie, Camille Cribari-Linen.
Una donna che ama la storia di Luigi.

Il mio primo appuntamento era con Dan Wenk, il sovrintendente del Monte Rushmore. Non ricordo di averlo incontrato nel suo ufficio. Invece ci incontrammo in qualche altro posto del museo, dove non c'era traccia di Luigi. Ad essere onesti, a quel tempo il museo dei lavoratori, dove sarebbero stati ricordati i circa 400 uomini che aiutarono a portare in vita i volti, era ancora "in corso d'opera". (Nel 1988, la maggior parte delle informazioni riguardo al Monte Rushmore ruotavano attorno alla figura di Borglum e di suo figlio Lincoln). La conversazione fu abbastanza cordiale. Wenk conosceva Luigi, ma questo era tutto. Chiesi se il Rushmore avesse informazioni riguardo a mio nonno e Dan ammise che le testimonianze erano "scarse". Mi indicò direttamente Jim Papovitch, il Capo delle comunicazioni.

Venni condotto in un ufficio dove mi accolse un signore baffuto su una sedia a rotelle. Dopo i soliti cordiali convenevoli, Jim mi diede le stesse risposte che mi aveva dato Dan: lui conosceva Luigi Del Bianco. Così come Dan, Jim ammetteva che Luigi era di fatto Capo intagliatore, ma le fonti specifiche sui dettagli del suo coinvolgimento nel lavoro erano lacunose. Con mia grande sorpresa, mi chiese se avessi potuto fornirgli alcune foto o documenti. Pensai, *questo è esattamente ciò che James Riggs chiese a mio zio Cesare nel 1986*. Ecco, io viaggio per 1800 miglia cercando le fonti principali e *loro* cominciano a chiedere informazioni *a me*. Dovevo ricordarmi che non vi erano garanzie. Dopo tutto, eravamo stati avvisati che le informazioni erano limitate. E Jim era gentile. Anche io ero gentile. Tutto era molto gentile, ma non stavo ottenendo nulla. Alla fine, chiesi ancora una volta se lui avesse potuto fornirmi qualcosa. Jim si portò verso un archivio pieno, tirò fuori un paio di vecchi documenti e disse alla segretaria di farne una copia per me.

Non ero sicuro del fatto che fossero gli stessi documenti che James Riggs inviò a Cesare due anni prima. Decisi di essere ottimista e di presumere che fossero quelli. Ringraziai Jim e feci per andarmene. Mi fermò e disse: "Se hai del tempo, puoi andare al piano di sotto, nell'archivio. Un certo numero di lavoratori erano stati intervistati un paio di anni fa e forse loro hanno parlato di tuo nonno". Adesso stavamo andando da qualche parte. Non vedevo l'ora di ascoltare quelle cassette. Ringraziai Jim e prima di separarci mi raccontò che era stato pianificato un museo dei lavoratori. Lui mi disse che se avesse avuto delle foto di mio nonno, avrebbe provato a metterne una sul display. Un lavoratore? Che modo strano di riferirsi al Capo intagliatore. Anche se al momento sapevo molto poco riguardo l'importanza di mio nonno per il lavoro della montagna, sapevo che era molto più di un semplice lavoratore.

DAILY RECORD---Men-on-the-Granite	Drilling and Carving		
Mount Rushmore National Memorial			
Daily---Reported to Gutzon Borglum, Sculptor Engineer			
Luigi del Bianco, CARVER	8	Location Jeff. Wig	Progress 33′	33′
O. E. Anderson, DRILLER	8	" "	Approximate Feet Drilled 52′	Completed and Shot 52′
James Payne, DRILLER	8	" "	Pointing 18′	18′
Alton Leach, DRILLER	10	Collar	88′	88′
Elton Gordon, DRILLER	8	Collar	40′	40′
Ray Grover, DRILLER	10	Jefferson	83′	83′
Merle Peterson, DRILLER	10	Jefferson	Drilling & Plugging	
George Hesnard, DRILLER	8	R. Collar	40′	40′
H. Peterson	10	Collar 2 hrs	20′	20
Alfred Berg, POWDER MAN	10		Drilled Areas Shot 11 lines	Wired and Not Shot
M. I. Cindel, BLACKSMITH		No. Drills Sharpened 95	1780	

Date Oct 10 193 3

Reported and Signed J. A. Johnson, Foreman on Granite
W. S. Tallman, Superintendent of Works

Una guardia forestale mi condusse al seminterrato del Centro visite e mi sedetti vicino a una valigia piena di cassette, ciascuna etichettata con il nome del lavoratore. Il mio occhio andò immediatamente su quella etichettata "Lincoln Borglum". Il figlio di Gutzon. Era questa la cassetta che dovevo ascoltare per prima. Fortunatamente, con la cassetta vi era la trascrizione nel caso in cui non avessi potuto comprendere tutto ciò che diceva. Era un'intervista fatta da un intervistatore sconosciuto a Lincoln Borglum. La qualità del suono era molto artigianale. Non male dopo tutto. Fino a quando arrivai ad alcune interessanti notizie riguardanti il figlio del progettista:

D: Quanto le crepe e le fessure si possono considerare come dei problemi?

R: Le crepe?

D: Sì, sulla montagna.

R: Ah, bene, risultano ancora un problema...ma, dovemmo ruotare un poco di più la testa di Jefferson perché c'era una brutta crepa che stava scendendo giù dal suo naso. Ovviamente spostandoci da quel punto, la crepa ha raggiunto le labbra, e ha attraversato questo punto. E questo è l'unico rattoppo presente sul Monte Rushmore.

D: Un rattoppo su Jefferson, che è stato rattoppato...

R: ... un pezzo di granito, un pezzo di granito.

D: Comunque un lavoro stupendo.

R: Sì, merito di Sal Bianco (Luigi Del Bianco), l'intagliatore di pietre italiano, scalpellino che ha fatto venire fuori questo risultato. È circa, Oh; penso che è profondo, qualcosa come...

D: ... circa un piede...

R: ... sì circa un piede di ampiezza...

D: Ah, circa un piede...

R: ... e circa un piede di profondità. Lui lo ha scolpito quanto basta perché fosse solido. In seguito ha scolpito su un'altra parte...

D: ... queste parti calzavano appieno, con perni all'interno, o un po' come occorre fare di solito...

R: ... sì, perni. Era un ottimo incisore di pietre, era lento, ma bravo. Grande, maturo, italiano, il suo cognome era Bianco, oh; ha lavorato per papà per anni.

D: Non so quante volte sono passato ad esaminare quel volto e non ho mai notato che fosse un blocco completo.

R: Sì, aveva fatto un ottimo lavoro. Ha lavorato su quel punto, non so, tre o quattro anni, veniva dal Connecticut e da New York, Port Chester, e ritornava di nuovo dalla famiglia a New York. E, ah ecco, era venuto e aveva lavorato qualche volta per 4 o 5 mesi e una volta era stato l'unico ragazzo che aveva lavorato sulla montagna...

D: Tu hai citato giusto pochi lavoratori, altri di un certo calibro di cui ti ricordi o che riaffiorano o che erano lì, nessun uomo che fosse il migliore lavoratore, che tu sappia?

R: Beh, penso che è come lanciare una moneta: di certo Bianco, questo ragazzo italiano, non era da considerare all'interno della stessa classifica. Era un incisore di pietre esperto e poteva scolpire una statua o qualsiasi cosa di marmo, qualora gli fosse richiesto.

Varie cose spiccavano davanti ai miei occhi in quel breve estratto: "Non era da considerare all'interno della stessa classifica" e "l'unico ragazzo che lavorava sulla montagna". Avevo già colto l'impressione che il lavoro di mio nonno su Rushmore non fosse solamente importante, ma speciale; un livello superiore a tutto il resto. Sentirlo dire dal figlio del progettista aveva un certo peso. Come potevano chiamarlo un "lavoratore"? Lincoln Borglum non poteva avere il coraggio di comparare Luigi agli altri uomini che avevano lavorato alla montagna perché non c'era paragone. "Capo intagliatore" stava acquistando sempre più senso.

Passai ad altre registrazioni. La qualità del suono del resto delle registrazioni era pessima e nessuno di queste registrazioni presentava una trascrizione. Sfortuna nera, non riuscivo a capire ciò che veniva detto. Dopo un'ora di continui rumori delle cassette che venivano inserite e tolte dal registratore e dopo lo stress per poter riuscire ad ascoltare, ci rinunciai. Almeno avevo la cassetta di Lincoln, di gran lunga la voce più importante. Così fui felice, realmente emozionato. Avevo trovato qualcosa! Speravo che anche Cesare sarebbe stato emozionato ed orgoglioso di me.

Me ne tornai al piano terra del Centro visite e trovai Camille per mostrarle ciò che avevo trovato. Ci godemmo il mio piccolo successo e decidemmo di fare ancora un giro in centro. Dopo tutto, non sai mai ciò che potresti esserti perso. Ci imbattemmo poi in una lunga lista di 400 "lavoratori" che avevano operato sul Monte Rushmore. Come avevo potuto farmela sfuggire?

Ironicamente, mio nonno era stato elencato due volte come se la sua persona fosse suddivisa in due persone separate. Una volta come "Luis Bianco" e l'altra come "L. Del Bianco". Jim Papovitch mi aveva detto che le registrazioni avvenute sulla montagna erano sporadiche ed incoerenti. Questo ne era una prova ulteriore.

L'elenco dei lavoratori, al centro visite del Monte Rushmore.

Ci dirigemmo verso lo Studio degli scultori. Questo posto era quello dove Borglum fece i modelli che usò per trasferire i "punti" sulle ben più grandi facce sulla montagna. In quel momento, la mia conoscenza di punti, sculture e simili era allo stato embrionale. C'erano così tante cose che non sapevo. Mio zio era più informato su questo fronte. Ripensandoci, comprendo che il mio entusiasmo in questo viaggio di scoperta era davvero infantile. Riesco a vedere nelle foto un piccolo ragazzo sorridente davanti a questo modello. Non stavo facendo chiarezza nei contenuti, ma ricordo proprio un'allegria per l'intera faccenda. La profondità emozionale del mio viaggio e la storia che avrei aiutato mio zio a dissotterrare, aspettarono ancora un paio di anni.

Prima di parlare con molte altre persone, volevo tornare indietro verso la piattaforma di osservazione e guardare la montagna nuovamente con occhi riposati. Questa volta buttai degli spiccioli all'interno del cannocchiale a pagamento per avere una vista ravvicinata. Quando lo feci, la mia intera prospettiva cambiò. Le figure dei presidenti erano mozzafiato. La maestria stava lì. Chiaroscuri, giochi di luce e le ombre, erano i punti di forza, il metodo più utilizzato da Borglum. Quei volti avevano un'anima. Da qualche parte in quei volti vi era mio nonno. Speravo che ci fosse un secondo osservatorio che portasse ad avvicinarsi così tanto ai volti come quel cannocchiale. Capisco perché i telescopi fossero lì. Trascorsi la seguente mezz'ora mettendoci altre 20 monete da 25 cent, soffermandomi sui volti e comprendendo che la mia reazione iniziale era stata un poco ingiusta; le mie aspettative erano troppo alte. Quello era veramente un lavoro geniale, con un potere unico. Di sicuro, il mucchio di macerie stona ed i modi per osservarlo potrebbero essere migliorati. Tuttavia, mi sentivo meglio. Realizzai inoltre che avevo abbastanza tempo per sfrecciare di nuovo indietro al museo di Borglum per parlare con Howard Shaff.

Questo sono io, davanti al modello di Borglum nello studio dello Scultore.

CAPITOLO SEI

IN OGNI AUTORE C'È UN "TRANELLO"

HOWARD ERA UN AUTORE ed uno storico che, con sua moglie, aveva scritto un libro su Borglum intitolato *Six Wars at a Time*. Ci sedemmo nel suo ufficio e, come successo con Ed Hayes, Howard mi fece la cortesia di lasciarmi registrare la conversazione. Per cominciare, il libro di Howard non era focalizzato solamente sul Monte Rushmore. Era una biografia di Gutzon Borglum. Volevo ancora sapere perché il Capo intagliatore di Borglum non era stato citato nel suo libro. La risposta di Howard fu la seguente: il suo libro era stato preceduto da una poderosa ricerca lunga sette anni e sebbene si fosse imbattuto in documenti riguardanti la figura di Luigi, non potevano essere considerati utili a raccontare la vita di Borglum nel modo in cui Howard voleva raccontarla. Non vi era nulla di personale contro Luigi. Dissi ad Howard che speravo che non pensasse che io cercassi di metterlo in una posizione scomoda; stavo solamente chiedendo per curiosità. Howard capiva e voleva mettermi a conoscenza di quanto emerso durante sua ricerca: sapeva che Borglum aveva un'"alta considerazione" di Luigi e che non avrebbe mai voluto un "artista da atelier" che lavorasse per lui se questi non avesse avuto un talento eccezionale.

Mi disse che Luigi era un esempio classico di immigrato che andava in America non sapendo come integrarsi e farsi un nome nel mondo dell'arte. Se era fortunato, aveva il privilegio di lavorare per un grande scultore come Gutzon Borglum, prendendo con tranquillità i suoi ordini dal "Maestro" e facendo il suo lavoro. Gli chiesi poi perché, secondo lui, neanche l'opera fondamentale *The Carving of Mount Rushmore* facesse menzione di Luigi.

Nuovamente, Howard affermò che Rex Alan Smith si era soffermato principalmente sull'area vicina a Keystone, intervistando i minatori che lavorarono sulla montagna e aveva sostanzialmente fatto di loro l'oggetto del libro. Luigi Del Bianco non poteva essere inserito all'interno della storia che Alan Smith voleva raccontare. Va bene, era abbastanza giusto. Immagino che la lezione sia questa: se sei un artigiano immigrato come Luigi e non sei un *self-promoter* esperto, la tua storia potrebbe non essere mai inserita nei libri di storia.

Howard terminò raccontandomi che Borglum non era solamente un grande scultore, ma anche un prolifico scrittore. Forse aveva scritto qualcosa riguardo a mio nonno e il perché teneva Luigi in grande stima? Prima di andare via gli chiesi dove avrei potuto trovare gli scritti di Borglum. Howard mi diede l'indicazione preziosa che avrebbe cambiato tutto. Mi disse di andare alla Biblioteca del Congresso.

"I documenti di Borglum" erano una collezione voluminosa di lettere giornaliere scritte da Borglum su tutti coloro che ebbero un ruolo nella vicenda del Monte Rushmore. Senza contare le innumerevoli direttive e i memorandum relativi alla scultura. Howard mi disse che un viaggio a Washington sarebbe stato vitale se avessi voluto trovare qualcosa di consistente riguardo al lavoro svolto da mio nonno. Ringraziai Howard per il tempo che mi aveva dedicato condividendo ciò che sapeva. Ero ancora contrariato che non avesse citato Luigi nel suo libro, ma mi dava le sue ragioni e lo rispettavo per questo. Come avrebbe detto mio padre, Howard era un "onest'uomo" che aveva tralasciato le sue faccende per aiutarmi. Tutto sommato era stata una giornata molto produttiva.

Adesso che il mio lavoro di ricerca risultava concluso, Camille ed io usammo il resto del viaggio per cavalcare, mangiare buon cibo e visitare le attrazioni turistiche di Keystone. Visitammo anche la zona vecchia di Keystone, dove mio nonno aveva alloggiato quando stava lavorando al Monte Rushmore. Ad un certo punto della loro vita, mio nonno, mio padre e i miei zii vissero lì per un anno. Ho sentito molte storie interessanti di quel tempo. Non cambiate canale.

Prima di ripartire per New York avevo bisogno di visitare la montagna un'altra volta. Avevamo parecchio legato ormai; come quando si incontra un membro leggendario della famiglia di cui avevi sentito parlare per tutta la vita e quando finalmente riesci ad incontrarlo, è difficile dirgli addio. Alternavo il cannocchiale alla vista normale, comparando le vedute, immergendomi in esse, fino a quando sentii una guardia forestale che stava effettuando un tour nelle vicinanze. Decisi di unirmi al gruppo di turisti per ascoltare. La guida stava parlando ad un pubblico interessato.

"Dunque, si era verificata una crepa che si era distesa tutta lungo le labbra di Jefferson e che si era fermata giusto più sotto. Uno dei lavoratori fece veramente un ottimo lavoro riparando la crepa e adesso il lavoro di rimargino è difficile da individuare, anche avvicinandosi di più. È la sola riparazione che sia stata fatta sui volti del Monte Rushmore".

In un lampo, mi ritornò alla mente il libro di Judith St. George e ciò che diceva riguardo a Lincoln Borglum. Luigi aveva riparato quelle labbra. Era lui. *Dì qualcosa*, pensai! Ero per natura una persona timida, ma non riuscii a contenermi. Gridai "Fu mio nonno a fare questo!" Quaranta teste si girarono. La guida allungò il collo.

"Mi scusi?" mi chiese.

Con coraggio, mi diressi verso la guida e gli dissi "Fu mio nonno a rimarginare le labbra".

Adesso penserete che la guida si fosse impressionato, incuriosito e invece mi fissò letteralmente negli occhi e disse gentilmente, "Grazie per averlo condiviso con noi" e continuò la sua spiegazione. Le quaranta teste si girarono obbedienti verso di lui. Era la cosa più strana che avessi mai visto. Era come se la cosa più interessante che avessi mai condiviso con qualcuno non fosse mai accaduta.

Tornai indietro confuso. Con tutti i progressi che ero riuscito a fare, questo piccolo episodio era un ricordo spiacevole: nessuno del Monte Rushmore, incluse le persone che ci lavorano, sapeva qualcosa di Luigi. Anche se ero felice che stessero pianificando il museo dei lavoratori, sapevo che la mia famiglia avrebbe combattuto duramente perché fosse riconosciuto che mio nonno era una parte importante di tale progetto.

Anche dopo questo momento bizzarro, il viaggio al Monte Rushmore aveva portato con sé molte scoperte positive da diversi punti di vista. Potevo ritornare a New York certo del fatto che avevo avuto un buon inizio. Tuttavia, anche se avessi potuto lavorare in qualche modo su entrambe le priorità della mia vita, sapevo che la mia priorità era quella di avviare la carriera di educatore di bambini. Avevo solamente venticinque anni e avevo appena iniziato. Mio zio si trovava in una posizione diversa della sua vita. Avrebbe dovuto lui prendere l'iniziativa. Ma io dovevo provare ad aiutarlo, per quanto potevo.

CAPITOLO SETTE

LA PIÙ GRANDE BIBLIOTECA DEL MONDO

"OTTIMO LAVORO, NIPOTINO" MI disse mio zio non appena ebbe visionato tutte le registrazioni giornaliere e la trascrizione di Lincoln Borglum. Poi Cesare guardò altrove e disse "Voglio gli originali".

"Can't I have copies for myself?" I asked. After all, I found them. I could sense tension in the air.

"Non posso avere delle copie per me?" chiedevo. Dopo tutto, le avevo trovate io. Sentivo una certa tensione nell'aria.

"Fammici pensare", replicò Cesare.

Oh, nulla di buono. "L'imperativo territoriale" di mio zio si stava manifestando. Decisi di indietreggiare di nuovo e di essere il nipote diligente nonostante lo strano comportamento di mio zio. Avrei dovuto essermici abituato ormai, giusto? Provai ad ignorare il buco nello stomaco ed a focalizzarmi sul compito ben più importante che avevo tra le mani. Avevo trasmesso a Cesare la lista dei contatti che Ed Hayes e Howard Shaff mi avevano dato. Cesare poteva continuare la sua campagna di scrittura di lettere. E riguardo alla Biblioteca del Congresso? Sembrava il prossimo, scontato passo.

"Devi portarmi a Washington", mi disse Cesare, senza nemmeno mangiarsi una parola.

Sebbene fossi impegnato a cercare di affermarmi come narratore, dovetti far parte di tutto ciò. Ad essere onesto, il pensiero che lo portasse uno degli amici di Cesare mi faceva un po' di gelosia. Anche se mio zio aveva un carattere difficile, l'idea che figlio e nipote passassero in rassegna quelle pagine importanti sembrava quella giusta. Era deciso. Saremmo andati ad ottobre quando avevo alcuni giorni liberi. Nel frattempo, Cesare avrebbe contattato le persone prese dalla lista che Ed Hayes mi aveva dato quando ero a Rushmore.

Nei giorni successivi, condivisi quegli stessi documenti anche con le mie sorelle. Erano emozionate all'idea di vedere il nome del nonno su delle registrazioni giornaliere e l'elogio fatto da Lincoln Borglum nella trascrizione. Ma c'era ancora qualcosa che nessuno aveva detto: che io fossi il nipote significava che avrei dovuto prendere il comando delle operazioni e le mie sorelle sarebbero state ancora più felici di supportarmi in tale cammino. Con tutti che mi avrebbero incoraggiato da bordocampo, il mio viaggio a Washington con mio zio non sarebbe mai arrivato troppo presto.

Quando arrivò settembre, ero emozionato nel far programmi per la grande escursione nella nostra capitale. Chiamai Cesare.

"Non posso andare. Sono troppo stanco. Sono troppo depresso" mormorò.

Dopo 20 minuti di tentativi per cercare di risollevare lo spirito di Cesare, realizzai che era inutile. Dopo tutto, le stranezze di mio zio erano ben più profonde rispetto al semplice essere un "personaggio". Cesare soffriva di depressione maniacale. Quando aveva le sue "manie" o quando sentiva dentro di sé una certa energia, scriveva lettere, leggeva materiali e fermava gli estranei per strada. *Sai cosa diceva il mio vecchio? Hai delle idee a riguardo?* Le persone erano sempre affascinate dalla storia di mio nonno e dallo *charme* appassionante di mio zio. Sfortunatamente, i momenti "sì" duravano poco. I dubbi si incrementavano. *Forse mio padre non era così importante. Sai che c'erano altri ragazzi che ci stavano lavorando. Non possiamo dimenticarli.* Alla fine, Cesare avrebbe rifiutato di lasciare il suo appartamento ed avrebbe dormito per dei giorni. Lui non avrebbe ottenuto nulla. Sapevo che era uno di quei momenti "no" di questo ciclo infinito. Poverino. Che potevo fare? Non potevo andare senza di lui. Gli si sarebbe spezzato il cuore e non mi avrebbe mai perdonato. Avremmo aspettato fino all'aprile dell'anno successivo quando il tempo sarebbe stato più mite ed io avrei avuto una settimana di vacanza dal calendario scolastico.

CAPITOLO OTTO

WASHINGTON, STIAMO ARRIVANDO

CIAO, È IL MOMENTO *di un altro Manji Manjo. Al segnale acustico, saranno…beep! 6:37 del mattino del 17 aprile del 1989. È il mattino che stavamo aspettando! Beh, il momento che lo zio Cesare ed io stavamo aspettando. Stiamo andando a Washington! Ta dah!*

Non stavo più nella pelle. Quando andai a prendere Cesare, salimmo in macchina ed accesi il mio piccolo registratore grigio e gli chiesi di dire qualcosa al "pubblico in studio". Altre persone avrebbero respinto il registratore, ma Cesare non era per nulla infastidito. Era un burlone nato, ben più che un partecipante volontario. Cesare iniziò con un messaggio rivolto a sua cognata, mia madre Angie.

"Cosa posso dire? Spero di non aver dimenticato qualcosa al piano di sopra. Penso che tutto vada bene, Ang. Lo sai, tua madre la notte scorsa mi ha detto di non preoccuparmi di niente, dunque Angie, va tutto bene. Faremo una ricerca nella terra di Borglum e Bianco!"

Mio zio ed io eravamo due bambini che andavano verso una grande avventura. Dato che avevamo molto in comune, il viaggio passò abbastanza velocemente chiacchierando su Sinatra, film, statistiche di baseball ed altri argomenti culturali. E c'era sempre il tempo per aggiornare un "Manji Manjo".

Cesare si era innamorato di quel piccolo registratore. Il mio unico rimpianto era che non fosse una videocamera.

Dopo cinque ore di guida e di crescente eccitazione, decidemmo che la nostra prima priorità sarebbe stata quella di prendere una camera per la notte. Questo accadde prima di quella grazia istantanea che oggi viene dal GPS e da tutte quelle *app* per smartphone che avremmo potuto utilizzare per trovare un hotel in due secondi. Era il 1989 e dovevamo farcene una ragione. Avendo avvistato un Best Western lungo l'autostrada pensammo che avevamo avuto fortuna. Due ore e mezzo dopo, stavamo ancora cercando. (Il mio senso dell'orientamento lasciava un po' a desiderare). Cesare, che non guidava, accese il registratore.

"Bene, signore e signori, stiamo ancora cercando una c***o di camera. Sembriamo essere nei bassifondi di Parigi su una strada senza uscita. Abbiamo letteralmente visto un Best Western proprio lungo la superstrada e in qualche modo non siamo riusciti a raggiungerlo. Tre diverse persone che ci hanno dato indicazioni ci hanno disorientato *ancora di più*".

Cesare continuava, "La gente ci chiederà che cosa abbiamo fatto il nostro primo giorno. Ebbene: abbiamo cercato una c***o di camera".

Quanto meno ne ridevamo. Più o meno.

Mezz'ora dopo, percorrevamo la strada giusta per raggiungere quel Best Western visto lungo l'autostrada. Non mi chiedete come avessimo fatto. Fu un colpo di fortuna e non il mio senso dell'orientamento. Avevamo disfatto le valigie, grati di trovarci alla fine da qualche parte. Cesare aveva viaggiato poco o niente durante la sua vita, dunque per lui arrivare in un hotel era quasi un evento. A sentirlo si poteva credere che ci trovassimo in un castello.

"Signore e signori, ci troviamo in una camera stupenda. Molto ampia. TV, un grazioso telefono, letti, quadri sulla parete, bagno, c'è tutto. Sembro tremendo, anche senza un dente".

Lasciatemi essere chiaro riguardo a mio zio. Lui era un tipo piuttosto *curioso*. Era anche molto intelligente, acculturato ed un gran lettore. Ma, per mancanza di un termine migliore, era "fuori di testa". Il momento dopo aver scattato quella foto esultante, mi disse di "levare la TV da sopra il mobile perché: guarda! Sta per cadere!" La TV non stava andando da nessuna parte, ma Cesare aveva una fobia sulle "cose che stanno per cadere", così lo accontentai. Terminammo la serata guardando una TV che stava sul pavimento. In seguito, la TV sul pavimento fu raggiunta da una sveglia. E da una lampada.

Il giorno seguente ci trovò pieni di energia e pronti per andare. Dopo una sostanziosa colazione al Best Western, saltammo sulla mia piccola Chrysler Sundance ed attraversammo il Potomac verso Washington. (La terra di "Borglum e Bianco", come mio zio amava chiamarla). Il mio piano era di lasciare Cesare presso la Biblioteca del Congresso, parcheggiare l'auto e tornare indietro per aiutarlo nella ricerca. Dopo aver parcheggiato la macchina, mi diressi a piedi verso la biblioteca. Era una stupenda giornata di sole e non potevo non essere estasiato da quanto fossero splendidamente candidi gli edifici. Erano assolutamente magnifici ed in tale contrasto con ciò che avevamo visto il giorno prima quando ci eravamo persi e giravamo in auto in una delle zone più depresse e povere della città. Mi chiedevo se ai capi di Stato stranieri fosse impedito di vedere quella parte di Washington.

Quando arrivai alla Biblioteca del Congresso, un impiegato aveva già fornito a Cesare numerosi scatoloni di documenti provenienti dagli scritti di Borglum. Cesare non vedeva l'ora di iniziare. Nemmeno io. Raggiunsi Cesare e gli chiesi uno scatolone da visionare anche per me. Lui si irrigidì per un attimo, poi abbassò la testa in segno di frustrazione. Invece di passarmi un intero scatolone, mi diede un solo documento e mi disse "Bada di esaminarlo molto attentamente!". Ma sicuro che sarei stato attento. Avevo atteso il momento di trovare mio nonno da quando avevo trovato quel libretto in seconda elementare. E adesso eravamo proprio nel posto che avrebbe potuto dare risposta alle così numerose domande. Ma sicuro che avrei esaminato ogni foglio per filo e per segno! Mio zio non aveva fiducia in me? Mentre lo guardavo leggere e cercare, sentii un muro invisibile tra di noi.

Ecco cosa si percepì per tutta la mezz'ora successiva. Tensione. Impazienza. Sospetto. Ogni tanto Cesare mi oltrepassava come se gli fossi stato tra i piedi, imprecando sottovoce. Quando finii il documento che mi aveva dato, gli dissi che lì non c'era nulla di interessante. Cesare mi lanciò un'occhiata, afferrò il documento e me lo tolse dalle mani, si sedette e disse "Sei sicuro? Cristo santo, non sei riuscito a trovare nulla? Che nervi! Adesso dovrò ricontrollare questo documento per essere sicuro che tu non ti sia perso qualcosa!" iniziammo a battibeccare. Gli assicurai che non c'era nulla. Non se la bevve. Entrambe le nostre voci si alzarono di volume e si colorirono di rabbia così che tutte le teste che si trovavano in biblioteca si girarono. Mi sentivo come un intruso che aveva invaso lo spazio di mio zio. Non avevo il diritto di trovare il nonno anche io? Perché mio zio mi doveva escludere? In queste condizioni non avremmo combinato nulla. Cesare avrebbe controllato anche il mio più microscopico movimento, cosa che lo avrebbe distolto dal suo stesso procedere. Ripensandoci, capisco che avrei potuto gestir meglio la situazione iniziale. Qualcuno doveva imboccare la strada maestra; se uno di noi doveva imboccarla, quello dovevo essere io.

"Zio Cesare, vorresti che io me ne andassi?"

Cesare rimase in piedi e rispose "Sì, vorrei che tu andassi via".

E fu così. Ovviamente, Cesare voleva ricercare per conto suo, senza di me. Ahi! Benché mi sentissi ferito, gli augurai buona fortuna e gli dissi che sarei ritornato per l'ora di pranzo. Mi guardò grato e rincuorato. Io non sentii niente del genere.

Odiavo questo lato del carattere di mio zio, questo "imperativo territoriale". Iniziò a nascere il risentimento. E se fosse stato *lui* quello distratto e si fosse lasciato sfuggire documenti importanti? Peggio ancora, e se fosse sopraggiunta la sua depressione e lui non avesse combinato nulla ed avesse voluto tornare a Port Chester? Lui aveva un comportamento di quel genere. Ero così arrabbiato che feci una promessa a me stesso: se mio zio non avesse trovato nulla alla fine della giornata, o se avesse mostrato altri comportamenti di auto-sabotaggio, avrei insistito per aiutare. E senza alcuna discussione. Era una cosa tanto importante per me quanto per lui. Volevo ritrovare mio nonno anche io.

Decisi di distrarmi e di approfittare di tutti i musei e le gallerie d'arte che la città aveva da offrire. Dopo una fruttuosa visita presso la National Gallery, mi sentii meglio. Era meraviglioso spostarmi da solo. Come mi avvicinai alla Biblioteca del Congresso, il mio passo non era così leggero e lo stomaco iniziò a brontolare. E se le mie noie con Cesare fossero saltate fuori? Allora avrei dovuto fare i conti con *quella* situazione. Già me l'immaginavo Cesare depresso o agitato o mentre stava litigando con un impiegato riguardo a qualcosa.

Quando raggiunsi la sala di consultazione, la prima cosa che vidi fu mio zio che stava mostrando delle carte ad un agente della sicurezza.

"Ha idea di come sia emozionante questa cosa per me? Guardi questo! Riguarda il mio vecchio!"

Agitava le sue mani, i suoi occhi gli brillavano, il suo sorriso si aprì con emozione. L'agente della sicurezza era totalmente estasiato dallo *charme* e dall'entusiasmo di Cesare. Quando mio zio mi vide, gridò "Louis, vieni qui, ho trovato l'oro!" Non avevo mai visto mio zio come adesso. Si era acceso nel migliore dei modi: come ci si può sentire quando una fantastica scoperta riesce a demolire un senso di frustrazione profondo.

*Cesare orgoglioso davanti al busto
di Lincoln nel museo dedicato a Borglum.*

"E questa è solo la punta dell'iceberg, nipotino! Ritornerò a Washington altre tre o quattro volte per fare ciò che devo fare".

La sua soddisfazione era assolutamente contagiosa e potevo sentire le persone che sorridevano mentre Cesare iniziava a darmi istruzioni di copiare tutte quelle carte che lui aveva trovato. Non lo avevo mai visto così concentrato, così diretto, così *felice*. E poi pensai che per quanto io volessi essere lì a svolgere la ricerca, era mio zio che avrebbe dovuto farla, e non io. Questo era l'unico modo di lavorare di cui Cesare era capace; da solo, come un monaco in un monastero. Era lui che si sarebbe occupato di trovare i documenti, purché si fossero *trovati*. Cesare li stava scovando con passione e con una tale energia che dovetti ammirarlo, mio malgrado. Il risentimento iniziò a sciogliersi. Cesare aveva intenzione di farlo così, da solo. Io avevo intenzione di *assisterlo*.

Con capigliatura anni '80 davanti al Campidoglio.

Il resto del viaggio produsse gli stessi splendidi risultati, per cui decidemmo di fare ulteriori viaggi. Non fui solo io che accompagnai Cesare nel 1990 e nel 1991, ma anche i suoi cari amici come Jimmy e Judy Sapione lo portarono nella capitale, come fece anche l'altro suo amico, Peter Sgroi. Jimmy Sapione ed io ridiamo ancora di ciò che significava viaggiare con Cesare e di quante volte dovemmo cambiare camera perché l'aria condizionata "non faceva bene" o "c'è un ronzio nella camera che mi dà fastidio". Il migliore era l'aneddoto di Jimmy, di quando la Biblioteca del Congresso non aveva lasciato entrare Cesare perché non aveva il documento d'identità. Siccome mio zio era stato lì tante volte, gridò "Ma voi mi conoscete, sono Cesare!". Ogni incidente ossessivo era sempre compensato con una nuova scoperta di una lettera, di una memoria o di un registro di lavoro mentre mio zio studiava ed esplorava la prova tangibile dell'importanza vitale di suo padre sul Monte Rushmore. Ripenso a quei viaggi con grande orgoglio, sapendo di essere stato capace di oltrepassare le mie emozioni e di aver aiutato Cesare a realizzare il suo sogno. Iniziando a raccontare la storia di mio nonno sul Monte Rushmore, tale racconto verrà rafforzato ed incrementato con questi importanti documenti. Documenti trovati da un figlio amorevole che ha voluto che suo padre avesse il suo meritato spazio nella storia.

PARTE II:
LUIGI RITROVATO

CAPITOLO NOVE

IL PICCOLETTO CURIOSO

LUIGI DEL BIANCO NACQUE il 9 maggio 1892, a bordo di una nave al largo di Le Havre, in Francia. I suoi genitori Vincenzo e Osvalda stavano ritornando in Italia dopo un vano tentativo di iniziare una nuova vita in America. A poche miglia da casa, Osvalda entrò in travaglio. La mia famiglia non ha idea di quanto tempo passò il neonato Luigi su quella nave. Sappiamo solamente che la famiglia rientrò in Italia, più precisamente in Friuli Venezia Giulia, in provincia di Pordenone. Il Friuli si trova a nordest dell'Italia e confina con l'Austria a nord e con l'attuale Stato della Slovenia a est.

Il Friuli, la terra d'origine di Luigi, situato nell'estrema parte nordorientale dell'Italia.

Il Friuli possiede un'interessante storia di occupazione romana mista alla cultura germanica dei Longobardi che invasero il nord Italia dal sesto all'ottavo secolo d.C. Anche seguito di ciò nacque la lingua friulana, parlata esclusivamente dagli italiani di quella regione. Questa lingua era quella che probabilmente mio nonno parlava a casa, quando era bambino. Probabilmente andava anche a caccia di cervi e lepri e giocava nei campi e nei boschi delle Prealpi friulane in un piccolo borgo chiamato proprio "Del Bianco". Questo minuscolo gruppo di famiglie, tutte relazionate le une alle altre, è annidato poco più a nord del paesino più vicino, Meduno. Ed esiste ancora oggi.

Luigi era il piccolo della famiglia. Aveva tre fratelli più grandi, Silvio, Maria e Osvaldo.

Non si sa molto della famiglia Del Bianco agli inizi del '900. La famiglia di mio nonno non era affatto povera. Si potrebbe affermare che la maggior parte degli abitanti di quella zona erano agricoltori ed artigiani.

Il padre di Luigi, Vincenzo Del Bianco, visse quasi fino ai 100 anni.

Sappiamo che il padre di Luigi, Vincenzo, proveniva da una lunga generazione di intagliatori del legno. A detta di mio nonno, quando aveva undici anni, lui stava fuori dalla falegnameria di suo padre. Luigi amava guardare le persone mentre intagliavano. "Com'è curioso il piccoletto!" gli dicevano. Nell'udire ciò, Luigi prendeva un pezzetto di legno e, dopo averne studiato la consistenza e la forma, iniziava ad intagliare un cagnolino. Vincenzo riconobbe immediatamente la dote del figlio e decise di mandarlo in Austria per studiare sotto la direzione di un maestro intagliatore della pietra.

*Al centro Luigi, all'età di 12 o 13 anni,
allievo di incisione su pietra in Austria.*

Non si sa il motivo per cui Luigi decise di incidere la pietra piuttosto che il legno. In base all'attestato ottenuto in Austria, Luigi frequentò gli studi di incisione su pietra dal 1905 al 1908. Lì studiò anche privatamente sotto la direzione di un maestro incisore su pietra.

Nell'unica intervista che Luigi ebbe con *Herald Statesman*, nel 1966, il giornale afferma che Luigi studiò anche a Venezia prima di recarsi in America, nel 1908, all'età di 17 anni. Anche se un po' troppo concise, queste sono le migliori informazioni che ha la famiglia sull'istruzione di Luigi prima che lui si imbarcasse su una nave alla ricerca del suo destino come artista nel nuovo mondo.

CAPITOLO DIECI

LUIGI NELLA CAPITALE DEL GRANITO

NEL 1908, DOPO CHE mio nonno terminò la sua carriera scolastica, inviò una cartolina ai suoi parenti di Barre, nel Vermont, per cercare lavoro lì. I cugini di Luigi lo invitarono ad andare in America e gli promisero che lo avrebbero sostenuto e gli sarebbe stato dato immediatamente un lavoro. Luigi si imbarcò in una nave da Napoli e viaggiò per tre o quattro settimane in terza classe, con il mal di mare che prese il sopravvento su di lui. Malgrado tutto, appena arrivò a Barre, si sentì come se fosse a casa; la topografia montuosa ed i boschi rigogliosi lo facevano sentire come a Meduno.

Luigi e il primo selfie, nel 1910!

Barre ha una ricca storia, per quanto riguarda la pietra. Le cave lì sono piene di granito grigio, una pietra con cui Luigi probabilmente aveva una certa familiarità. Molti degli artisti presenti a Barre erano degli incisori di lapidi commemorative e mio nonno certamente aveva l'abilità di incidere pietre tombali grazie alla formazione che aveva acquisito in Italia. Luigi considerò Barre come casa propria per circa sei o sette anni. Si sa poco riguardo alla sua vita lì, tranne il fatto che visse in North Main Street, n. 565, e che lavorò per la World Granite Company.

A sinistra, Luigi, elegantissimo, a Barre, in Vermont;
A destra una delle pietre tombali da lui realizzate a Barre.
(solamente per denotarne il talento).

CAPITOLO UNDICI

LA PRIMA GUERRA MONDIALE: L'ITALIA CHIAMA

Q UANDO L'ITALIA NEL 1915 entrò nella Grande Guerra, Luigi ritornò nella sua terra nativa a combattere per il suo Paese. Mio nonno materno, Giovanni Bruni, nello stesso periodo si trovava in America ed anche lui ritornò per combattere. Nonostante avessero vissuto da qualche tempo negli Stati Uniti, questi immigrati conservavano ancora la fedeltà al loro Paese natio. Luigi si arruolò nell'esercito italiano e conseguì subito il grado di sergente maggiore. Riesco ancora a ricordare che, da bambino, stavo seduto nel salotto e ascoltavo mio padre Vincenzo che narrava le storie sulla guerra che aveva sentito da suo padre.

Luigi (all'estrema sinistra) mentre sta cenando con i colleghi ufficiali.

"Il nonno andò in prima linea 13 volte ed ogni volta rimase ferito. Veniva colpito dovunque, anche sul suo didietro. Il mio vecchio non riuscì a sedersi per una settimana. Ingannava spesso i soldati tedeschi facendogli credere che fosse tedesco perché sapeva parlare la loro lingua. Poi gli sparava o li uccideva a mani nude".

È importante notare che sia mio nonno che mio padre erano inclini all'esagerazione. Però una storia di famiglia è pur sempre una storia di famiglia. In quanto giovane ragazzino, me le bevevo.

Quando la Guerra finì nel 1918, Luigi trascorse altri due anni in Italia. La famiglia non è sicura di ciò che fece in questo periodo. È possibile che abbia continuato a studiare la sua arte o forse che abbia lavorato come incisore di pietra. Dal 1920 decise di compiere il viaggio di un mese di nave per ritornare a Barre, nel Vermont. Una volta giunto lì, Luigi avrebbe conosciuto un collega incisore che avrebbe cambiato per sempre la sua vita.

Capitolo Dodici

Devi incontrare Borglum!

ALFONSO SCAFA ERA UNA persona di indole buona e amichevole e venne immediatamente catturato dal fascino, dal carisma e dalla grande personalità di mio nonno. Quando vide l'abilità di Luigi come incisore, Alfonso suggerì a mio nonno di fare un viaggio con lui a Stamford, nel Connecticut. *Lavoro per il più famoso scultore al mondo Gutzon Borglum,* affermò Alfonso. *Tu hai del talento. Lui avrà del lavoro per te.* Luigi colse questa opportunità.

Gutzon Borglum: scultore, genio e progettista del Monte Rushmore.

Il giorno successivo, i due incisori andarono a Stamford per incontrare l'irascibile ed estremamente dotato Gutzon Borglum. Tutti chiedono sempre come fosse stato il primo incontro e perché Borglum avesse immediatamente assunto mio nonno perché lavorasse per lui. Non lo so proprio. Forse Luigi aveva un'edizione del 1920 di un portfolio d'artista da mostrare a Borglum. Forse la referenza da parte di Alfonso Scafa fu sufficiente. Ciò che di certo sappiamo è che questo primo incontro fu l'inizio di una relazione di ventun'anni che terminò quando Borglum venne a mancare nel 1941. Sappiamo inoltre che, nonostante Borglum fosse un vero uomo rinascimentale che primeggiava in qualsiasi forma d'arte, faceva affidamento nella competenza di Luigi in qualità di incisore di pietra e di esperto nel granito, con una formazione classica. Per Luigi, Borglum divenne "il Maestro", il quale prese le abilità già accertate di mio nonno e le portò a svilupparsi all'altezza di un intagliatore su pietra.

In questo periodo, poi, Luigi avviò il suo percorso per ottenere la cittadinanza, iniziando con la sua Dichiarazione di Intenti nel 1920.

Quindici minuti più a sud di Stamford, subito dopo il confine di Stato, si trovava Port Chester, New York. Alfonso portò lì Luigi per fargli conoscere la sua famiglia e lui vi restò come ospite. Mio nonno conobbe l'intera famiglia Scafa, ma fu particolarmente colpito dalla cognata di Alfonso, Nicoletta Cardarelli. Nicoletta era una bellezza minuta di un metro e sessanta. Luigi e Nicoletta evidentemente avevano messo gli occhi l'uno sull'altra.

Mia nonna Nicoletta a Port Chester, New York, nel 1917 circa.

È sorprendente quali decisivi effetti abbia avuto Alfonso Scafa sulla vita di mio nonno. Egli non solo presentò Luigi al futuro progettista del Monte Rushmore, ma anche alla sua futura moglie, ossia mia nonna. A detta di zia Gloria, inizialmente a sua madre non piaceva suo padre perché lei credeva che il suo naso alla romana fosse "troppo grande". Ma non fu abbastanza per dissuaderla. Dopo numerosi viaggi di andata e ritorno da Barre e dopo un lungo corteggiamento, si sposarono il 31 dicembre del 1922 presso la chiesa di Santa Maria del Rosario a Port Chester.

Una foto del matrimonio di Luigi e Nicoletta. Luciano Cardarelli fu il testimone e Anna Dianni la damigella d'onore.

Dopo essersi sposati, Luigi lasciò Barre, nel Vermont, definitivamente. Dato che lui e Borglum avevano stabilito una buona relazione, Borglum gli fece la proposta di andare a vivere come sposini in una villetta nella sua proprietà a Stamford, conosciuta come "Borgland". Borglum aveva il suo studio sul terreno della proprietà, così Luigi sarebbe stato vicino. Era l'inizio di una lunga relazione tra un grande intagliatore e un grande scultore.

CAPITOLO TREDICI
BIANCO E "IL MAESTRO"

Wars of America Memorial a Newark, New Jersey.

QUANDO LUIGI E NICOLETTA si trasferirono, Borglum stava lavorando alla sua scultura "Wars of America", così mio nonno si mise a lavorare a quell'opera insieme ad un altro italiano di talento, Hugo Villa. Villa avrebbe poi aiutato Borglum nel suo progetto e nelle questioni di "riporto dei punti" del Monte Rushmore (il riporto dei punti è il trasferimento delle misure dal modello alla scultura). Dato che era una scultura e non un'incisione, tirerei a indovinare che mio nonno e Villa collaborarono alla posa di molta argilla per il modello e seguirono gli aspetti di riporto dei punti per la parte finale. La corporatura possente di Luigi (in particolar modo le sue gambe) attraevano l'occhio artistico di Borglum. Di conseguenza, circa venti delle figure presenti nella scultura di "Wars of America", in particolar modo Washington, presente sul davanti, sono state modellate fisicamente prendendo ispirazione da mio nonno. Anche Borglum, sua moglie Mary e suo figlio Lincoln sono stati raffigurati nella scultura. La scultura stessa è un impressionante dispiegamento di quarantadue figure umane e di due cavalli, riferita a tutte le più grandi guerre che la nostra nazione ha dovuto affrontare fino a quel periodo. La scultura venne inaugurata nel 1926 e tuttora viene considerata un capolavoro. Sono così orgoglioso del fatto che mio nonno facesse parte di un così ambizioso progetto; la più grande scultura in bronzo presente in America fino a quel momento.

Autoritratto di Luigi, del 1921 circa.
Foto: Collezione della famiglia Del Bianco.

Alla fine, Luigi e Nicoletta lasciarono la proprietà di Borglum e si stabilirono a Port Chester. La loro prima bambina, Teresa, nacque nel 1923 e fu la beniamina di mio nonno.

Luigi sarebbe ritornato ogni giorno dal lavoro per trovare la piccola Teresa che aspettava all'ingresso già pronta per saltare tra le sue braccia. Silvio, il figlio maschio più grande, venne alla luce nel 1925.

Luigi e sua figlia Teresa. Foto: Collezione della famiglia Del Bianco.

Appena Luigi e Nicoletta avevano iniziato ad abituarsi alla loro crescente famiglia, Luigi ricevette un'importante chiamata da parte di Borglum per aiutarlo a scolpire qualcosa che non era mai stato scopito prima d'ora: una scultura sul versante di una montagna. No, non era il Monte Rushmore. Prima che i quattro presidenti in granito venissero ideati, vi fu un tentativo iniziale di scultura di figure colossali su pietra. Era la Stone Mountain in Georgia. La *United Daughters of the Confederacy* commissionò a Borglum l'incisione di un bassorilievo con i capi Sudisti della Guerra Civile: Jefferson Davis, Robert E. Lee e Stonewall Jackson. In effetti, Borglum era stato coinvolto nella progettazione della scultura già nel 1915, ma in quel periodo, nei primi degli anni '20, il lavoro era pronto per essere avviato. Non si era mai tentato di realizzare niente di tale mole prima di allora. Borglum avrebbe avuto bisogno di "Bianco", il suo miglior incisore, per assisterlo nella realizzazione di questo compito enorme.

Stone Mountain in Georgia.

Il lavoro avrebbe portato Luigi ad allontanarsi per mesi da Nicoletta e dalla piccola Teresa. In quanto capofamiglia, immagino che Luigi decise di partire con dei sentimenti estremamente contrastanti, essendo appena divenuto padre. Nel suo periodo in Georgia deve essersi sentito solo, così come testimonia una cartolina riportata qui di seguito.

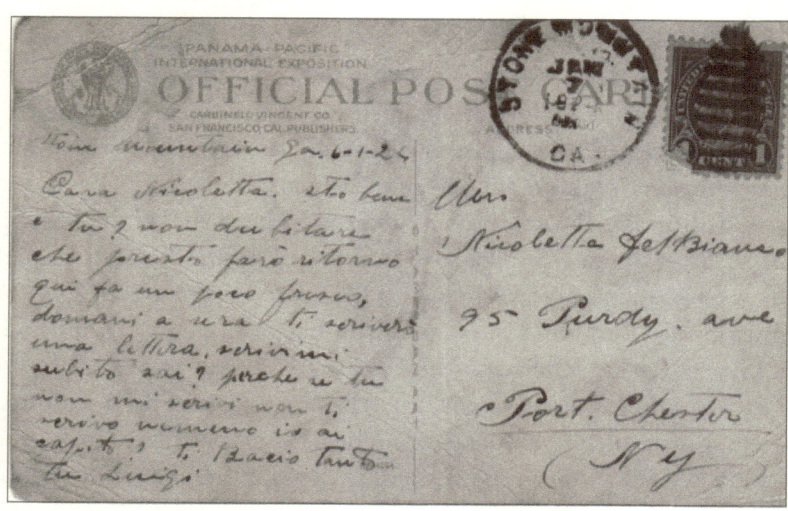

Stone Mountain 6 Gennaio, 1924

Cara Nicoletta,

Sto bene e tu? Non dubitare del fatto che presto ritornerò. Qui sta andando tutto per il meglio (INIZIA A FAR FREDDO). Domani sera ti scriverò una lettera. Scrivimi adesso perché se non mi scriverai, io non ti scriverò. Hai capito? Ti mando tanti baci.

Il tuo Luigi.

Al di là di come poteva sembrare mio nonno, lui doveva anche avere un lato tenero. (Anche se qui viene mescolato con un ultimatum). Mi piace la passione espressa nella conclusione: "Il tuo Luigi".

Appena Luigi arrivò in Georgia, Borglum lo mise a lavorare subito nella rifinitura del volto di Robert E. Lee. Doveva essere realizzato in tempo per il giorno dell'inaugurazione. Ecco qui di seguito una foto di Luigi con un martello e uno scalpello. Lui è il bel ragazzo che indossa gli occhiali.

Foto della rivista sulla Stone Mountain.

Sfortunatamente, la relazione tra Borglum e la *United Daughters of Confederacy* fu piena di incomprensioni. Alla fine lui abbandonò il progetto della Stone Mountain. Potremmo considerare questo episodio come una benedizione sotto mentite spoglie. Subito dopo, Doane Robinson, lo storico del Sud-Dakota, contattò Borglum per un parere a riguardo di una scultura su una grande roccia di granito. Luigi sarebbe ritornato a casa a Port Chester per ricongiungersi con Nicoletta e Teresa. Sarebbe ritornato inoltre ad aiutare Borglum nella scultura delle *Wars of America*.

CHAPTER FOURTEEN
CAPITOLO QUATTORDICI

NEL **1927, MIO NONNO** continuava il suo percorso per ottenere la cittadinanza. Nei mesi seguenti, Luigi fece richiesta di naturalizzazione. Infine nel 1928 il percorso di Luigi venne completato nel momento in cui fece il Giuramento di fedeltà per divenire un cittadino degli Stati Uniti d'America.

Quello stesso anno, Nicoletta rimase incinta del suo terzo figlio, mio padre Vincenzo, ai tempi in cui giunse la tragedia. Teresa, che aveva solamente 5 anni, si ammalò gravemente di meningite spinale. Non so quali trattamenti erano disponibili per poter salvare la piccola Teresa. So solamente che morì subito dopo. Non posso neanche immaginare come doveva essere stato per i miei nonni. Dovevano essere stati sconvolti. Come si fa a seppellire la tua bambina di 5 anni e non essere traumatizzato per la vita? La mia povera nonna, incinta del suo terzo figlio, pronta ad una nuova vita, doveva mettersi a lutto per la morte improvvisa della sua primogenita. Inimmaginabile. Quando la famiglia si offrì di aiutare Luigi e Nicoletta per tutte le disposizioni necessarie, mio nonno insistette per incidere lui stesso la lapide per Teresa. Ogni volta che ascoltavo questa storia da bambino, immaginavo mio nonno nel suo piccolo studio, che si asciugava le lacrime mentre incideva il nome di sua figlia sulla pietra. Il fatto che lui riuscisse a fare tutto questo doveva essere stato il risultato da una parte di un terribile peso da togliersi e dall'altra di un grande dono. Adesso quando Luigi sarebbe ritornato a casa da lavoro, non ci sarebbe stato nessuno lì ad aspettare di buttarsi tra le sue braccia. Era troppo per lui questo peso da sopportare. Si sarebbero dovuti spostare. E lo fecero, verso Washington Park, una delle due zone italiane più grandi presenti a Port Chester.

Quando nacque, mio padre Vincenzo venne al mondo circondato da emozioni aspre miste a dolci: la gioia di una nuova vita e il dolore per la perdita di un'altra.

CAPITOLO QUINDICI

LA VITA VA AVANTI

IN QUEL PERIODO, NEL 1928, sappiamo che Luigi stava lavorando per Borglum, ma sappiamo anche che lui aveva iniziato il suo mestiere di incisore di lapidi commemorative a Port Chester nel 1927. Mio zio Cesare raccontava che mio nonno svolgeva il suo mestiere a Purdy Avenue con suo cognato Alfonso Scafa ed un altro incisore di Port Chester, Saverio Terenzi. I tre uomini erano *compari*. Amavano sedersi sul porticato dopo una lunga giornata di lavoro, bevendo del vino fatto in casa e scambiandosi delle storie. Mia madre e mio padre amavano raccontarci come Purdy Avenue fosse una via frequentata, piena di piccole attività familiari e di una marea di mercatini di carne, frutta e verdure. Se volevi il pollo per cena, non andavi al supermercato; andavi a Purdy Avenue e ne compravi uno vivo dal negozio di pollame di Vitti. Quando tornavi a casa, lo dovevi uccidere tu stesso, e lo spiumavi e lo pulivi per cucinarlo. Molte famiglie allevavano i polli in casa. C'erano anche il venditore di ghiaccio, il fornaio, l'arrotino o il venditore di cenci e di beni di seconda mano per la casa. Essi camminavano per le strade dei vicini italiani di Port Chester dove tutti conoscevano tutti. Queste erano le persone di cui mi raccontavano i miei genitori quando chiedevo loro della loro infanzia. Questa era la vita che immaginavo per Luigi, Nicoletta e i suoi bambini a Port Chester all'alba del periodo della Depressione.

Nel 1931 nacque il quarto bambino della famiglia Del Bianco. Mio nonno lo chiamò Cesare Julio (utilizzando la trascrizione italiana), o Caesar Julius. Che razza di nome. Mio zio avrebbe avuto il suo bel daffare per esserne all'altezza!

I ragazzi della famiglia Del Bianco erano un interessante trio con la loro distinta personalità. Silvio, il maggiore, possedeva un po' del talento di mio nonno ed era una persona sensibile e premurosa che piaceva a tutti.

Vincenzo, mio padre, era un'imprevedibile ed ancor di più affascinante testa calda che amava superare i limiti. Mio padre aveva anche una grave balbuzie, probabilmente sintomo di un ragazzo nello stesso tempo sensibile e che disperatamente provava a nascondere le sue paure e le sue insicurezze. Cesare era l'attore ed il pagliaccio della famiglia, un chiacchierone che utilizzava il suo naturale carisma ed il suo senso dell'umorismo per convincere qualsiasi persona incontrasse. Aveva inoltre la capacità di irritare, in particolar modo mio padre, cosa che era spesso la ricetta giusta per combinare un disastro. Cesare dava fastidio a Vincenzo, Vincenzo le avrebbe suonate a Cesare e così via. Silvio probabilmente passava molto tempo a fare da mediatore. Sono convinto che non vi fosse mai un attimo di noia.

La famiglia Del Bianco, nel 1930 circa.
Da sinistra, Silvio, Luigi, Vincenzo e Nicoletta.

CAPITOLO SEDICI

"IL MAESTRO" CHIAMA

IN SUD-DAKOTA, IL LAVORO per il monumento commemorativo nazionale del Monte Rushmore stava proseguendo lentamente da numerosi anni. L'ideatore del progetto non era null'altri che "il Maestro" Gutzon Borglum. La prima traccia del coinvolgimento di Luigi è datata 1932. La foto presente qui di seguito venne scattata da mio nonno sul Monte Rushmore. (Washington era il solo volto che iniziò ad essere scolpito nel 1932). Mio nonno stava lavorando sulla montagna o Borglum lo aveva semplicemente invitato in Sud-Dakota per mostrargli il progetto? Forse lui non c'era nemmeno stato là e le foto gli erano semplicemente state inviate.

Ecco una foto davvero interessante della montagna nel 1932. Fu mio nonno che la scattò. Si può notare che Jefferson era stato scolpito sulla parte opposta a dove si trova attualmente. A quanto pare, il progetto originale di Borglum prevedeva Jefferson in quella posizione. Il suo assistente in quel periodo era Hugo Villa, uno scultore di talento con cui mio nonno aveva lavorato sotto Borglum per molti anni. Secondo il libro di Rex Alan Smith, *The Carving of Mount Rushmore*, Borglum e Villa dibattevano di continuo se il volto di Jefferson fosse stato scolpito correttamente o meno.

Alla fine, il volto dovette essere abbandonato e Villa venne licenziato. Rimase da capire chi fosse stato il colpevole dell'insuccesso del primo volto di Jefferson, se Borglum o Villa. Secondo Rex Alan Smith tutto dipendeva da Villa, dato che Borglum si era allontanato dalla montagna e non era stato coinvolto abbastanza. Tutto ciò ha un senso, dato che Borglum e Villa recuperarono la loro amicizia anni dopo. Per quanto riguarda Luigi e l'anno 1932, non vi sono testimonianze della sua presenza tra il personale in quell'anno. Tuttavia, queste foto sono un'indicazione dell'inizio della relazione di Luigi con il Monte Rushmore.

Il profilo di Washington. Foto: Collezione della famiglia Del Bianco.

Borglum presentò a Luigi le questioni riguardanti la montagna e gli offrì il lavoro di Capo intagliatore nel 1932? Dopo tutto, Villa era uno scultore di talento, ma Luigi era un talentuoso incisore. E questo era un lavoro su pietra. Alla fine, il progetto per il primo volto di Jefferson fu stracciato.

Nel 1933, Luigi ricevette infatti la chiamata di Borglum per divenire il solo Capo intagliatore del monte Rushmore. Come ho già detto, George Washington era l'unico volto completato in quel periodo, anche se non era considerato del tutto finito. La testa di Jefferson doveva essere iniziata daccapo. Il progetto era minato da numerosi problemi. Uno di questi era il fatto che il granito era contaminato da pegmatite, una roccia ricca di mica e quarzo, che rendeva la scultura estremamente instabile. Qualsiasi granito ricco di questi cristalli sarebbe crollato nel momento in cui uno scalpello od un trapano avessero colpito la pietra. (La pegmatite fu uno dei motivi dell'insuccesso del primo volto di Jefferson). Il progetto di Borglum era stato cambiato nove volte a causa di questo problema e si dovette costantemente spostarsi ed in un caso cambiare del tutto posizione per evitare l'infida roccia. Tutto questo costò al progetto una perdita di tempo e soldi.

La testa originale di Jefferson subito a sinistra rispetto a Washington.
Foto: Collezione della famiglia Del Bianco.

I soldi erano di certo un problema. Dato che la montagna veniva scolpita durante la Depressione, i fondi stanziati dal governo federale non venivano sempre materialmente erogati. I lavoratori non venivano pagati sempre puntualmente o a volte non venivano per nulla pagati. Di conseguenza, il progetto si sarebbe dovuto fermare. Borglum viaggiava continuamente alla volta di Washington DC per ottenere che il denaro per il progetto fosse versato, cosicché il lavoro potesse continuare. Era un circolo vizioso che tormentò il progetto del Monte Rushmore per anni. Si stimava che il completamento del Monte Rushmore avrebbe richiesto solamente cinque anni; ce ne vollero invece quattordici.

Infine, e cosa molto più importante, vi era una mancanza di intagliatori veramente esperti. La grande maggioranza delle persone che lavorava sul Rushmore era di minatori di argento del luogo, i quali avevano perso il loro lavoro sotto i colpi della Depressione. Essi dovettero essere preparati a questo lavoro da Borglum e da assistenti di talento come Hugo Villa, Bill Tallman, Ivan Houser e Walter Long. Era incredibile sia per me che per mio zio Cesare il fatto che, senza alcuna preparazione formale, tali persone imparassero così velocemente a divenire riportatori di punti ed intagliatori. Il trasferimento dei punti o delle misure da un modello ad una montagna e la precisa lavorazione del granito al fine di creare quegli straordinari volti dall'altezza di 60 piedi da parte di dilettanti verrà sempre considerata un'impresa notevole. Detto ciò, a partire dal 1933, Borglum deve aver guardato il volto incompleto di Washington e compreso che quelle persone, per quanto capaci e dedite fossero, non avrebbero potuto fare meglio di così. Il fatto era che nessuno di loro aveva avuto una formazione classica come intagliatore di pietra, la sola che avrebbe potuto dare ai volti la "rifinitura dell'espressione" di cui questi necessitavano disperatamente. Solamente un artista avrebbe potuto farlo. Le persone di talento che ho menzionato prima (Villa, Tallman, Houser e Long) possedevano tutte dei *curricula* interessanti in scultura e in progettazione, ma nessuno di loro era stato istruito nell'arte dell'intaglio della pietra. Borglum era un intagliatore qualificato e avrebbe potuto farlo, ma aveva già compiuto 66 anni nel 1933 e la sua età ed i suoi limiti fisici gli impedivano di compiere l'estenuante lavoro di rifinitura dei volti, sospeso in aria a 500 piedi dal suolo. Aveva bisogno di un intagliatore specializzato e di una persona esperta di granito per terminare i volti, per dar loro espressione, per dar loro un'anima. Aveva bisogno di mio nonno.

Luigi ricevette la chiamata dal "Maestro". I due artisti avevano già una relazione lavorativa da dodici anni e mio nonno era divenuto un intagliatore anche migliore lavorando per un grande genio come Borglum. Era un'accoppiata perfetta. Ma vi era un lato negativo: il Monte Rushmore era nel Sud-Dakota ed una stagione lavorativa durava da sei ad otto mesi. Luigi avrebbe dovuto separarsi dalla sua famiglia per lunghi periodi di tempo. I suoi figli avevano otto, cinque e due anni. Mi domando come dovevano essere state le conversazioni dei miei nonni attorno al tavolo della cucina nel 1933. Sono sicuro che mia nonna ottenne dell'aiuto dal resto della famiglia e dagli amici, ma restava il fatto che sarebbe stata una madre sola a dover crescere tre ragazzi durante il periodo della Depressione. È proprio facile soffermarsi sugli sforzi ed i successi di mio nonno sul Monte Rushmore, così come è semplice dare per scontati i grandi sacrifici e le pressioni che mia nonna deve aver sopportato durante quegli anni. Per non parlare di tre bambini senza una figura paterna. Tuttavia, entrambi i genitori dovevano riconoscere che era il periodo della Depressione e, per una volta nella vita, l'occasione era alla portata di mio nonno: rifinire i volti sul più emblematico dei monumenti al mondo. Come avrebbe potuto rifiutare? Non avrebbe potuto. Si sarebbe rivelato come il più grande privilegio ed il più grande successo artistico della sua vita.

Immagino mio nonno che abbraccia i suoi piccoli ragazzi, tiene ben stretta Nicoletta e poi sale sulla sua Chevrolet verde, per un viaggio di milleottocento miglia fino alle Black Hills del Sud-Dakota. Poiché non vi era cibo italiano nel Sud-Dakota, Luigi si assicurò di caricare i sedili posteriori con una grande quantità di soppressata, capocollo e parmigiano. Amo questa lettera che mio zio trovò, inviata dalla moglie di Borglum, Mary, per dare a Luigi delle indicazioni e dei "consigli di viaggio" sulla strada migliore da percorrere e sulle superstrade ad accesso limitato del 1933.

E' sorprendente quanto sia dettagliata Mary Borglum sulla quantità di benzina di cui Luigi avrebbe avuto bisogno e sul costo stimato di un viaggio in auto di milleottocento miglia. Ho controllato inoltre che aspetto avessero i "campeggi per turisti" negli anni '30. Erano di ogni genere. Mio nonno poteva aver preso una piccola casetta, piantato una tenda o semplicemente parcheggiato la sua macchina e dormitoci dentro. Naturalmente non c'erano moderni impianti idraulici in nessuno di questi campeggi. Viaggiare su strada non era così bello. Il fatto poi che Borglum si trovasse a Washington fa pensare che fosse lì per fare pressione per i finanziamenti. Questo spiega perché Mary precisa che Luigi non sarà pagato subito. Lei gli chiede anche di "prendere in prestito i soldi per il viaggio". Chiaramente, non vi erano fondi per provvedere ad alcuna spesa del viaggio di Luigi.

```
                    THE MENGER
                    SAN ANTONIO
                      TEXAS

                April 23, 1933.

Dear Bianco:-
        Mr. Borglum would like you to go out to
the Black Hills now as soon as you can. The work has
started. He is going to Washington on Tuesday and from
there to South Dakota. Lincoln and I are going straight
north from here and will meet you in Dakota. The best
way to go is through Philadelphia, where you strike the
Lincoln Highway. Stay on the Lincoln Highway until
you reach Dennison, Iowa. From Dennison go to Sioux
City, Iowa, from there to Yankton, South Dakota and
from there to Rapid City, South Dakota. When you get
to Rapid City telephone Mr. John Boland, who will
tell you what to do. Can you possibly borrow money
to get out with. If you go by car it will cost about
$75. It is two thousand miles. I don't know how many
miles you get to a gallon with your car, but I thought
gas and oil ought not to cost more than $40.00, and
there are tourist camps along the road, where you can
stop for a couple of dollars a night. Mr. Borglum
cannot send you money for ten days or more and he
would like to have you start right away. If you go
by train get your ticket to Rapid City, South Dakota,
by the Chicago and Northwestern from Chicago and
telephone Mr. Boland when you get there. Our place
is thirty miles in the country, but Mr. Boland will
tell you where we are and what to do. You will be
on the payroll as soon as you get there. I shall be
away from here by Thursday and after Sunday can be
reached at Hermosa, South Dakota. Mr. Borglum will
be at the Metropolitan Club, Washington, D.C. Friday.

                Sincerely yours,

                      m
```

Mio nonno alla fine raggiunse Rapid City e quindi Keystone, che è la città più vicina al Monte Rushmore. Non sono sicuro se abbia vissuto da solo o se dovette dormire con altre persone, ma non c'erano né acqua corrente né un sistema di impianti elettrici moderni di alcun tipo. Il modo per avere un poco di sollievo era nella vecchia dependance.

Keystone stessa aveva l'aspetto di una città uscita da un western di John Wayne e lo ha ancor oggi. Molti dei suoi residenti erano rudi minatori provenienti dall'Irlanda o da varie zone scandinave. Erano uomini duri, che lavoravano tutto il giorno in miniera e che, la sera, giocavano a carte, bevevano e si azzuffavano nei tanti saloon. Queste erano le persone con cui Luigi entrò in contatto. Sono sicuro che un italiano proveniente dall'Italia che parlava con un determinato accento non era il tipo di persona cui gli abitanti di Keystone erano abituati. Sono sicuro che per molti mio nonno era un'attrazione del Vecchio Continente; forse anche una novità. In un certo senso, non li si poteva biasimare. Ad eccezione dei turisti che frequentavano il Monte Rushmore, i residenti del Sud-Dakota sono ancora molto isolati dalla maggior parte delle altre popolazioni. Luigi Del Bianco non era ciò che erano abituati a vedere. Detto questo, so che mio nonno si trovò bene con i residenti di Keystone. Possiamo solamente supporre quale pregiudizio e bigotteria che mio nonno possa aver incontrato lungo la via, nel Sud-Dakota di quei tempi.

Luigi andò a lavorare. Era divenuto il Capo intagliatore, incaricato della "rifinitura d'espressione" dei volti. Il 4 maggio, l'arrivo di mio nonno era stato abbastanza importante da finire sul giornale. Ecco qui di seguito una notizia dal giornale *Aberdeen Daily News*:

Borglum Aide Arrives to Assist in Rushmore Work

RAPID CIT. May 4.—(P)—L. Del Bianco, Port Chester, N. Y., sculptor, arrived in Rapid City this morning and will be an assistant to Gutzon Borglum, sculptor of the Mount Rushmore memorial. Mr. Borglum who has been in San Antonio, Texas, for the winter, and later in Washington, D. C., on business, is expected to arrive here this week-end to resume work on the monument. according to John A. Boland, member of the national commission.

Work on the monument has been under way for several weeks, under the direction of W. S. Tallman, superintendent.

Aiutante di Gutzon Borglum; evidentemente Luigi doveva lavorare a fianco del Maestro. Vedrete che ciò verrà consolidato sempre di più, man mano che si leggerà l'articolo. Ora, ecco qui un'interessante nota a margine: due mesi dopo, il 29 giugno, l'*Aberdeen Daily News* ritornò ad intervistare Luigi, ma non avrebbe avuto nulla a che vedere con il Monte Rushmore. Ci doveva essere un incontro di box tra il campione Jack Sharkey ed uno sfidante di due metri, l'italiano Primo Carnera. Si dava giusto il caso che Carnera e mio nonno fossero compaesani ed in qualche modo la stampa l'aveva saputo e ne aveva voluto parlare con Luigi.

> ## Hills Sculptor Knew Carnera As Youth in Italy
>
> RAPID CITY, June 29—(P)—L. Del Bianco, Port Chester, N. Y., an Italian sculptor working on the Mount Rushmore Memorial in the Black Hills, under Gutzon Borglum, is particularly interested in tonight's fight between Jack Sharkey and Primo Carnera, giant Italian.
>
> Del Bianco and Carnera were friends in Italy before either of them came to America, and when the fighter arrived in this coountry, Del Bianco was one of the first persons to greet him.
>
> At the Rushmore Memorial Del Bianco has a lifesize cast that he once made of the doubled fist of Carnera. He has had to explain to many curious visitors that it is a fist of Carnera, and not a sledge hammer.

Primo Carnera sconfisse Jack Sharkey e divenne il primo italiano campione mondiale di pesi massimi. E quel pugno gigante? Mio nonno aveva effettuato molte copie e le aveva date ai suoi amici come regalo.

Le famiglie di Luigi e di Primo Carnera vivevano molto vicine tra loro nel Pordenonese e così la relazione continuò in America. Fu un evento quando Primo Carnera, il campione mondiale di pesi massimi, venne a far visita alla città di residenza adottiva di mio nonno. Port Chester nel 1933 contava una vasta popolazione italiana, così le visite di Primo divennero una grande notizia. Mio padre ricorda ancora di aver dovuto condividere il letto con il gigantesco pugile; durante la notte Primo si rigirava di continuo e buttava costantemente mio padre fuori dal letto. Mio padre sentiva poi una mano gigante afferrargli la spalla ed una voce profonda muggiva: "Vincenzo, vieni qui". Vincenzo veniva sollevato dal pavimento al letto come un piccolo bambolotto.

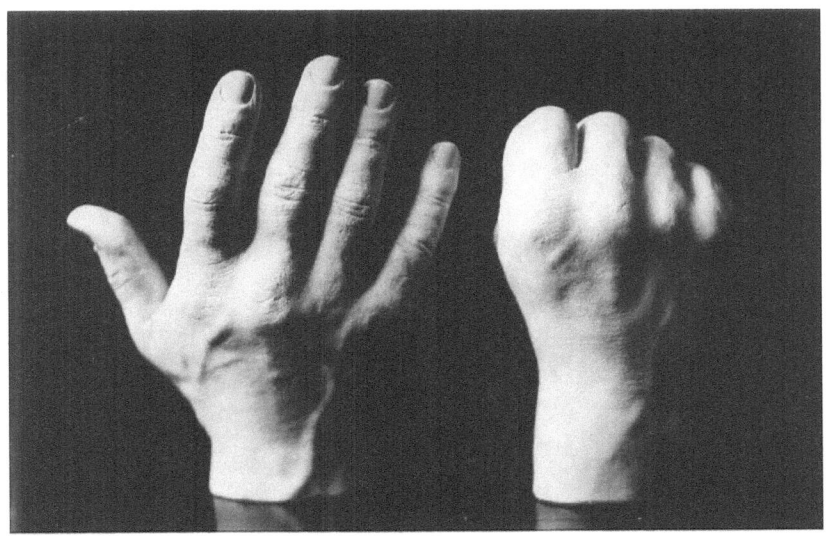

La mano aperta ed il pugno di Primo Carnera, creato da Luigi.

All'età di sei o sette anni, scoprii una foto rovinata, messa da parte nell'armadietto al di sopra del lavandino della cucina. Per anni avevo pensato che Primo fosse mio nonno. Il mistero si risolse durante un Giorno del Ringraziamento, quando mio zio Silvio disse alla famiglia di riunirsi attorno alla nostra TV di tredici pollici in bianco e nero per guardare "il cugino Primo" nel film "Mighty Joe Young". Primo Carnera era presente in una grande scena del nightclub dove lui ed altri nove uomini forzuti ingaggiavano una lotta con il gigante scimmione. Il Giorno del Ringraziamento e Primo alla TV divennero una tradizione annuale.

Luigi, a sinistra, e Primo, con le copie del suo pugno gigante.

Ma io divago. Sì, Luigi arriva al Monte Rushmore per aiutare Borglum a completare i volti. Il promemoria riportato qui di seguito è la prima testimonianza del ruolo ricoperto da mio nonno nel progetto della montagna. Borglum non si riferisce a Luigi solamente in qualità di Capo intagliatore, ma sottolinea anche che per fare il lavoro era necessario lui. (Si tenga a mente che Luigi iniziò a lavorare ad aprile del 1933. La cronologia è solida, ma non perfetta).

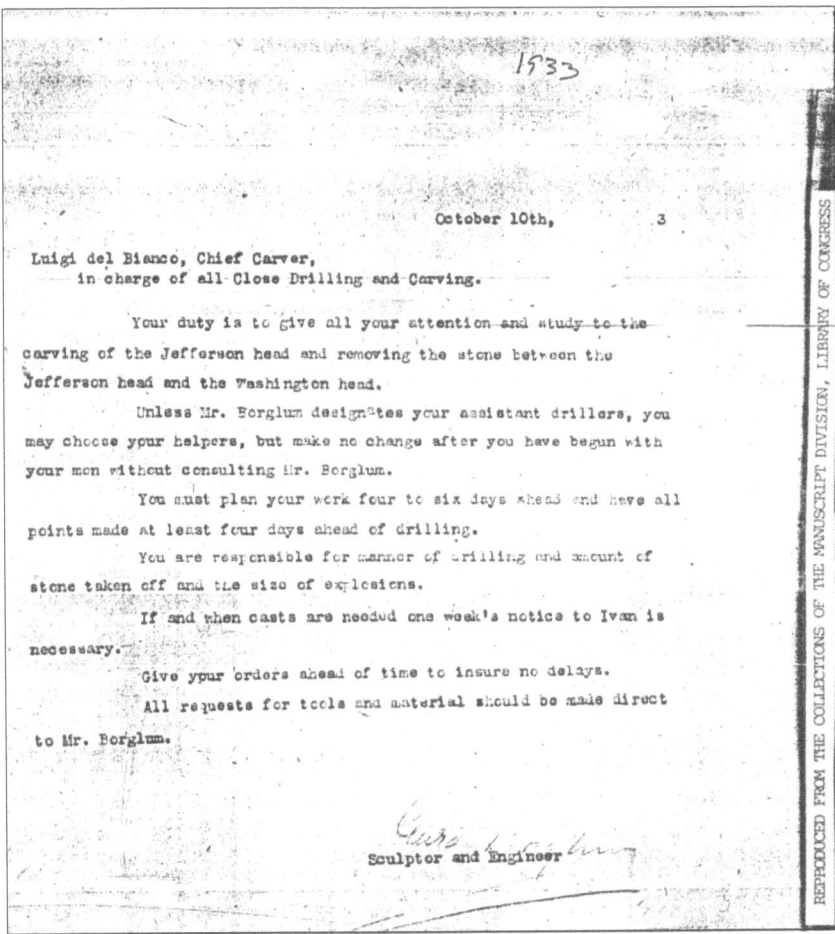

Sarà possibile notare da tale promemoria che Luigi non era solamente Capo intagliatore, ma a lui veniva anche data la responsabilità di dirigere la precisa rimozione di roccia tramite perforazione od esplosione. (Senza contare le persone che lavoravano sotto di lui).

Qui c'è un registro giornaliero che trovai durante il mio viaggio al Monte Rushmore nel 1988. È possibile trovare Luigi nella lista degli intagliatori, mentre tutte le altre persone sono state inserite all'interno della lista dei trivellatori.

DAILY RECORD—Men-on-the-Granite (Drilling and Carving)
Mount Rushmore National Memorial
Daily—Reported to Gutzon Borglum, Sculptor Engineer

Name		Location	Approximate Feet Drilled / Progress	Completed and Shot
Luigi del Bianco, CARVER	8	Jeff Wig	33'	33'
O. E. Anderson, DRILLER	8	" "	52'	52'
James Payne, DRILLER	8	" "	Pointing 18'	18'
Alton Leach, DRILLER	10	Collar	88'	88'
Elton Gordon, DRILLER	8	R. Collar	40'	40'
Ray Grover, DRILLER	10	Jefferson	83'	83'
Merle Peterson, DRILLER	10	Jefferson	Drilling & Plugging	
George Hesnard, DRILLER	8	R. Collar	40'	40'
H. Peterson	10	Collar 2 hr	20'	20

		Drilled Areas Shot	Wired and Not Shot
Alfred Berg, POWDER MAN	10	11 lines	

	No. Drills Sharpened	
M. I. Cindel, BLACKSMITH	95	1780

Date **Oct 10** 193**3**

Reported and Signed **J. A. Johnson**, Foreman on Granite
W. S. Tallman, Superintendent of Works

CAPITOLO DICIASSETTE

COMINCIANO I PROBLEMI

È IMPORTANTE NOTARE CHE MIO nonno era la sola persona che avesse il titolo di Capo intagliatore sul Monte Rushmore. Anche se era solamente la sua prima settimana di lavoro al progetto, non ci volle molto prima che qualcosa andasse storto. Forse questo ruolo importante, questo grande privilegio americano concesso ad un immigrato italiano, era troppo bello per essere vero. Fin dall'inizio, la presenza di Luigi aveva incontrato la resistenza di coloro che Borglum descriveva come le "persone nella sede di Rapid City".

Uno dei documenti più interessanti che mio zio Cesare aveva trovato delinea il "piccolo battibecco sulla retribuzione" che costrinse mio nonno a minacciare di smettere. Come è possibile biasimarlo? Era il periodo della Depressione. Luigi aveva lasciato la sua famiglia per vari mesi e non aveva ricevuto i soldi da spedire alla propria famiglia. Ma Borglum era pronto a difende mio nonno; è chiaro quanto mio nonno gli fosse di vitale importanza e che, senza di lui, il lavoro di completamento dei volti si sarebbe dovuto fermare.

> In 1933 I notified Tallman and my son, Lincoln, who was here pointing, that I was bringing with me as assistant, a semi-sculptor who had been with me off and on in the east for twelve years, a powerful, capable granite man, whom I had converted into an efficient marble cutter. I was immediately notified that his presence here was objected to and that the Rapid City office did not want him. I ignored this and put him immediately in charge of the work and <u>workmen on Washington's head</u>, meaning the face and wig.
>
> He complained to me within a week of the treatment he was being accorded from the Rapid City office,

> 9.
>
> rudeness, insolence and petty dickering about wages. He remained here on my orders and my account, but, he will never come again. He will, however, form one of my head men at Stone Mountain. He is worth any three men I could find in America, for this particular type of work, here and now, but Mount Rushmore is not managed that way and doesn't want that kind of service. He entirely out-classed everyone on the hill, and his knowledge was an embarrassment to their amateur efforts and lack of knowledge, lack of experience and lack of judgment. He is the only man besides myself who has been on the work who knows the problems and how to instantly solve them. His absence is a great loss to this work this year.
>
> Because of these conditions, I have left the head of Washington unfinished. It will remain unfinished in the vital points until interference with the executive work of the sculptor on the Mountain is stopped. The eyes, the nose, the mouth and chin, where the hair touches the face, will not be touched until men capable of handling such work are welcomed to the work. I intend to protect all the rest of the fine work on the Mountain in precisely the same way, and shall risk none of it until I have competent men to do it.

> The loss of Bianco will probably prevent the finishing of the Washington and Jefferson heads this year.

Ricordo ancora come se fosse ieri, quando mio zio Cesare lesse l'affermazione: "Lui è apprezzato più degli altri tre uomini d'America per questa particolare tipologia di lavoro". Lo riesco ancora a vedere, quasi urlando la citazione, sventolando con emozione il foglio che aveva trovato. "La perdita di Bianco impedirà probabilmente il completamento delle teste di Washington e di Jefferson quest'anno".

Luigi mentre sta lavorando sulla fronte di Washington.
Foto: Collezione della famiglia Del Bianco.

Non si può chiedere di meglio. Era palese secondo questa fonte primaria, uscita direttamente dalla bocca di Gutzon Borglum, che Luigi Del Bianco non era solamente l'unico intagliatore in grado di rifinire i lineamenti dei volti, ma che il suo abbandono avrebbe lasciato quei lineamenti così com'erano. Sinceramente dubito che se una qualsiasi delle altre 400 persone che lavorava al progetto avesse lasciato, ci sarebbe stata la stessa reazione.

Dunque, se Luigi smette di lavorare, Borglum resta senza il primo ed unico Capo intagliatore. L'appunto seguente mostra fino a che punto Borglum si sarebbe spinto per trattenere il suo esperto del granito. (Allego il testo di seguito in quanto la scrittura a mano risulta troppo difficile da leggere).

3 Giugno

Mio caro signor Boland,

Ho avuto modo di fare una piccola chiacchierata con il signor Bianco stasera. Era un poco scoraggiato in quanto gli avevo detto che avrebbe ricevuto lo stesso compenso nel momento in cui io sarei arrivato e da quella data avrebbe dovuto ricevere 90 centesimi all'ora. Quanto dovuto non gli è stato pagato.

È impossibile completare la figura di Washington con gli uomini non specializzati di cui disponiamo. Bianco presenta tutte le capacità di Villa ed in più forza ed onestà. Potremmo raddoppiare i nostri progressi se avessimo due persone come Bianco.

Dunque ho deciso che dobbiamo tenere Bianco e farlo contento. Se lui stesse lavorando per me, lo pagherei undici o dodici dollari. Voglio che riceva un dollaro all'ora. Potresti addebitarmi la differenza. L'aiuto che lui dà, l'abilità di comprendere, risultano molto più preziosi per questo lavoro.

Lo porterò a Stone Mountain con me il prossimo inverno, il che significa che lui inizierà a conoscere tale tipologia di lavoro e non vi saranno persone competenti in questo lavoro come quelle che io ho formato.

Vi prego di concedergli tale paga a partire dalla data in cui è avvenuta la nostra conversazione, e così come le ho detto, addebitando la differenza direttamente sul mio conto.

Molto cordialmente,

Gutzon Borglum

Risulta chiaro da tale appunto che Borglum non sapeva più cosa fare. Se si paga parte del salario di qualcuno, questa persona deve essere ritenuta molto importante. Non insisterò su questo punto, se non per dire che lo scritto di Borglum parla da sé. Nel 1933, subito dopo essere stato assunto ed aver minacciato di andarsene, Luigi si decide a rimanere. So questo poiché il registro giornaliero, che ho trovato e che ho già illustrato più sopra, mostra la data del 10 ottobre del 1933, che era considerata molto in ritardo per la stagione. Luigi ovviamente lavorò sul Monte Rushmore per almeno sette mesi; in altre parole gran parte della stagione del 1933.

A mano a mano che mio zio Cesare scovava, di documento in documento, maggiori informazioni, ci diveniva sempre più chiaro che tra Borglum e Bianco c'era un rapporto speciale. Esisteva un'ammirazione reciproca tra i due artisti. Borglum non aveva fiducia in nessun altro se non in Luigi per intagliare la parte più particolareggiata dei volti.

CAPITOLO DICIOTTO

IL RICHIAMO DELLA FAMIGLIA

ANCHE SE LUIGI ACCETTÒ di rimanere all'interno del progetto, c'era qualcos'altro che stava strattonando il suo cuore. A Port Chester, NY, a milleottocento miglia di distanza, vivevano la sua adorata moglie e i tre figli piccoli, tutti sotto l'età dei dieci anni. Rimanere separati per molti mesi doveva essere stato un terribile stress emotivo per un padre e la sua famiglia. A luglio del 1933 mio nonno inviò questa tenera cartolina a Silvio e Vincenzo. (Cesare aveva solamente 2 anni).

23 Luglio 1933

Miei cari bambini,

Sto bene e mi auguro che stiate bene anche voi. Comportatevi bene perché vi invierò un costume stupendo, anche a Silvio. Oggi ho inviato a Silvio un costume indiano e spero che lo ricevi presto.

Baci dal vostro papà.

Adoro questa cartolina. *Baci dal vostro papà*. Potrei sentire mia nonna che la leggeva a mio padre e mio zio e per un attimo vedere i loro piccoli volti che si illuminavano. Che sentimenti contrastanti doveva aver avuto Luigi. Cos'altro poteva fare mio nonno? Doveva provare a superare il problema di quei milleottocento miglia tra lui ed i suoi ragazzi. Così, aveva comprato ad entrambi dei costumi indiani per mostrare il suo amore a lunga distanza.

Quello stesso anno, Nicoletta inviò a Luigi una foto dei tre ragazzi ed una tenera annotazione da parte di Silvio.

Caro papà,

Stiamo bene, semplicemente ci manchi un sacco. Speriamo che ti sbrigherai e ritornerai a casa, così potremmo essere felici insieme a te. Adesso vado a scuola ed ascolto la mia insegnante e mi impegno ad imparare al meglio.

Con tanto amore e baci,

Silvio

Così potremo essere felici insieme a te. Per me, questo è un sentimento così meravigliosamente semplice e diretto che proviene dal cuore di un bambino; un figlio che ha bisogno di suo papà. Questo deve aver fatto salire le lacrime agli occhi di mio nonno. Mia nonna come avrebbe potuto spiegare verosimilmente l'assenza del loro padre ai suoi piccoli ragazzi?

"Mamma, dov'è papà?".

"È a 1800 miglia, su una montagna, a scolpire gli occhi di George Washington".

Sarebbe già abbastanza surreale da digerire per un adulto, ma per un bambino dell'età di 7 anni? Questa sarebbe la prima di molte altre lettere con un desiderio agrodolce di un uomo e dei propri amati.

L'anno 1934 non presenta nessuna testimonianza del fatto che mio nonno si trovasse sul Monte Rushmore. È possibile che fosse lì; le testimonianze sulla montagna sono state riconosciute come sporadiche, nel migliore dei casi. C'è, comunque, un'interessante annotazione del 1934 da parte di Borglum per John Boland, cui vale la pena accennare. Il 18 maggio, Borglum scrisse a Boland riguardo ai preparativi per la stagione.

13 Maggio 1934

Metropolitan Club

Mio caro signor Boland,

Ho la sua lettera in merito ai finanziamenti a cui sto facendo affidamento e ho scritto al nostro sovrintendente per radunare i suoi responsabili da Johnson, anche l'uomo con gli attrezzi e Blacksmith (?). Venerdì 25 maggio prepari ed esamini i cavi e le manovelle, le impalcature e le oscillazioni, i motori, i compressori e sia pronto a mettere tutto in azione lunedì mattina. Il 28 maggio inizierà il primo giorno della settimana.

Verrò lì per verificare che il lavoro sia iniziato e che gli ordini vengano rispettati.

Sto portando Bianco e Lincoln e aggiungerò un sostituto per Lincoln, probabilmente due giovani scultori e, quando riuscirò a trovarlo, un uomo come Bianco.

Cordialmente,

Gutzon Borglum

Informazione riservata

Roosevelt probabilmente verrà a trovarci a Luglio.

Evidentemente, Borglum aveva tutte le intenzioni di "portare" di nuovo Bianco a Rushmore nel 1934. Stava anche sperando che avrebbe potuto trovare un altro uomo come mio nonno, una sensazione condivisa anche all'interno di un altro rapporto del 1933. Luigi vi andò?

Una cosa era sicura: Borglum voleva Bianco lì e voleva più persone come lui.

Un documento che mi ha sempre fatto dubitare è il registro giornaliero che viene mostrato nel Museo dei lavoratori a Rushmore.

DAILY RECORD—Men-on-the-Granite Drilling and Carving				
Mount Rushmore National Memorial				
Daily—Reported to Gutzon Borglum, Sculptor Engineer				
Luigi del Bianco, CARVER	Location	Progress		
O. E. Anderson, DRILLER 8	Location *Jefferson*	Approximate Feet Drilled 40'	Completed and Shot 40'	
James Payne, DRILLER 8	" "	30'	30'	
Alton Leach, DRILLER 7	R Collar	20'		
Elton Gordon, DRILLER 8	" "	8'		
Ray Grover, DRILLER 8	Jefferson	27'	27'	
Merle Peterson, DRILLER 8	L Collar	30'		
George Hesnard, DRILLER 7	Collar mont	20'		
J. Payne 7	Chest	65'	65'	
C. Vranich 8	L Shoulder	65'		
			230' of 1933 finished + Shot	
Alfred Berg, POWDER MAN B Eibeck 8	Drilled Areas Shot 6 lines	Wired and Not Shot		
M. I. Cindel, BLACKSMITH	No. Drills Sharpened 86	12 Bits		
		Reported and Signed J. A. Johnson Foreman on Granite		
Date June 15 1934		W. Tallman Superintendent of Works		

Ho trovato sempre strano che per i lavori del Monte Rushmore non vi fosse in elenco mio nonno mentre stava lavorando sulla montagna nel 1934. Tuttavia, Luigi c'è, elencato all'inizio della lista e nell'anno 1934 alla fine della pagina, così come viene mostrato nel museo di Rushmore, oltretutto. Se non era lì nel 1934, Johnson il capomastro non avrebbe cancellato il suo nome o non avrebbe preso un appunto che segnalasse la sua assenza nel registro?

Dopo sette mesi di separazione nel 1933, Luigi doveva aver visto l'effetto che aveva avuto tale lontananza sulla sua famiglia. La grande maggioranza degli uomini che lavorava sul Monte Rushmore erano persone del luogo che potevano stare con le loro mogli ed i loro bambini alla fine della giornata. La loro qualità di vita a questo riguardo non veniva mai sacrificata. Come mostra la corrispondenza con la famiglia, Luigi doveva aver sentito profondamente quel vuoto familiare. Penso che sia il motivo per cui, quando si presentò la stagione del 1935, lui convinse mia nonna ed i suoi figli a fare i bagagli e ad andare a vivere con lui in Sud-Dakota.

Luigi con Silvio Cesare e Vincenzo nel 1935 circa.

CAPITOLO DICIANNOVE

ECCO CHE ARRIVANO I DEL BIANCO

GLI ANZIANI DI PORT Chester erano soliti dirmi che, da bambini, si mettevano sul marciapiede a guardare la famiglia Del Bianco che preparava la loro Chevrolet verde per il lungo viaggio verso le Black Hills. Ci deve esser voluta una grande opera di persuasione, da parte di mio nonno, per convincere mia nonna ed i suoi bambini a trasferirsi. Una famiglia italo-americana di New York che va a vivere nell'Ovest durante la Depressione? Eppure lo fecero. Come ogni vero italiano, mio nonno doveva aver voluto veramente mantenere unita la famiglia.

Viaggiare attraverso mezza nazione in macchina durante la Depressione con tre ragazzi al di sotto dei 12 anni deve essere stato a dir poco faticoso. Senza i nuovi impianti idrici, anche le sole soste al bagno dovevano essere state già di per sé indimenticabili. Vorrei che mia nonna fosse vissuta abbastanza perché io potessi ascoltare le sue storie.

Quando finalmente i Del Bianco arrivarono a Keystone, si sistemarono all'interno della loro piccola casetta. La mia famiglia non era per niente ricca, ma erano tutti abituati ad usare i moderni servizi igienici a Port Chester. A Keystone, non vi era nulla di tutto questo. Posso sentire mia nonna che grida, *Come? Niente bagno? Oh, Dio aiutami tu!* Peggio ancora, l'unico negozio presente a Keystone, Halley's General Store, non aveva nessuna verdura e nessun ingrediente di cui avesse bisogno mia nonna per preparare le pietanze italiane che la famiglia mangiava solitamente. (Non vi erano molti italiani che abitassero a Keystone).

Bob Hayes, il cui padre era Edward Hayes, l'operatore tramviario per il Monte Rushmore, conosceva bene la famiglia Del Bianco e consolidò un'amicizia con mio padre che durò fino al giorno in cui mio padre morì.

Nel sito web di Bob, lui ricordava con affetto mia nonna e il modo in cui fosse scoraggiata per lo "shock culturale" che provò a Keystone, in particolar modo il problema di non avere i giusti maccheroni o il basilico per la sua cucina. Secondo Bob, Nicoletta si faceva arrivare settimanalmente i suoi prodotti italiani da New York, cosicché ogni pasto poteva sembrare come quella di casa. In definitiva, mia nonna non amava vivere nel Sud-Dakota.

Silvio, Cesare e Vincenzo a Keystone, in Sud-Dakota, nel 1935 circa.

Dall'altra parte, mio padre e i miei zii l'amavano. Specialmente per mio padre, era come se ogni film western che lui si godeva come appuntamento del sabato pomeriggio prendesse vita davanti ai suoi occhi. Il terreno ricoperto da alberi, l'architettura western ed anche i Nativi Americani locali si aggiungevano al fascino del "selvaggio West" di cui mio padre era così appassionato. Ricordo che da bambino, mentre ero seduto sul pavimento, rimanevo ammaliato dai ricordi di mio padre riguardo a quel periodo vissuto nelle Black Hills.

> *"Adoravo quel posto. Mio fratello Silvio ed io avremmo voluto passare ogni giorno nei boschi. Avremmo fatto il fuoco, per cucinare le patate o riscaldare i nostri panini. Andavamo a scuola lì con i figli dei lavoratori della montagna. C'era un unico edificio ed un'unica insegnante. Lei avrebbe seguito tutte le classi, dalla prima elementare alla scuola superiore, tutto da sola.*

C'erano solamente 20 ragazzini, al massimo. E basta. La scuola era facile lì. Faceva così caldo in estate che nuotavamo nei grandi laghetti prima della scuola, dopo la scuola e anche a pranzo. I ragazzi si spogliavano e nuotavano nel lago tutti scoperti. Le ragazze sarebbero rimaste con l'intimo. E allora? Eravamo bambini. Non ci interessava. Quando fu il momento di ritornare a New York, mi sentii male".

Mio padre ricorda anche la volta in cui andò a visitare il ranch di Gutzon Borglum a Hermosa, che non era lontano dalla montagna.

"Borglum aveva un bellissimo cavallo. Era un cavallo da esposizione, così a nessuno era concesso di andargli vicino. Un giorno, montai in groppa e provai a cavalcarlo. Borglum corse dietro di me, urlando come un disperato. Mi afferrò e mi tirò giù dal cavallo ed iniziò a prendermi a pedate nel didietro. Oh, lo fece veramente. In seguito mia madre uscì di casa perché aveva visto cosa era successo. Mia madre era alta solamente un metro e sessanta, ma andò da Borglum e gli disse: 'Se tocchi di nuovo mio figlio, non lascerò che mio marito ritorni per rifinire i tuoi volti!'

"Borglum guardò verso il basso mia madre e si mise a ridere, 'Ok, signora Del Bianco, tutto ciò che vuole'. Dopo un po' di tempo Borglum mi permise di cavalcarlo, ma solo mentre lui era lì".

Vincenzo sul suo cavallo preferito.

L'attrazione di mio padre per i Nativi Americani andava al di là di quello che vedeva in televisione. Ammirava moltissimo il loro spirito ed il fatto che volevano vivere la loro vita in maniera libera ed indipendente da qualsiasi autorità centrale. Quando Vincenzo scoprì che mio padre si era fatto amico del capo della riserva del luogo, fu come se fosse morto e fosse andato in paradiso. Vincenzo si ricordava tutto benissimo riguardo al legame speciale di suo padre Luigi con i Lakota Sioux.

"Gli indiani là venivano evitati. Non erano nessuno. Il mio vecchio stava bene con loro. Li metteva a proprio agio".

Mio padre era solito mostrarmi la ferita sul suo pollice che rappresentava uno speciale rito di iniziazione per un ragazzo italo-americano proveniente da New York.

"Una notte andammo alla riserva e loro fecero una cerimonia di fratelli di sangue. Il capo fece un taglio al suo pollice e poi a quello del mio vecchio. Li mise insieme e divennero fratelli di sangue. Da quel momento mio fratello Silvio ed io diventammo fratelli di sangue con i figli del capo".

Credo veramente che se mio padre avesse dovuto fare una lista dei 10 momenti più belli della sua vita, quel momento sarebbe stato uno di quelli.

Luigi sulla montagna con i suoi amici, i Lakota Sioux.

Credo che anche mio nonno si sentisse allo stesso modo. La relazione che aveva con i Sioux era qualcosa di estremamente unico: l'incontro tra la cultura italiana e quella nativa americana. La miglior prova di tutto questo erano i pranzi domenicali con cibo italiano che la mia famiglia faceva nella riserva. Mio padre mi raccontava di questo come se fosse avvenuto ieri.

> *"Andavamo alla riserva e mia madre faceva la salsa e due o tre chili di maccheroni per l'intera tribù. Da quaranta a cinquanta persone. Loro chiedevano sempre la salsa di mia madre. Poi impararono a cucinarla loro stessi".*

In quanto artista, mio nonno si faceva ispirare anche dal suo nuovo amico. Mio padre mi raccontava:

> *"Gli piaceva il loro aspetto ne faceva sempre dei piccoli schizzi. Faceva anche piccoli intagli e glieli regalava. Oh, gli indiani amavano il mio vecchio".*

Una piccola testa che mio nonno fece per il capo della riserva di Pine Ridge.

Quando ritornai sul Monte Rushmore nel 1988, fui tentato di andare a visitare la riserva di Pine Ridge. Volevo andare di casa in casa, sperando di trovare una delle teste intagliate di mio padre poggiata su una mensola del camino. Avrei potuto scoprire anche una famiglia indigena americana mentre gustava la ricetta tradizionale di maccheroni e salsa, insegnata ai loro antenati da una cortese madre italiana che voleva condividere la sua cultura e l'amore per la cucina con loro. Non lo feci mai. Avrei dovuto.

E cosa dire in merito ai ricordi di Vincenzo sul Monte Rushmore? Mio padre aveva dei ricordi limpidi di Luigi e Borglum che discutevano continuamente sul modo migliore per trasferire i modelli di un metro e mezzo, presenti nello studio, ai volti di 60 piedi sulla montagna. Come spiegava mio padre:

> *"Borglum e il mio vecchio litigavano. Borglum avrebbe detto: 'Oh Cristo, Bianco, sei testardo!' Mio padre avrebbe detto: 'Devo stare con te! Dato che devo starti vicino...' Borglum rispettava il mio vecchio in quanto lui sapeva tutto riguardo alle pietre. Mio padre mi diceva 'Non preoccuparti. Riuscirò a fargli cambiare idea'. E di solito lo faceva".*

Quando chiedevo se Luigi rispettasse Borglum, mio padre diceva, *"Mi prendi in giro? Lui adorava Borglum. Borglum insegnava tantissimo al mio vecchio. Non diceva nulla di cattivo riguardo a Borglum. Lui era il Maestro. Il Maestro".*

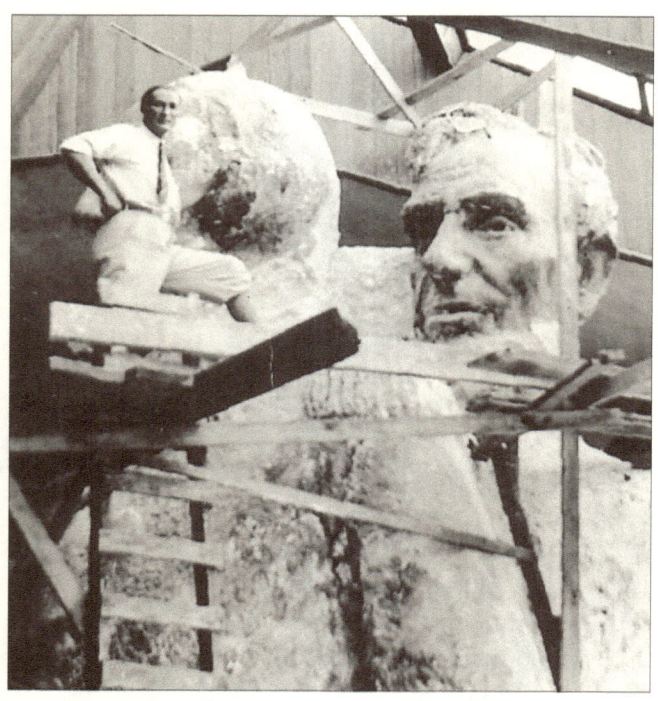

**Luigi mentre studia i modelli nello studio di Borglum.
Foto: Collezione della famiglia Del Bianco.**

**Luigi accanto ad una sua opera.
Foto: Collezione della famiglia Del Bianco.**

Il volto di mio padre si animava quando parlava della montagna.

"Una volta papà portò mio fratello Silvio e me fino in cima. Dovevamo salire tutte quelle scale di legno. Oh Dio, ci è voluta una vita! Appena arrivammo in cima, fui spaventato. Non potrò mai dimenticarlo".

Lui ricordava inoltre come era vedere il Monte Rushmore dal basso.

"Quando ritornavamo a casa da scuola, io, i miei fratelli e gli altri figli dei lavoratori andavamo alla base della montagna e salutavamo con le braccia i nostri papà mentre lavoravano. Riuscivo a vederli veramente bene perché il mio vecchio mi aveva dato un binocolo".

I 706 scalini che conducono ai volti del Monte Rushmore. Un viaggio fino in cima era come essere arrivati quasi a metà strada dell'Empire State Building. Foto tratta dal libro di Rex Alan Smith, **The Carving of Mount Rushmore.**

Mio padre non raccontava molto, tranne che della sua vita a Keystone. Amavo guardare il volto di mio padre che si illuminava mentre raccontava di quei giorni del 1935. Fino al giorno in cui morì, mio padre usava ancora espressioni occidentali come *Mi pare* e *Grazie tante*, tutto per quella permanenza di un anno nel Sud-Dakota. Il Vincenzo di sette anni si innamorò veramente della vita lì. Non voleva assolutamente ritornare a New York. Quando lo fece, Vincenzo continuò a imitare gli indigeni americani e gli abitanti delle Black Hills.

***Vincenzo a sei anni seduto come un capo indiano.
Scuola elementare di Washington a Port Chester, New York.***

Se si crede nella reincarnazione, si può pensare che Vincenzo un tempo sia stato un guerriero Lakota Sioux. Nel presente, rimaneva un ragazzino di 7 anni che si godeva la più grande avventura della sua vita.

CAPITOLO VENTI

COME HANNO SCOLPITO QUEI VOLTI GIGANTESCHI?

MENTRE LA MADRE DI Vincenzo, Nicoletta, stava a casa a cucinare e lui e suo fratello stavano esplorando i boschi o nuotando nel Battle Creek, suo padre Luigi stava puntellando a 500 piedi dal suolo, dando anima a quei volti monumentali.

Sotto la direzione di Gutzon Borglum, Luigi era la persona più importante del processo di trasformazione di una montagnosa "tela bianca" in quattro volti di granito di 60 piedi, perfettamente completati.

Molte persone a quel tempo pensavano che Borglum fosse pazzo. Dopotutto, ciò non era mai stato provato prima, dunque si doveva accettare la sfida. Fortunatamente, Borglum non era solamente un grande artista, ma anche un ingegnere intraprendente, con una capacità che giocava un ruolo importante nel raggiungimento di un obiettivo in apparenza impossibile. Borglum usava la sua abilità ingegneristica per ideare un processo suddiviso in cinque parti per dare vita a quei volti. Luigi era una delle persone più importanti su cui Borglum contava per poter terminare questo progetto unico.

1. RIPORTO DEI PUNTI

Il riporto dei punti è probabilmente l'elemento più importante del lavoro. Si tratta del trasferimento delle misure, o "punti" dal modello, anch'esso scolpito, al prodotto finito. In quanto incisore con una formazione classica, Luigi arrivò sul Monte Rushmore già competente in questo campo.

Di seguito vi è una foto del Monte Rushmore prima che vi fosse qualsiasi volto.

il Monte Rushmore prima della grande trasformazione.

Per trasferire questi punti, Borglum costruì due diversi macchinari di riporto dei punti. Prendiamo come esempio il volto di Washington. (Fare riferimento all'illustrazione presente in basso).

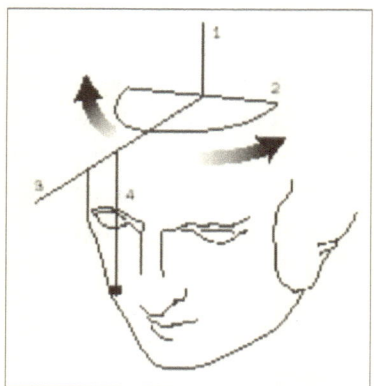

Un macchinario poggiava sulla testa del modello e l'altro, molto più grande si poggiava sulla testa incisa sulla montagna. Dato che il modello era di un metro e mezzo e la testa di granito era di 18 metri, le misure dovevano essere riprodotte su una scala di 1:12.

Al centro della testa di Washington (n. 1) vi è il punto di riferimento. Gli angoli a destra e a sinistra (n. 2) lavorano come un goniometro. La misura orizzontale si trova sul boma, che è il raggio che esce direttamente dal volto di Washington (n. 3). La misura verticale è sul piombino, che è l'elemento appeso al termine della fune (n. 4). Le misure 2, 3 e 4 formano assieme un "punto" misurato. Supponiamo che Luigi volesse trovare un punto misurato sulla punta del naso di Washington. Avrebbe dovuto semplicemente, sul modello, spostare il piombino (n. 4) sulla punta del naso e lasciarlo lì. Poi avrebbe dovuto misurare l'angolo tra il piombino e la misura n. 2, misurare la distanza tra il piombino e la misura n. 3 ed infine misurare l'altezza del piombino sospeso (n. 4). Luigi sarebbe poi andato sulla testa di granito di 18 metri ed avrebbe preso quelle tre misure moltiplicandole per 12. Tutto ciò gli avrebbe dato un'analoga misura -o punto- sulla testa di granito. Adesso Luigi avrebbe saputo quanta pietra si sarebbe dovuta togliere per ottenere quel punto duplicato. Dopo migliaia e migliaia di punti misurati e trasferiti, alla fine la testa di granito sarebbe assomigliata al modello.

Un punto veniva calcolato prendendo tre misurazioni: l'angolo (n. 2 nell'illustrazione sopra), l'altezza (n. 4) e la profondità (n. 3). Queste tre misure, assieme, creavano un punto misurato. Luigi avrebbe preso quella misurazione dal modello di 5 piedi, lo avrebbe moltiplicato per 12 e trasferito quel punto sul volto di 60 piedi.

Il grande macchinario di riporto dei punti sulla sommità del volto di Washington.
Foto tratta dal libro di Rex Alan Smith, The Carving of Mount Rushmore.

Ovviamente, questa era una parte davvero cruciale del processo. Borglum affidò a mio nonno la supervisione degli uomini quando il riporto dei punti veniva effettuato. Non ci doveva essere assolutamente errore. Una volta misurati i punti e rimossa la pietra, non era possibile rimetterla come l'argilla o l'intonaco. L'appunto di Borglum presente di seguito mostra come a Lincoln Borglum, che sotto la guida di suo padre davvero stava diventando un abile capo puntatore, fu dato di "assistere" il più anziano e più competente "Bianco" quando avveniva il riporto dei punti. (Bisogna continuare a tenere presente il fatto che la grande maggioranza di persone che lavorava sul Monte Rushmore non era preparata. Lincoln, che di fatto era preparato, era uno dei tanti che Luigi aveva preso sotto la sua ala durante il progetto).

```
          Lincoln Borglum    Pointer in charge.
You will hold yourself in readiness to assist Bianco in
all pointing (the taking of measurements necessary on the
sculpture work on Mount Rushmore) until further written
orders.
          I want the work on the face of Washington fin-
ished (by Bianco) beginning ten inches from the hair line
procede downward. I want all this work accurately pointed
over the surface, every inch on the model, every twelve
inches on the Mountain.
          Tallman will aid you and Bianco with scaffold
and men in every way, promptly as necessary. Be careful
in setting the winches to the back of Washington's head.
Billy has a floor of loose stone where the new work-shed
will be and he will find it difficult to fasten his
winches to this floor. No work must be done now without
points!!! Suggest to him laying down two heavy timbers
and drill deep and hold these timbers down, then bolt
winches to these timbers, get book for record of points,
and keep a separate page for each set of points with date.
```

2. BRILLAMENTO

Che si creda o meno, una grande maggioranza della pietra rimossa dal Monte Rushmore non è stata tolta usando scalpelli o trapani. È stato fatto utilizzando dinamite. Qualsiasi altro modo utilizzato per rimuovere la pietra avrebbe impiegato molti anni; così Borglum aveva assunto due uomini che avevano esperienza con la polvere da sparo per asportare "chirurgicamente" la pietra utilizzando una quantità misurata e precisa di esplosivo. La tecnica di sgrezzatura utilizzando la dinamite non era mai stata provata prima. Non erano accettabili errori. Qualsiasi pietra rimossa con dinamite dalla montagna non si sarebbe potuta rimettere. Dopo una certa quantità di prove e di errori, gli artificieri divennero estremamente abili nell'esatta rimozione della pietra, con precisione millimetrica. Di seguito vi è una foto del volto di Lincoln che inizia lentamente a comparire dopo ripetuti brillamenti.

Foto tratta dal libro di Rex Alan Smith, **The Carving of Mount Rushmore.**

3. PERFORAZIONE

Una volta che la pietra era stata sufficientemente fatta saltare, era il momento per i trapanatori di dare il via ai lavori. La seguente foto mostra i lavoratori mentre stanno trapanando il volto di George Washington. Le punte di trapano dovevano essere affilate molte volte al giorno perché il granito era molto duro. Se si guardava da vicino, è possibile vedere le linee scoperte prodotte dalla perforazione direttamente su pietra dopo che quella in eccesso era stata rimossa. In base a quale parte del volto loro stessero lavorando, ogni trapano penetrava di circa 6 pollici dal punto finale di misura. Con così tanti punti da misurare, si può ben immaginare quante cavità dovevano essere state perforate per modellare gradualmente i volti.

Foto tratta dal libro di Rex Alan Smith, **The Carving of Mount Rushmore.**

4. LAVORAZIONE A NIDO D'APE

La quarta parte del processo, la lavorazione a nido d'ape, è una di quelle che mio nonno utilizzò abbastanza spesso. Nella pagina successiva vi è una foto di Luigi mentre sta trapanando una serie di fori ravvicinati ed un'altra di lui mentre sta staccando la pietra. Ogni foro viene trapanato vicino al punto finale di misura. Le cavità perforate potevano essere di differente profondità, in base alla topografia di quella parte del volto. La lavorazione a nido d'ape era una tecnica veramente utile in quanto gli intagliatori come Luigi potevano avere un controllo ottimale nel momento in cui staccavano ciascun pezzo della roccia lavorata a nido d'ape. È lo stesso concetto della carta perforata. È molto più semplice strappare con precisione la carta con una linea praticata sui buchi per aiutarsi. Senza quei buchi, si ha davvero poco controllo su come si vuole tagliare la carta.

Foto tratta dal libro di Rex Alan Smith, **The Carving of Mount Rushmore.**

Luigi mentre effettua la lavorazione a nido d'ape.
Foto: Collezione della famiglia Del Bianco.

5. RIFINITURA

Gutzon Borglum era un vero pioniere. Aveva creato delle tecniche innovative per scolpire le immagini su pietra su grande scala. Una delle tecniche era quella della rifinitura dei volti, al fine di dargli quell'apparenza carnosa e viva. Nel libro *The Carving of Mount Rushmore*, Rex Alan Smith spiega egregiamente questa fase finale della procedura:

> *"Questo era stato fatto dagli intagliatori usando dei "paraurti"- dei martelli pneumatici leggeri e maneggevoli, che avevano dei piccoli raggi di acciaio appuntiti con quattro tozze dita che sbattevano contro il granito e lo rimuovevano nella misura di pochi centimetri e pochi grammi.*
>
> *Come parte della rifinitura, gli intagliatori raschiavano le pareti sforacchiate attorno dalla lavorazione a nido d'ape e levigavano la parete ruvida, venuta fuori dalla rottura della pietra tra i fori".*

Luigi mentre sta rifinendo il volto di Lincoln.
Foto: Collezione della famiglia Del Bianco.

Alla fine, furono Borglum e soprattutto Bianco che crearono quelle sottili sfumature sui volti di pietra, in particolar modo laddove gli occhi, il naso e la bocca avevano bisogno di mani con una formazione classica. Di fatto, nella fase finale di incisione, i modelli intonacati dei volti, di cinque piedi, venivano portati fin sulla montagna. I modelli venivano messi accanto ai volti di 60 piedi e così mio nonno poteva avere il perfetto confronto per poter dare ai presidenti la loro "rifinitura d'espressione". Nella foto di seguito, è possibile vedere Luigi con il modello di cinque piedi; alla sua destra vi è il profilo della guancia e della mandibola del volto di Abraham Lincoln di 60 piedi.

Quando Luigi aveva finito con la rifinitura, si ritrovava con qualcosa simile al volto presentato qui di seguito. Non male, vero?

Gran parte del volto rifinito di Lincoln.
Foto tratta dal libro di Rex Alan Smith, **The Carving of Mount Rushmore.**

Questo procedimento in cinque parti fu rivoluzionario e servì da modello ai futuri scultori che avessero voluto scolpire la pietra su grande scala. Così come viene testimoniato nei documenti precedenti riguardanti Lincoln Borglum, Luigi non solamente rifinì i volti, ma ebbe anche da controllare gli uomini e istruirli nell'arte del riporto dei punti, della perforazione e dell'incisione. Il passo seguente è ancora un ulteriore esempio di come Borglum aveva anche messo i suoi uomini esperti al fianco di Bianco, in modo che loro potessero imparare da lui. William Tallman, uno scultore di talento che conosceva mio nonno dai giorni in cui Borglum era a Stamford, nel Connecticut, era una di queste persone. (Presento una trascrizione solamente perché l'originale scritto a mano risulta molto difficile da leggere).

SCULTURA COMMEMORATIVA NAZIONALE

MONTE RUSHMORE

Istruzioni per il riporto dei punti e per la perforazione

Data: 22 Settembre del 1933

Per: Signor Tallman,

"Ti darò più tempo da trascorrere con Bianco, personalmente. È la sola persona qui sulla montagna che capisce il granito e questo lavoro di scultura; imparerai molto e sarai di grande aiuto per lui e per il lavoro stesso. Ho bisogno di questo genere di aiuto che solamente tu puoi dargli".

Gutzon Borglum

Continuamente, Borglum rese veramente chiaro il fatto che Luigi era molto più di un "lavoratore". "Bianco" era di singolare importanza per l'opera, non solo come intagliatore, ma pure come insegnante e mentore, anche per i pochi uomini di esperienza che lavoravano sulla montagna.

Bisogna inoltre comprendere che Borglum passava buona parte del tempo lontano dal Monte Rushmore. Lui faceva costantemente avanti e indietro da Washington DC per far pressione sui finanziamenti di cui quel progetto aveva disperatamente bisogno. Durante la Depressione questo dev'essere stato un compito monumentale per Borglum. Di conseguenza, lui confidava fortemente in mio nonno per visionare la scultura e qualsiasi altra cosa di rilievo fosse venuta fuori mentre lui era via. Borglum non si fidava di molte persone. Sapeva che poteva fidarsi di "Bianco".

> Luigi del Bianco
>
> I shall be away for possibly two weeks and wish you select two helpers from the men and take up the pointing.
> 1st. of Washington's head - the top and bak, also the sides, especially the side towards Lincoln.
> 2nd. Begin 10" below the hair and point and carve the forehead of Washington down to the brow. If this is done before I return, you will finish the side of the temples like the model - Washington.
> 3rd. I would like you to point the rest of Washington's face as closely as possible, Lincoln helping you. I have instructed him to check all pointing and be with you in fixing any important points. They can rough off the hair and forehead of Lincoln, but go down only as far as you approve. I intend to stop carving from a swing. The work is too important. Bill will get lumber right away for scaffold.
>
> GUTZON BORGLUM

Borglum incaricò Bianco di qualsiasi aspetto della scultura. Per un perfezionista ed un maniaco del controllo come Borglum, era un grande onore il fatto che potesse fidarsi di Luigi per il suo capolavoro.

È anche interessante notare che in questo periodo Borglum fermò "la scultura a penzoloni" perché "il lavoro è troppo pesante". Molta gente non concepisce che quando Borglum aveva iniziato a scolpire il Monte Rushmore, aveva già sessant'anni e non era esattamente l'età migliore per scalare una montagna e scolpire dei volti giganteschi. A partire dalla metà degli anni '30, Borglum si avvicinava ai 70 anni. Penso sia giusto presumere che l'ideatore del Monte Rushmore comprese che avrebbe dovuto far riposare il suo corpo e lasciare il lavoro di rifinitura a mio nonno.

E Luigi lo portò e termine. In particolar modo, le parti fondamentali dei volti, ossia gli occhi, il naso e la bocca. Durante gran parte del progetto Borglum lasciò quelle parti senza lavorazione, fino a quando non fosse arrivato Bianco. Quando Luigi non si trovava sulla montagna, Borglum diceva sempre la stessa cosa: *"Gli occhi, il naso, la bocca, il mento e dove i capelli sfiorano il volto non verranno modificati fino a quando non arriveranno persone capaci di fare un lavoro del genere"*.

Luigi mentre mette la sua anima in uno degli occhi dei presidenti.

Borglum adottò un approccio particolarmente brillante quando prese ad incidere gli occhi. Quando lui e suo figlio Lincoln stavano viaggiando a cavallo per trovare la giusta montagna da scolpire, il Monte Rushmore divenne la scelta giusta. Da una parte, la montagna aveva una forte esposizione al sole verso est, così mentre si spostava nel cielo nell'arco della giornata, il sole avrebbe creato una miriade di effetti sulla superficie granitica. Borglum la vide come una grande opportunità per utilizzare l'effetto del chiaroscuro. Ideò un modo per incidere la pupilla degli occhi come un raggio di granito che sporge dall'occhio, come se fosse l'asta di una meridiana. Qualsiasi persona che abbia visto il monte Rushmore potrà testimoniare che, se si guardano gli occhi dei presidenti alle 10 del mattino e poi nuovamente alle due del pomeriggio, l'espressione sembra differente; i raggi di granito presenti negli occhi assieme ai differenti raggi solari, creano un'interazione di ombra e luce che dà ai volti una qualità unica e quasi toccante. Quest'idea geniale era di Borglum. Non si fidava di nessuno se non di Bianco per realizzarla. Toccò a Luigi di accendere la vita in uno degli occhi dei presidenti (probabilmente quello di Washington). Da bambino immaginavo sempre mio nonno che cantava e parlava con i presidenti mentre stava lavorando.

CAPITOLO VENTUNO

ANCORA PROBLEMI DI SOLDI

IL GENIALE PROGETTISTA ED il suo Capo intagliatore lavorarono l'uno affianco all'altro. Per il 1935, erano stati fatti molti progressi. Alla fine di luglio, il problema della remunerazione emerse ancora una volta. Il 29 luglio Luigi inviò questa lettera al "Maestro", scritta in italiano. Mary Borglum, la moglie di Gutzon, parlava bene l'italiano e probabilmente la tradusse.

```
                Translation of Bianco's letter

                                    Keystone, South Dakota.
                                    29-7-1935.
Hon. Gutson Borglum;-
                It has already been seven weeks that I have been working
on the National Memorial for $6.00 a day.
                You promised me $12.00 a day, so if you want me to con-
tinue to work for you, you will have to pay me $12.00 a day, otherwise on the
first of August I shall be obliged to stop my work, which will cause me great
regret, after all the years that I have worked for you.
                Respectfully yours,
                Luigi del Bianco
```

Questa lettera evidentemente per Luigi fu una lettera dolorosa da scrivere. Lui voleva chiaramente rimanere e continuare il lavoro cui era destinato. Ma aveva una moglie e tre bambini da sfamare e lo stesso problema che era accaduto nel 1933 stava accadendo di nuovo.

Deve essere stato difficile soprattutto per mio nonno perché aveva già fatto trasferire sua moglie ed i suoi figli per andare a vivere nelle Black Hills con lui e adesso lui stava considerando di andarsene di nuovo. Bisogna tenere presente che erano passate solo sette settimane. Una famiglia che si stava ambientando ad una strana, nuova vita avrebbe dovuto di nuovo fare i bagagli e partire.

Immagino sempre di cosa i miei nonni dovettero parlare nel momento in cui tali problemi si presentarono. Sono sicuro che mia nonna avesse dei sentimenti contrastanti. Da una parte avrebbe voluto salire in quella Chevrolet e tornarsene a New York. Dall'altra, adesso sapeva che suo marito faceva parte di qualcosa di grande; qualcosa di veramente importante per la nostra nazione.

Borglum non aveva mai avuto dei sentimenti contrastanti riguardo a mio nonno. Aveva bisogno di lui. Dalla testimonianza di molti di questi documenti originali, aveva maledettamente bisogno di lui. Proprio il giorno seguente, il 30 luglio, Borglum inviò una comunicazione a William Tallman ribadendo il ruolo di Luigi e l'importanza in qualità di Capo intagliatore.

> Re-organisation No.2.   July 30, 1935
>
> William Tallman
>
> Please post this in the dining room for the men.
>
> All drilling of all kinds, roughing, finishing and carving of features must be directed by the chief stone carver on the work and his directions followed.
>
> The chief carver will be held responsible for the **ways** and the **means** for removing and finishing the sculpture.
>
> No work must be put in hand for drilling or finishing not concurred in by the pointer chief and the sculptor.
>
> The carver chief will select from the drillers the most experienced men for finishing.
>
> I have appointed Luigi Bianco for this most important task. He will call upon the pointers to supply at call any points necessary to carry on the work and Arthur Johnson, foreman of the job on the mountain will give him immediate assistance in the supply of men, tools, scaffolding in advance of needs.

30 Luglio, 1935

Ri-organizzazione N. 2.

William Tallman

Si prega di portare in mensa la presente per gli uomini.

Tutte le perforazioni di qualsiasi tipo, trapanatura grezza, rifinitura dei lineamenti devono essere diretti dal Capo intagliatore durante il lavoro e devono essere seguite le sue direttive.

Il Capo intagliatore sarà il responsabile in merito alle modalità e ai mezzi utilizzati per la rimozione e la rifinitura della scultura.

Nessun lavoro dovrà essere messo in atto per la perforazione o per la rifinitura, se prima non concordato col capo del riporto punti e con lo scultore.

Il Capo intagliatore selezionerà tra i trapanatori i più esperti nell'attività di rifinitura.

Ho nominato Luigi Bianco per questo compito così importante. Farà riferimento agli addetti ai punti perché gli forniscano ogni punto necessario per andare avanti con il lavoro ed Arthur Johnson, capomastro del lavoro sulla montagna, gli darà immediatamente aiuto per la fornitura di uomini, strumenti, impalcature, prima dell'eventuale bisogno.

Luigi mentre sta lavorando su quella che probabilmente è la fronte di Jefferson.

Tutte le perforazioni di qualsiasi tipo, trapanatura grezza, rifinitura dei lineamenti devono essere diretti dal Capo intagliatore durante il lavoro e devono essere seguite le sue direttive. Cosa significa in parole povere? Questo documento comprende tutto ciò che mio nonno fece sul Monte Rushmore per aiutare a creare l'incredibile scultura che vediamo oggi. Borglum voleva che questo documento venisse presentato "in mensa", così che tutti avrebbero saputo che dovevano rendere conto a Bianco prima di avanzare di un passo in ogni fase del progetto. Ne sono sicuro, a causa dell'avanzata età di Borglum egli contava su Luigi affinché fosse suo Capo intagliatore, e questa comunicazione lo mostra chiaramente

Questo documento, inoltre, suggerisce che Borglum avrebbe potuto appianare la questione del salario con Bianco, ma qui non era il caso. Di seguito vi è una drammatica lettera del 31 luglio, il giorno successivo a quando era stata presentata la comunicazione. Al suo interno, Borglum fa delle dichiarazioni molto forti su mio nonno che voleva davvero licenziarsi e sulla terribile mancanza di intagliatori preparati sul lavoro. (Ho sottolineato le affermazioni più importanti).

MOUNT RUSHMORE
NATIONAL MEMORIAL COMMISSION

EXECUTIVE OFFICES

Rapid City, South Dakota
July 31st, 1935.

Dear Mr. Boland:-

I have read the report of Mr. Terrill twice and once aloud to Billy and Lincoln. Its observations are amazingly accurate, as checking with our own and it is interesting to have his corroberation of our figures, regarding amount of air needed, produced, delivered at the compressor tanks and at the outlets and that we are producing every pound of air our power will permit and delivering that air where we need it - it reminds me of what the boy said:" he telling us?"

His solutions, however, and recommendations are amateurish. I doubt if he's an engineer of practical service experience. His cursory observations regarding the Rushmore power plant are curiously familiar and according to his own statement of no value, yet he proposes conditions for hooking up not at all sound and should and would never be tried by anyone of practical experience or acquainted with the conditions he comments upon. His comments on the possible cost of parts are problematical and cannot be known until the engine is taken down and properly examined. As it stands, however, two engineers and Mr. Uppercu looked it over last summer and Uppercu offered me $4500 cash for it. As it had been abandoned by the commission and given to me with the compressors and other material, I wrote you for a definite release of the engine, if it was not to be used. I received no answer that I could act upon, so that was lost.

I have had that power property examined by three different experts and I still maintain that no proper examination has been made by anyone whatsoever, therefore no reliable opinion exists as to the value of the engine to the Memorial or the expense necessary to put it in repair. The power plant did serve us in the beginning and also delivered power to Mr. Byron's mine for three months and 21 days. Of course it has suffered from deliberate injury, robbed of valuable parts and our own neglect; with that all against us and the fact that it was an obsolete engine, I still maintain that there is a chance of putting it in working order buying a new compressor and running it as a separate unit in connection with Byron's power, and will give us all the power we need, cheaper than any other plan proposed.

You have always opposed repairing our engine and preferred to buy power. I have no objection to that, although I disapprove of that kind of economy. My concern is to get power and I am opposed to any makeshift of any kind. I am returning the Rand-Ingersoll report. I want to compliment you on having it made. It should be kept on file and contains figures and data in a form that we have not simulated and it corroborates our own knowledge of our own power plant.

I have just received a note from Bianco, resigning tonight. I called Billy, Bianco and Lincoln together and discussed the situation. This quitting revives the old policy of "penny wisdom and pound foolishness" that has threatened the wreck of the Black Hills mountain sculpture from its beginning. No work that I have ever been in charge of has been subject to such petty economies or, in the aggregate, been so wasteful and expensive. And I must tell you this wasteful amateurish practice of trying to create a great national memorial to America in sculptured granite in a pile of largely decayed, ancient, cracked up rock is not a child's undertaking and if I am not permitted to employ even a few trained stone men and carvers for the finishing of the features of these great men, their features will not be finished.

In the absence of a highly trained competent executive who knows sculpture, I yesterday posted an order, dividing the responsibility of the work under the two or three trained minds that I have on the mountain, placing the removal of all granite, methods of removal, form and use of tools, under Bianco; all measurements of every kind whatsoever and the full responsibility of any faults in measurements not provided for drillers on Lincoln. Handling the work preparing the scaffolds, providing tools, under Johnson. Billy to remain as general and to all and special assistant to Lincoln, he asked for that. I am sure that you cannot realize the seriousness, the exactness necessary in every phase of this work, the constant vigilance required in the removing of stone, the protection of the stone that is not to be removed from any form of injury, the nature and character of the use of powder and how every blast is a form of carving and must be considered as a separate and individual operation. I say, you can't possibly know these things, no man can, unless he has had long experience and great intelligence. Billy doesn't know it; Johnson doesn't know it; Red, the powder man doesn't know it. Lincoln has stopped two blasts that would have wrecked a serious portion of our work, approved of by two men in authority there, who should years ago have known better. I have given orders that no powder shall be used or shots fired that are not approved by both Bianco and Lincoln.

I don't know what we are going to do about ever finishing the work without trained carvers. We have got three first class assistants there now that can work right along with carvers and four more who make very fine seconds to the first three, but this work cannot go on in this manner. I have worked under a contract that was conceived in bad faith, dishonest in its draft, and dishonest in its administration. I knew that, of course, but frankly I never looked at it for three years, had to ask you for a copy of the contract. When Tucker was obliged to leave I accepted the trap I had been caught in and I have worked out of it alone at only my own personal expense and labour as best I could, with the worst tools ever given a man, without aid and without funds.

I have no intention of abandoning Rushmore nor failing in the trust the nation and Washington has in me. That is one thing that will not happen. On the other hand I am not going to carry this work on to an injurious and amateurish finish for the lack of intelligent assistants.

As far as I am concerned, I shall let Bianco go. I am not going to make up his wages, nor the wages of anybody else. I have spent the last money that I shall spend, running into many, many thousands, for the sole purpose of lifting a standard here, a burden I should never have had to carry and cannot continue.

His leaving will stop all work on the features of Washington and Jefferson.

Yours truly,

Gutzon Borglum

Dopo aver letto le parti evidenziate, è possibile giungere ad una sola conclusione: Luigi Del Bianco era il solo intagliatore in grado di rifinire i volti. Senza di lui, tutti i lavori di rifinitura si dovevano fermare. Chi oltre a Gutzon Borglum avrebbe potuto prendere quella decisione? Nessuno. Sembrerebbe da questo documento che Bianco avrebbe portato di nuovo sua moglie e i figli a Port Chester, per non lavorare mai più sul Monte Rushmore. Per fortuna, questa non è la fine della storia.

Il 7 agosto, John Boland, segretario della commissione sul Monte Rushmore, inviò questa richiesta da spedire al direttore del servizio del Parco nazionale per incrementare il compenso di Bianco da 0,75 cent a 1,50 dollari a ora.

```
           MOUNT RUSHMORE
          NATIONAL MEMORIAL COMMISSION
                Executive Offices
             Rapid City, South Dakota
                Aug. 7th, 1935.

The Director,
National Park Service,
Washington, D. C.

Dear Mr. Director:

     The Commission, hereby, submits for your approval,
the following changes in payroll schedule:

     Foreman on finishing work increased from 90¢ to 1.25 per hr.
     Foreman on rough work . . . . . . . . . . . . . .  .90 per hr.
     Chief Carver  . . . . . . . . . . . . . . . . . . 1.50 per hr.
     Carver . . . . . . . . . . . . . . . . . . . . . 1.25 per hr.
     Asst. Carver . . . . . . . . . . . . . . . . . . 1.00 per hr.

     It is the plan to secure the services of experienced
stone carvers for positions of Chief Carver and Carvers, and
to advance several of the Senior Drillers with five or more
years experience to the classification of Assistant Carvers.

     It will please me to receive your prompt approval of
this change.

                         Respectfully yours,

                         (SGD.) JOHN A. BOLAND
                         John A. Boland, Sec'y.
JAB:ALJ


August 15, 1935.
Referred to Division of Appointments.    APPROVED BY THE SECRETARY  8/19/35
                                         OF THE INTERIOR ON ORDER NO. 3743
Approval recommended:                    (SGD.) GUY W. NUMBERS
     (SGD.) E. M. HOLMES                 Acting Chief, Division of App'ts.
_____
Acting Deputy Assistant Director.
```

Ovviamente avvenne qualcos'altro tra il 31 luglio e il 7 agosto. Borglum e Bianco dovevano aver avuto un testa a testa o, secondo le parole di mio padre, un vero *scontro*. Come mio nonno adorava Borglum, il "Maestro", lui era il suo unico uomo e non ne avrebbe abusato. Dopotutto, Borglum aveva bisogno di Luigi, il quale, con le stesse parole di Borglum, valeva "tre uomini in America per la sua particolare tipologia di lavoro". L'amore ed il rispetto che avevano questi due artisti l'uno per l'altro sembravano sempre esplodere nel caos e poi tutto si risolveva con una comprensione reciproca. A causa della sua affezione per Borglum e di questo grande privilegio concessogli, Bianco decise ancora una volta di restare.

Subito dopo, Borglum inviò queste due annotazioni a John Boland:

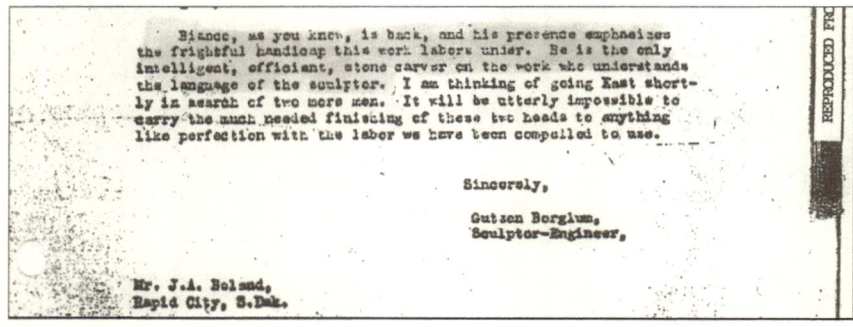

CAPITOLO VENTIDUE

L'Incontro a Port Chester

LUIGI RIMASE PER IL resto della stagione 1935 e portò a termine tutte le sue mansioni in qualità di Capo intagliatore. Sua moglie ed i suoi bambini rimasero con lui fino alla conclusione della stagione. Alla fine salirono tutti sulla Chevrolet verde, rifecero le milleottocento miglia e tornarono a Port Chester. Per mia nonna fu un sollievo. Lei avrebbe ripreso la vita cui si era abituata: famiglia, amici e chiesa. Mio padre ed i fratelli non erano altro che delusi. Per loro, questa era la fine di una grande avventura nel West. Il buon amico Chet Risio una volta ricordò che da bambino aveva visto quella Chevrolet verde entrare nel vialetto dei Del Bianco completamente coperta di una fitta polvere dal lungo viaggio di ritorno. Chet ricorda molto bene tutte le storie che mio padre raccontava a lui ed a tutti gli altri ragazzini del posto con le sue avventure insieme agli indiani, i cavalli e la salita in cima al Monte Rushmore. Mio papà deve essersi sentito come una celebrità. Mio zio Silvio, tre anni più grande di mio papà, parlava in maniera molto più delicata riguardo alla sua esperienza e non la raccontava molto. Divenni molto legato a Silvio, ma lui non mi raccontò mai della sua infanzia a Keystone. Lui morì quando io avevo 12 anni. Quando la famiglia viveva a Keystone, mio zio Cesare aveva solamente 4 anni. I suoi ricordi erano delle immagini vaghe della montagna e del lungo viaggio in macchina in Sud-Dakota. Era mio padre colui che divenne il custode di tutte le storie del Monte Rushmore e quelle storie rappresenteranno sempre il mio più stretto legame con mio papà. Quando parlava di quei giorni, veniva fuori una parte di lui che vedevo raramente.

Di ritorno a Port Chester, la vita per Luigi e la famiglia ritornò ad una relativa normalità. C'erano commoventi ritrovi su e giù per la South Regent Street con la famiglia allargata: i Cardarelli, gli Scafa e i buoni "compari" come i vari Terenzi, Risio, D'Ottavio, Mecca, Marianacci e

Acerbo. Mia nonna ritornò a cucinare i suoi maccheroni e la sua salsa, l'indivia e piselli e la pasta e fagioli. Mio padre e i miei zii si sintonizzavano con "Jack Armstrong, All American Boy" e giocavano a Ringalevio per le strade del Washington Park. Luigi riprese il suo mestiere di intagliatore su monumenti commemorativi, anche se la Depressione in pieno corso avesse fatto calare il lavoro. Grazie a Dio, aveva Borglum ed il Monte Rushmore.

Nel dicembre del 1935, *The Daily Item* riportò un magnifico articolo su Luigi. Lo scoprii su microfilm e di per sé, non essendo una lettura facile, ho allegato la trascrizione dell'articolo vero e proprio. Dà una viva sensazione del momento e di come mio nonno sentiva questa storica scultura mentre prendeva forma davanti ai suoi occhi. Ogni volta che leggo questa parte riportata qui di seguito, dove mio nonno considera il monte Rushmore come "qualcosa legato al sacro", mi veniva un nodo in gola.

> *"Come tutti i buoni artisti, il signor Del Bianco mette il suo cuore e la sua anima nella sua opera. Il monumento commemorativo del Monte Rushmore viene considerato da lui stesso come qualcosa di pressoché sacro e non sorprende il fatto che sia impaziente di ritornare al lavoro".*

THE DAILY ITEM PORT CHESTER, N.Y.
SABATO 14 DICEMBRE 1935

Residente locale aiuta nella scolpitura del monumento dei 3 presidenti sulla montagna in Dakota

Luigi Del Bianco al lavoro per due anni a dirigere la scolpitura dei volti di Washington, Lincoln e Jefferson; Progetto a 6600 piedi sopra il livello del mare

Se Luigi Del Bianco, residente a South Regent Street 108, potesse desiderare che il tempo passasse in un soffio, adesso sarebbe aprile anziché dicembre e sarebbe ben più di 1000 miglia lontano da qui.

Sarebbe sulle Black Hills del Sud-Dakota, a dirigere la scolpitura delle teste di George Washington, Thomas Jefferson ed Abraham Lincoln sull'aspro versante del Monte Rushmore, una delle vette più alte delle Hills.

Per gli ultimi due anni l'uomo di Port Chester ha diretto la scolpitura sull'enorme monumento del Monte Rushmore, progettato da Gutzon Borglum, di Stamford, conosciuto come uno dei più grandi scultori della nazione.

Come tutti i veri artisti, il signor Del Bianco mette il suo cuore e la sua anima nella sua opera. Il grande monumento commemorativo del Monte Rushmore viene considerato da lui stesso come qualcosa di pressoché sacro e non sorprende il fatto che sia impaziente di ritornare al lavoro.

Una prova di coraggio

La scolpitura delle grandi teste sul versante della montagna è un lavoro che prova il coraggio di un uomo così come la sua abilità. Gli scalpellini lavorano su strette impalcature ed uno scivolone significa una morte certa sulle rocce decine di metri più sotto.

Finora era stata completata la sgrezzatura delle teste di Washington e Jefferson. È possibile farsi un'idea dell'immenso compito in cui consistesse il lavoro in base alle misure dei volti. Essi raggiungono una media di 60 piedi dal mento fino alla fronte ed i nasi una media di 16 piedi ciascuno. Gli occhi sono larghi dai 10 ai 12 piedi.

Il monumento commemorativo si trova a 6600 piedi sopra il livello del mare. Quando completato, sarà perfettamente visibile a una distanza di 25 miglia. Il lavoro di brillamento era iniziato nel 1929 e gli scultori avevano lavorato sul progetto negli ultimi due anni. Si stima che verrà completato nel marzo del 1937 con un costo di circa 750.000 dollari. Finora sono stati spesi 200.000 dollari per tutto questo.

Gli uomini possono lavorare al progetto al massimo cinque o sei mesi all'anno. Sessanta sono stati assunti l'ultimo anno, ma ci si aspetta che ne verranno aggiunti altri 40 quando il lavoro verrà ripreso a marzo. Tutte le lavorazioni vengono effettuate con macchine perforatrici.

Molti degli uomini a lavoro lo scorso anno erano sposati ed avevano la propria famiglia con loro. La moglie del signor Del Bianco e di suoi tre figli sono ansiosi così come lui di ritornare sulle Black Hills.

Il villaggio vicino

Keystone, un fiorente villaggio, si trova vicino al luogo in cui il monumento commemorativo viene realizzato. La città più vicina è Rapid City. Non c'è stato un avvenimento grave in relazione al lavoro, da quello che ricorda il signor Del Bianco.

Il signor Del Bianco era nato in Italia 43 anni fa ed iniziò ad incidere la pietra in età precoce. Aveva studiato quest'arte a Venezia per due anni e per due anni a Vienna.

Giunse per la prima volta in questa nazione nel 1908. Ritornò nella sua terra natia nel 1913 e combatté per l'Italia durante la guerra mondiale. Ritornò negli Stati Uniti nel 1920.

Andò a Barre, nel Vermont, dove si fece una posizione come intagliatore su marmo. Successivamente incontrò il signor Borglum. Tra le sue opere vi sono The Governor Hancock nel Sud Carolina e il monumento commemorativo World War a Newark, New Jersey.

Il signor Del Bianco aprì la sua attività di incisione all'indirizzo di Clinton Street, 20 Port Chester nel 1927. Come molti altri, fu costretto a interrompere l'attività a causa della Depressione. Ma spera di riaprire tale attività non appena il monumento commemorativo del Monte Rushmore sarà completato.

CAPITOLO VENTITRE

LUIGI INCONTRA UN PRESIDENTE

Q UANDO SI PRESENTÒ LA stagione del 1936, Luigi era pronto a partire. Lui e Nicoletta decisero che lei sarebbe rimasta a casa a Port Chester con i loro figli. Il periodo in Sud-Dakota aveva del tutto interrotto l'istruzione scolastica dei ragazzi a New York. Di conseguenza, Silvio e Vincenzo dovettero ripetere i loro cicli scolastici per un altro anno. Con gran sconforto di mio padre, era meglio per loro rimanere a casa e lasciare le loro vite in ordine.

Il primo maggio di quell'anno, Luigi inviò un telegramma a John Boland, dell'ufficio commerciale, dicendo che la stagione era iniziata e che Borglum voleva che lui fosse lì il prima possibile. In base a quanto rigidi erano gli inverni in Sud Dakota, una stagione di scolpitura poteva iniziare a marzo come a giugno. Qui di seguito vi è un telegramma inviato da mio nonno. Mio nonno vuole assicurarsi che riceverà il salario che gli era stato promesso. Non posso dire di biasimarlo.

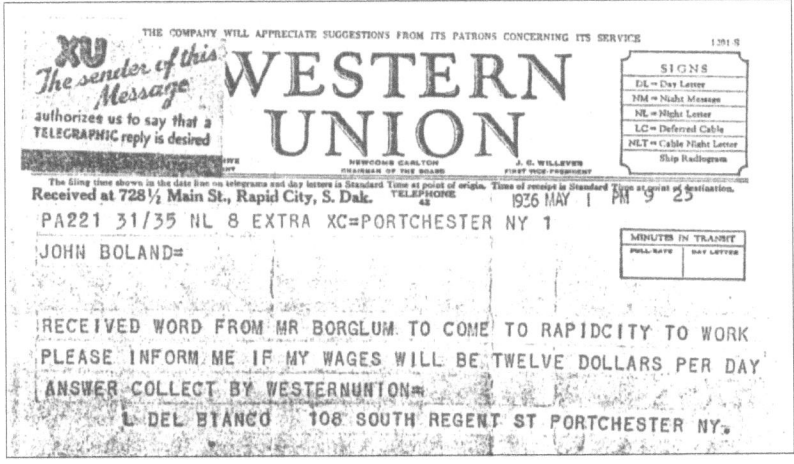

Qui c'è un altro registro giornaliero del 15 luglio, del 1936 che mostra di nuovo Luigi come Capo intagliatore mentre sta rifinendo la testa di Washington.

Mi domando cosa stesse pensando mio nonno in quei 30 minuti di camminata lungo la montagna alla fine di una giornata di lavoro di 8-10 ore. Stava pensando qualcosa riguardo al suo successivo stipendio? O erano le persone enigmatiche nella sede di Rapid City che gli davano sempre problemi? Sono sicuro che fosse la seconda, ma in particolar modo doveva mancargli la sua famiglia, sapendo che quando lui ritornava nella sua piccola abitazione esausto e ricoperto di polvere, nessuno sarebbe stato lì ad accoglierlo. Gli deve essere mancata la forza e la tranquilla risolutezza di mia nonna. Gli deve essere mancata la dolce indole di Silvio, il coraggio di Vincenzo e il fascino di Cesare. Per quanto questo lavoro fosse importante, la famiglia Del Bianco dovette fare molti sacrifici in quei giorni.

Luigi doveva distrarsi, ma come? Da un lato so che mio nonno era un vero uomo. Lui era avanti per i suoi tempi. Trent'anni prima che Clint Eastwood e gli Spaghetti Western apparissero sul grande schermo, Luigi amava travestirsi da autentico cowboy. Mio nonno era la prova vivente del fatto che gli italiani amano il West.

Luigi vestito da cowboy. Indossa molto bene il costume!

Mio nonno era anche divenuto un esperto di equitazione su cavalli selvaggi. La foto di seguito è un classico assoluto. Il cowboy italiano!

Luigi: che uomo!

Quando Luigi non cavalcava, amava fare box. Credo che mio nonno abbia fatto box in Italia durante il periodo della sua giovinezza. Secondo mio padre, gli erano anche stati dati molti consigli da parte del suo compaesano, Primo Carnera. Eccolo qui con uno sconosciuto, che potrebbe essere Jack Payne, dei fratelli Payne. Jack era un trivellatore ed un intagliatore del Monte Rushmore ed anche campione di box del Sud-Dakota. Mio padre mi raccontò che Luigi solitamente si allenava con Jack.

Luigi mentre fa box con l'operaio Jack Payne.

Al di là dell'accenno a Jack Payne, non sembra che mio nonno socializzasse molto con gli altri lavoratori. Credo che loro dovevano averlo rispettato. Dopo tutto, Luigi era un artista della pietra ed un inestimabile maestro per gli altri. Tuttavia il conflitto tra culture potrebbe aver procurato qualche disagio tra i ragazzi di Keystone e "Bianco". Forse è per questo che mio nonno frequentava più gli indigeni americani; dopotutto, anche loro erano degli outsider, giusto? Se si cerca Luigi in questa foto, non lo si troverà; non è qui.

Un gruppo di lavoratori sul Monte Rushmore.

L'anno 1936 vide mio nonno andare avanti e indietro tra tutti i volti, istruendo gli uomini e rifinendo i lineamenti granitici. Fu una stagione molto produttiva per Luigi per quanto riguarda la rifinitura dei volti. Il che è in accordo col rapporto annuale alla Commissione nazionale sul Monte Rushmore:

> *"Gran parte del lavoro riguardava l'abbozzo e la rimozione della pietra in eccesso sul petto di Washington, sotto il mento di Jefferson, tra le spalle di Washington e sul volto di Lincoln e sopra l'intero volto di Roosevelt. Un'altra parte del lavoro riguardava i dettagli sulle teste di Washington e Jefferson ed il sopracciglio, il naso e gli occhi di Lincoln. Gran parte del lavoro stagionale di questo genere a dei profani probabilmente sembrerà un progresso piccolo".*

Poiché Luigi era il solo intagliatore ad essere incaricato nella "rifinitura di espressione", si può dire con certezza che i dettagli più importanti sui volti vennero completati da lui.

Il 26 agosto, venne spedito un telegramma a Washington che riportava, tra le altre cose, il fatto che Bianco "riceverà un altissimo salario, senza ritardo". Nuovamente problemi di soldi? Luigi e Borglum avevano avuto un'altra discussione sullo stipendio? Di certo è possibile, data la storia tra mio nonno e la "sede di Rapid City". Semmai, questo telegramma rinforza solamente quanto è evidente: che un artista dell'abilità di Luigi, che eseguiva il suo ruolo eccezionale come Capo intagliatore, dovrebbe essere pagato come merita.

L'inaugurazione della testa di Jefferson il 30 agosto fu un grande giorno sulla montagna. Nonostante non fosse completamente ultimata, era già a buon punto per essere presentata ad un pubblico ammirato. La notizia più eccezionale era che il presidente stesso, Franklin Delano Roosevelt, avrebbe fatto una apparizione pubblica e avrebbe detto qualche parola. Anche Luigi Del Bianco sarebbe stato lì quel giorno.

Mio nonno amava le foto e spesso portava con sé una fotocamera. Nonostante la qualità non fosse eccellente, riporto qui di seguito una foto originale scattata da Luigi al presidente dagli spalti.

*Roosevelt (accanto al guidatore) giunge al Rushmore
per l'inaugurazione di Jefferson.
Foto: Collezione della famiglia Del Bianco.*

Si era raggruppata una moltitudine di persone alla base della montagna. A mezzogiorno, vennero sparati dei fuochi ed una grande bandiera scivolò giù dal volto di Jefferson per rivelarne le sembianze alla gente esultante. Il presidente Roosevelt fece un discorso stupendo che merita essere riportato qui:

> *"Non avevo cognizione, fino a 10 minuti fa, non solo della grandezza della montagna, ma anche della sua indelebile bellezza e importanza. Penso che forse possiamo meditare su quegli americani dei prossimi 10.000 anni... meditare e chiederci cosa sarà dei nostri discendenti... e penso che loro saranno ancora qui... penseranno a noi. Speriamo che loro crederanno che noi abbiamo cercato onestamente ogni giorno di preservare una terra dignitosa per viverci ed una forma di governo decoroso sotto cui operare".*

Dopo la cerimonia, Borglum volle che il presidente incontrasse il suo Capo intagliatore. Stando alle memorie di famiglia, F.D.R. chiese a Luigi: "Del Bianco, è italiano?" Evidentemente, mio nonno gonfiò il petto con orgoglio e rispose: "Al cento per cento".

CAPITOLO VENTIQUATTRO

LA POLITICA COME AL SOLITO

ALLA FINE DELLA STAGIONE del 1936, uno spazientito Borglum scrisse al Sovrintendente del servizio del Parco nazionale, John Nagle. Borglum esprimeva la sua frustrazione verso le cricche di politici locali che avevano sotto controllo una parte dei servizi di cui Borglum aveva bisogno per il suo progetto. Fondi che avrebbero dovuto essere usati per pagare intagliatori addestrati come mio nonno erano stati, invece, spesi gonfiando le spese generali. Ho evidenziato le parti che si riferiscono a questo argomento, a fianco dell'affermazione ripetuta da Borglum del fatto che Bianco ed il fabbro erano i soli "lavoratori specialisti dell'intero lavoro". È anche rincuorante leggere dove Borglum elogiava il suo piccolo gruppo di fedeli ed inesperti minatori.-

UNITED STATES
DEPARTMENT OF THE INTERIOR
NATIONAL PARK SERVICE

Mount Rushmore National Memorial Commission
Rapid City, South Dakota
November 19th, 1936.

My dear Mr. Nagle:

    Enclosed you will find the pictures sent to the Department while you were here - plus, such as I have been able to secure by local photographers. You'll see, not of the class of our own regular photographer. However, they show the progress with the amount of stone removed. - Approximately an average of 140 tons per day. This is by 40 percent the largest average of measured stone ever removed per 8 hour day for sculpture purposes from a mountain cliff.

    You'll find in No. 395 a sketch made by Lincoln with figures on the back, showing cubic feet removed between the dates of July 7th and November 6th, 1936.

    In making any just estimate of our work here consideration must be given first, to the awkward and hazardous position of 80 percent of our actual drillers; only the finishers are <u>in cribs.</u> I've tried every form of detaining and holding men in the position of their work, and the swinging cage, following the leather swing, has proven the most efficient. The scaffold is useful but closes in the work too much to permit study as you proceed, and I have found no model can be made that will fit the lighting, the position finally determined upon in the rock in place, that can be followed mechanically. Constant change from the original is imperative <u>unless</u> you want to produce a dead, artificial, meaningless mask, regardless of light, location, etc. And the condition of the stone is constantly interfering with design and location. This I explained to you while you were here.

    I have as fine, as efficient as loyal and honest a group of workmen as can be developed out of the untrained, forgotten men found in our small mining camps and out of some two or three hundred I've developed a small group who make their time, earn their wage and will carry on. Our success here, admitted by all who are at all familiar with the work, is due to trusting my men, looking after their personal comfort and safety, and promoting and paying them as they deserve, of course instructing them.

    There are only two men on the entire job who came to us as master workmen; those are Bianco, carver, trained by me for the past twelve years in the east and our blacksmith, a master of his job. All the rest have been

Page - 2

apprenticed on this work and trained to their present efficiency. Efforts are constantly being made to break down the morale by the Rapid City political racket. This year they presented 60 new applicants for work; they have delivered such worthless and corruptible men from the beginning of this work, that I look with suspicion on all their suggestions.

I don't know what else I can add. I contracted to do this work in four years, was under penalty for any delay, chargeable to me. The Commission became as a commission, as Norbeck humorously described it, a "defunct commission," which explains why I urged the National Government to give me a resident aid. I undertook this work with plans for 40 or more drillers, our own power, all of which I provided. Sabotage wrecked our engine as soon as a local company was in a position to sell us. We made or can make power for 1½ cents per K. W.; we are now paying 4 cents or from seven to nine hundred a month and tied to an interminable time, because of inability to increase our working force. We cannot, no one can, do more with what we have, but we have a ridiculous over-head, which is not efficient, with the gang half size - and I have railed against this from the year we began. That is, we could handle twice our force.

Locally there is no understanding as to what it is all about. The only reaction we have here is by the measure of their business balances through tourist influx, growing in leaps and bounds; gas companies report a hundred percent increase in three years traffic is cutting their roads to ribbons. Happily we got rid of a governor who has been fighting us and all west Missouri growth.

There is one condition I want you to note; that local state park, a beautiful development, the life work of Senator Norbeck. The board has been planning and scheming for years to grab Rushmore, farm it out in concessions and make it a part of their local machine. I've resisted that and some day some one will look into the unrecorded acts and find why and how we are in the National Park system. I want the monument to stay there. I have two reasons for that: local politics are fitful, changing, split to pieces by graft, jealousies and worse and Custer Park is the hide out for as indifferent a group of useless human beings as I ever met entrusted with money and property. And so it would be disastrous to have a Federal work of this kind become the prerequisite of their petty local rackets. One of my big disagreements here has been and still is, I will not permit my studio to be farmed out to a local clique - a shop for geegaws of every description. I've answered, "wait just a little longer, and if Washington lets you, you can make a night club, a brothel if you please - but not while I'm here. Norbeck, Boland, Chamber of Commerce all enlisted to put a Jewish group in charge.

Now you are in and in to stay for the National Park system, thank God. I've no disagreements with Spotts except when his departmental red tape trips

```
Page - 3

up our efficiency, and that's not serious.  I want Rushmore to be a part
of our National Park work and I want you to be proud of it.  You and I can't
have any differences - sensible men do not have.

     The local pictures are not what they should be, so Lincoln and I took
more yesterday.  Can't promise any better, but whatever the result I'll
send.  Thanksgiving is near.  I'm giving the men an elk, wish I could give
you a chunk, including Spotts - I'll try.

                              Sincerely yours,

                              /s/ Gutson Borglum


Mr. John L. Nagle,
Sup't National Park Service,
St. Louis, Mo.



Photo's sent separately - and Elk ordered - send you shortly.
```

È interessante leggere che "la macchina locale", che sembrava avere dei legami con il Consiglio di commissione del Monte Rushmore, stava cercando di dare lavori sulla montagna a persone del posto, al di là delle loro abilità. Non sorprende che uno "straniero" ben pagato come Luigi urtava coi loro piani per mantenere il controllo locale. Borglum mostrava poi grande preoccupazione in merito al fatto che il consiglio potesse provare ad utilizzare l'influenza politica per privatizzare il Monte Rushmore per i propri guadagni finanziari. Lui voleva che il Monte Rushmore rimanesse sotto la protezione governativa grazie al Servizio del Parco nazionale. Bisogna elogiare Borglum per aver vigilato. Ovviamente Ciò era per lui un grande ostacolo a cui doveva costantemente far fronte.

CAPITOLO VENTICINQUE
"Mio caro Maestro"

ANCHE SE CI VOLLERO 14 anni per completare il monte Rushmore, Borglum aveva anche detto chiaramente che "si era accordato per fare quest'opera in quattro anni". Oh, quattro anni? I problemi di soldi, la lavorazione di un granito scadente, la mancanza di uomini preparati ed una presunta corruzione politica: tutto deve aver contribuito a tirare per le lunghe il progetto. Luigi aveva sempre lavorato sulla montagna durante i periodi più produttivi o quando i soldi erano disponibili. Bisogna dire che il contributo di mio nonno ad un progetto originariamente della durata di quattro anni si basava sulla qualità e non sulla quantità. Quando lui non era lì (come dichiara Borglum) i lineamenti dei volti rimanevano "inconclusi" fino a quando lui sarebbe ritornato.

All'inizio della stagione del 1937, Luigi scrisse a John Boland dell'ufficio commerciale domandando riguardo all'imminente stanziamento per la nuova stagione. Dato che Luigi sapeva scrivere solo in Italiano, questa lettera fu scritta in inglese da mia nonna.

L. DEL BIANCO
GRANITE AND MARBLE
MEMORIALS
108 SO. REGENT ST., PORT CHESTER, N. Y.
TELEPHONE 643-J

Port Chester N.Y. April 13. 1937

My dear Mr. Boland:

Just a few lines to take the liberty of asking you a question regarding the work out in the Black Hills this year. If it is not asking too much I would like you to let me know just about how much money they have in the bank this year towards the work out there. Hoping to hear from you in the near future

I remain your friend

Luis Del Bianco.

Port Chester, N.Y.   13 Aprile 1937

Mio caro signor Boland:

Solamente poche righe per prendermi la libertà di farle una domanda riguardo al lavoro sulle Black Hills di quest'anno. Se non chiedo troppo, le sarei grato se mi facesse sapere quanti soldi all'incirca si hanno in banca quest'anno. Spero di avere al più presto sue notizie.

Rimango suo amico

Luigi Del Bianco

Luigi era di certo preoccupato per la questione dei soldi e sono sicuro che lui volesse evitare maggiori problemi, una volta che lui fosse partito. Ecco qui di seguito la risposta di John Boland:

```
              UNITED STATES
         DEPARTMENT OF THE INTERIOR
            NATIONAL PARK SERVICE
       MOUNT RUSHMORE NATIONAL MEMORIAL COMMISSION
              RAPID CITY, SOUTH DAKOTA
                   April 19, 1937


L. Del Bianco,
108 So. Regent St.,
Port Chester, N. Y.

Dear Mr. Bianco:

        To answer yours of the 13th instant, will
say that there is now $30,000.00 to carry on the work
at Rushmore and it is hoped and expected that an
Appropriation of $100,000.00 will be made available
July 1, 1937.

                    Sincerely yours,


                    John A. Boland,
                    Secretary.
```

Per ragioni che possiamo solamente intuire, l'informazione di Boland non era stata soddisfacente per mio nonno. Lui doveva aver pensato -dei 100.000 dollari che sarebbero stati distribuiti a luglio-: "Crederò a tutto questo appena lo vedrò". Un mese dopo Luigi ricevette una lettera da Borglum, il quale voleva che lui ritornasse. Non possiedo la lettera, ma qui di seguito vi è la risposta di Luigi:

L. DEL BIANCO
GRANITE AND MARBLE
MEMORIALS
108 SO. REGENT ST., PORT CHESTER, N. Y.
TELEPHONE 643-J

Port Chester N.Y. May 16th 1937

Dear Mr. Borglum:

Received your letter and appreciate the fact very much your wanting me to work with you again this summer, but am sorry to say that I cannot take this trip again this year for that salary, if I could receive at least fourteen Dollars then I could consider starting for out there again. Mr. Borglum you already understand that I have always been on your side working and being obedient to you

L. DEL BIANCO
GRANITE AND MARBLE
MEMORIALS
108 SO. REGENT ST., PORT CHESTER, N.Y.
TELEPHONE 643-J

desires at all times, therefore I think that if you speak again to Mr. Ziegle and make him understand that I am really needed importantly by you for that work - but then maybe he will consider giving me that raise in salary that I need very much to carry on and take care of myself and family. Mr. Borglum if everything is satisfactory and you send for me I will come immediately.

Thanking you in advance - I remain
respectfully Del Bianco

Port Chester, N.Y. 16 maggio 1937

Caro signor Borglum,

Ho ricevuto la sua lettera ed ho apprezzato moltissimo il fatto che lei desidera nuovamente me a lavorare con lei quest'estate, ma mi dispiace dirle che non posso fare di nuovo questo viaggio quest'anno. Per quella questione del salario: se ricevessi almeno quattordici dollari, potrei considerare la possibilità di ricominciare lì.

Signor Borglum, lei sa che sono stato sempre al suo fianco lavorando per lei e sono stato obbediente ai suoi desideri in qualsiasi momento, perciò credo che se lei parlasse di nuovo con il signor Nagle e gli facesse capire che sono veramente necessario per lei in maniera significativa per quel lavoro lì, allora probabilmente lui considererà la possibilità di darmi quell'aumento di salario, di cui ho tantissimo bisogno per andare avanti e prendermi cura di me stesso e della mia famiglia.

Signor Borglum, se tutto viene risolto e lei mi fa chiamare, ritornerò immediatamente.

La ringrazio in anticipo,

Con il dovuto rispetto Del Bianco

Per me, questa lettera mostra realmente il rispetto e l'ammirazione che mio nonno aveva per Borglum. In un certo senso, Luigi aveva trattato Borglum come l'apprendista tratta l'artista maestro: con obbedienza. Luigi non era un apprendista, anzi, tutt'altro, e lui faceva fortemente conto sul suo valore in qualità di artista e, altrettanto importante, sulla sua responsabilità nei confronti della propria famiglia. Non ho idea di come Borglum rispose a quella lettera. Quello che so è che, meno di due settimane dopo, le autorità che si trovavano sul monte Rushmore non avevano perso tempo per suggerire che Luigi fosse sollevato dalla sua posizione come Capo intagliatore dal momento che lui "non si era presentato al lavoro per questa stagione".

Il rapporto era stato approvato dal Ministro dell'Interno il 28 giugno.

```
                    UNITED STATES
                DEPARTMENT OF THE INTERIOR


MEMORANDUM FOR THE SECRETARY

    In re proposed  ~~xxxxxxxx appointment transfer reinstatement promotion extension~~, separation
                    ~~exception~~ / not applicable.)   (Cross out those
of ___L. Del Bianco (No. 10*)___  of ___Keystone, South Dakota___
    (First name, initial, surname)           (Legal residence)
as ___Chief Carver___
                  (Designation)
                              ( hour w. a. e.
at ___1.50___ per  ~~diem w. a. e.~~  for _____
                              { ~~month~~       (Probable length of service)
                              ( ~~annum~~
                                                          ( hour w. a. e.
to (if promotion) _____ at _____ per  { diem w. a. e.
                                                          { month
                                                          ( annum
                    Mt. Rushmore National
to be employed in ___Memorial Commission___ ~~Bureau~~ of the ___National Park Service___

and effective ___close of May 31, 1937___ vice _____
* Justification:

        Failed to report for work this season.



                            APPROVED BY THE SECRETARY  June 28/37
                            OF THE INTERIOR ON ORDER NO. 4309
                                  [signature]
                                  Acting Chief, Division of App'ts

Previous Government service:
Recommended:
    [signature: John J. Boland]
                            [signature: Hillory A. Tolson]
                            Acting (Signature and title) Associate Director
```

Perché avrebbero dovuto toglierlo da quella posizione fondamentale quando non c'era nessuno che l'avrebbe sostituito? Mi sembra davvero avventato. Non c'è nessuna lettera o nessun documento che mio zio trovò come reazione di Borglum a ciò. Forse Borglum, conoscendo la frustrazione sua e di Luigi nei confronti della "sede di Rapid City", decise di lavarsene le mani dell'intera questione. Cosa avrebbe fatto Borglum senza il suo Capo intagliatore? Luigi aveva realmente chiuso col monte Rushmore una volta per tutte?

Il 22 luglio di quella stessa estate, Luigi rispose ad un telegramma del suo "Caro Maestro".

L. DEL BIANCO
GRANITE AND MARBLE
MEMORIALS
108 SO. REGENT ST., PORT CHESTER, N. Y.
TELEPHONE 643-J

Port Chester
July 22, 1937

My dear Master:

Just a few lines in reference to your telegram of last night. It is impossible for me to leave home at the present time, because my wife is just recuperating from a severe case of Quincy sore throat. As soon as she is all well and able to take

L. DEL BIANCO
GRANITE AND MARBLE
MEMORIALS
108 SO. REGENT ST., PORT CHESTER, N. Y.
TELEPHONE 643-J

care of the house and children I will be able to come out there. If possible you might inform me if it will be alright to come out there later on.

Thanking you kindly and with many regards

I remain your friend

Luigi Del Bianco

Port Chester

22 luglio 1937

Mio caro Maestro,

solamente due righe in riferimento al suo telegramma della scorsa notte. È impossibile per me lasciare casa al momento, in quanto mia moglie si sta appena riprendendo da un grave e doloroso ascesso peritonsillare alla gola. Non appena lei si sarà rimessa del tutto e sarà in grado di prendersi cura della casa e dei bambini io riuscirò a ritornare lì. Se possibile, potrebbe informarmi qualora andasse bene venire in seguito.

La ringrazio cordialmente e con tanti saluti.

Restando un vostro amico

Luigi Del Bianco

Dal linguaggio di questa lettera è possibile dire, ben lungi dall'essere "sollevato dalla sua posizione", che Borglum stava ancora andando dietro a Bianco. Nuovamente, mio nonno era stato messo nella posizione insostenibile di dedizione verso il Monte Rushmore a discapito della sua famiglia. Anche se dice che è impossibile andare, Luigi promette di ritornare una volta che sua moglie starà bene. Mio nonno ritornò? Sappiamo che Borglum lo voleva. Ci sono delle prove molto convincenti che lui ritornò per parte della stagione 1937. Nonostante vi abbia già presentato questa lettera in precedenza, devo tornare indietro alla corrispondenza di James C. Riggs con mio zio Cesare nel 1986. Cita il 1937 come uno degli anni in cui Luigi stava lavorando alla montagna in qualità di Capo intagliatore. (Si faccia riferimento al precedente Capitolo Tre per la lettera completa).

```
7. Gilbert Fite refers to your father being employed first in 1933 as Chief
   Carver.  Our records show the following information:

       1933 - Chief Carver; worked on Washington and Jefferson figures.

       1934 - No record of Mr. Del Bianco working at Mount Rushmore.

       1935 - Chief Carver; salary raised to $1.50 per hour.
              (See enclosed letter approving payroll changes)

       1936 - Chief Carver; finishing work on Washington figure.
              (No details)

       1937 - Chief Carver; finishing work on Washington and Jefferson
              figures.  (No details)
```

C'era anche una lista di organizzazione del personale della fine del 1937 che cita Bianco come il Capo intagliatore. Secondo tale documento, Luigi era stato inserito nuovamente nel personale.

				DEPARTMENT OF THE INTERIOR	
		Personnell Organization List			
Bureau: National Park Service		Unit: Mount Rushmore National Memorial Commission		Fiscal year: 1937	(page 1)
Position Number	Position	Grade	Salary	Name	Appropriation Item
	EMERGENCY				
1 p. m.	Superintendent		$250.	Vacant: Vice W. S. Tallman	Mt. Rushmore National Memorial Commission
63	Treasurer & Spec. Disb. Agt.		---	A. K. Thomas	do
64 p.m. w.a.e	Timekeeper		125.	John G. Herrick 9/3 Reps 5-15-37	
2 p. m.	Secretary		100.	John A. Boland	do
3 "	Clerk		75.	M. A. Wasser	do
55 p.m. w.a.e	Watchman		75.	H. B. Baird Sep 7- 7/7	do
4 p.m.	Custodian		60.	Gale Wilcox	do
10 p.h. w.a.e	Chief Carver		1.50	L. Del. Bianco	do
6 "	Foreman, Finishing Work		1.25	Vacant: Vice J. A. Johnson George Rumple 7/7	do

Secondo il documento qui sopra, Luigi mantenne, di fatto, la sua promessa fatta a Borglum e ritornò a lavorare nel 1937. Borglum doveva essersi rinfrancato. Almeno per ora, lui aveva di nuovo il suo Capo intagliatore. La domanda era, avrebbe potuto riaverlo una volta per tutte?

CAPITOLO VENTISEI

RUSHMORE, 1938.
DOV'È LUIGI?

NEL FEBBRAIO DEL 1938, Borglum scrisse una lettera a Fred W. Sergeant, Presidente della Commissione del Monumento commemorativo nazionale del Monte Rushmore. In particolar modo in un paragrafo si parla della frustrazione di Borglum per il modo in cui veniva trattato mio nonno e sul perché lui non sarebbe mai più tornato. Ancora una volta, si può capire cosa Borglum percepiva di aver a che fare.

> For the purpose of Washington's "red tape," a portion of our better men are insignated as carvers; there are no carvers on the mountain - tere never has been but one, and he refused to return because of the chronic sabotage directed at him by influences in Rapid City, and the Park Department. We have no men on the mountain except my son who can read or understand contours, curvatures, and sculptural modeling necessary to direct the carver. Work on all the heads has been automatically stopped where the carving of the features required an intelligence not available in Rapid City or by local workmen.

"Ai fini delle 'procedure amministrative' di Washington, una parte dei nostri uomini migliori è stata designata come intagliatori. Non ci sono intagliatori sulla montagna, non ce ne sono mai stati, tranne uno e lui si rifiutò di ritornare, a causa di un continuo boicottaggio diretto contro di lui da delle influenze a Rapid City e dal Dipartimento del parco. Non abbiamo persone sulla montagna ad eccezione di mio figlio che sa delineare e cogliere i contorni, le curvature ed i modelli scultorei necessari per dirigere la scolpitura. Il lavoro su tutte le teste è stato

automaticamente fermato nel momento in cui il lavoro sui lineamenti richiedeva un'intelligenza non disponibile a Rapid City o da parte di lavoratori locali".

Questo paragrafo riassume tutto ciò che riguarda l'esperienza di mio nonno sul Monte Rushmore:

1. Lui aveva l'onore e l'onere di essere l'unico incisore di formazione classica.
2. "C'era un boicottaggio diretto contro di lui" dalle autorità che erano presenti.
3. Dopo il 1937, sembra che lui abbia rifiutato di ritornare al Rushmore.
4. Come prima conseguenza, il lavoro di rifinitura dei lineamenti si era fermato automaticamente quando Luigi si era assentato da Rushmore.

Boicottaggio è davvero una parola forte. Cosa era stato fatto esattamente a mio nonno oltre a negargli lo stipendio che si meritava? Borglum non era mai stato più specifico in merito all'"insolente, meschina trattativa sui salari". Noi possiamo solamente immaginare, secondo quanto riportato da Gutzon Borglum, il fatto che "le influenze a Rapid City", avevano reso la vita di Del Bianco così miserabile che questo grande privilegio garantitogli non valeva ciò che gli toccava di patire. So che mio nonno era una persona molto forte e che ci voleva molto per fargli gettare la spugna. Fu perché lui era un immigrato? La cricca politica voleva semplicemente che il suo salario andasse ad uno o più del loro giro? Forse era una combinazione di entrambe le cose. È certamente ben documentata l'intolleranza nei confronti degli Italo-americani negli anni '30. Comunque noi non lo sapremo mai. Ciò che sappiamo è che dal 1938, Gutzon Borglum poteva solo andare avanti per un po' senza Luigi Del Bianco.

Per le due stagioni successive, pare che "Bianco" non stesse lavorando sul Monte Rushmore. James C. Riggs, nella sua lettera allo zio Cesare del 1986, afferma che i registri dei servizi del Parco nazionale erano limitati, dopo il 1937, e non era stato trovato nulla tra i documenti di Borglum che dicesse che lui si trovava tra il personale nel 1938 e nel 1939. Mio nonno era tornato di nuovo a Port Chester, ad incidere lapidi commemorative? O era sul Monte Rushmore?

CAPITOLO VENTISETTE

LUIGI RITORNA!

IL 4 MARZO DEL 1940, Borglum ricevette questa interessante lettera di risposta da parte di Bianco:

```
                    L. DEL BIANCO
                 GRANITE AND MARBLE
                     MEMORIALS
             108 So. REGENT ST., PORT CHESTER, N. Y.
                    Telephone 4054-W

                                    March 4, 1940


    Dear Mr. Borglum:

         I received your interesting letter
    sometime in October and sent you a
    telegram immediately that I understood
    your requests.

         Now I am waiting for the details
    of the marble alter or the call to come there
    and serve you.

         I hope you send me the pictures
    so that I may study them carefully
    about the work that has to be done
    on the upper lip of Jefferson.

         This is all I have to say except
    to wish you lots of luck on the job.

                              Yours truly,

                              Luigi del Bianco
                              L. Del Bianco

    LB:AA
```

L'accenno al "marmo alter [sic]" rivela che Luigi deve aver fatto altri lavori per Borglum al di fuori del Monte Rushmore. Il rigo più impressionante riguarda il "lavoro che deve essere effettuato sul labbro superiore di Jefferson". Ciò significa che Luigi stava ritornando sul monte Rushmore? Borglum e Bianco avevano avuto un'altra discussione? A tale domanda viene data una semplice risposta nella lettera successiva con data del 18 aprile 1940.

```
                Rapid City
                xxxxxxx

            April 18, 1940.




Mr. L. Del Bianco,
106 South Regent Street,
Port Chester, New York.

My dear Bianco:-

        You better be here by May 1st,
and I am glad you will come. You will
have to work for me and for Lincoln, and
nobody else will trouble you.


                Very truly yours,


                    Gutzon Borglum
                    Sculptor-Director
                    Mount Rushmore National
                    Memorial Commission.
```

Dovrai lavorare per me e Lincoln e nessun altro ti creerà problemi.
Certamente ritorna alla mente il "boicottaggio" di cui Borglum aveva parlato in un documento precedente. Sappiamo che c'erano dei tentativi di danneggiare il salario di mio nonno, ma i dettagli di questo boicottaggio restano da vedere. È chiaro che Borglum stava facendo tutto il possibile per fare in modo che Bianco si sentisse rassicurato e protetto.

Il 7 maggio, Borglum inviò un'altra lettera a Luigi, questa volta con un deciso carattere di urgenza.

> Rapid City
> xxxxx
>
> May 7, 1940.
>
> Mr. L. Del Bianco,
> 108 South Regent Street,
> Port Chester, New York.
>
> Dear Bianco:
>
> I wish you would come as soon as you can if you want to be of help to me. I must finish the faces by the 1st of July- and all of them. I need you.
>
> Your pay will be exactly what it was before, and there will be no reductions from it. You are the only man who is on that pay.
>
> Sincerely yours,
>
> Gutzon Borglum
> Sculptor-Director
> Mount Rushmore National
> Memorial Commission.

Per me, questa lettera risulta decisiva giacché conferma il fatto che i volti, sebbene realizzati per la maggior parte, non erano stati terminati con quella "rifinitura di espressione" così necessaria per trasformarli da copie giganti a vive opere d'arte. *Ho bisogno di te* è il riassunto dei sentimenti di Borglum in quel momento. Era un uomo orgoglioso. Ammettere che aveva bisogno di qualcun altro: doveva averne proprio un gran bisogno. Secondo questa lettera, Borglum aveva la necessità che Bianco mantenesse fede alle sue promesse, concludesse i volti e possibilmente ricuperasse il tempo che non era stato lì, nel 1938 e nel 1939. Fin dall'inizio, era questo ciò per cui mio nonno era stato assunto. Volta per volta, Gutzon Borglum aveva reso cristallino il fatto che Bianco era l'unico che avrebbe potuto eseguire quest'ultima fase cruciale della scultura del Monte Rushmore.

A luglio del 1940, Borglum si mise in comunicazione con il suo vecchio amico e talvolta avversario Hugo Villa. Borglum stava ricavando un grande spazio nella parte posteriore della montagna chiamato: Hall of Records. Tale sala serviva a contenere documenti importanti per l'America e qualche opera d'arte scelta da Borglum. Sembra che volesse da Villa la costruzione di un modello della Hall of Records per lui. Anche se il Monte Rushmore non ha registrazioni di mio nonno tra la manodopera del 1940, Borglum dà prova del fatto che lui era lì, affermando: "ho Bianco qui con me…"

Rapid City, July 6, 1940

My dear Villa:-

We have been too busy to adjust our plans as I promised in my last letter, but we now are ready with our big studio, the second studio, and I want to make a model of the large room or Hall of Records, that is to go into the mountain. We have cut the entrance way 74 feet and we shall soon be taking it up again now.

I would be very glad if you will come to Rapid City and help me in this work for several months in the summer. I can promise you work at a dollar and a half an hour, an eight hour day. You have a car so I advise you to come up in your car. You will like the work and the room we have to work in and there will be no interference with the work at all. I have Bianco with me and plenty of good helpers.

There is no need to tell you that I have no relations at all with Boland. He has been treacherous and dishonest in all our work and he has been dishonest with me. He keeps up his friendship with two or three men that have been dismissed for dishonesty. He never comes near the work, of course nor does he have anything to do with my loyal friends. The government took the money away from his bank when he was dismissed and it is now in Washington. We deal directly with Washington. I am telling you this only that you may know the situation here.

I hope you are very well.

Sincerely yours,

Mr. Hugo Villa,
San Antonio, Texas

Saluti anche dalla grande mere. Mary-Ellis a un bambino three months old.

Si ha la sensazione che Borglum accenni a mio nonno sperando che questo servirà a convincere Villa a ritornare. Villa e Luigi erano entrambi italiani ed entrambi avevano lavorato per Borglum per anni. Sarebbe stata la prima volta che lui avrebbe avuto più di un artista di alto calibro che lo avrebbe assistito sulla montagna.

Che dire della montagna? Dei volti? Chi altri stava effettivamente lavorando nel 1940? Se credete che fosse stato solamente mio nonno, allora avete ragione. Richard Cerazani scrisse un libro assolutamente spettacolare intitolato *Love Letters From Rushmore*. Il libro racconta amorevolmente la corrispondenza tra il padre di Richard, Arthur Cerazani, e sua madre. Arthur era uno scultore di talento che lavorò nello studio del Monte Rushmore con Villa e mio nonno nel 1940. Le sue meravigliose lettere alla moglie sottolineano le prove, le afflizioni e le gioie di lavorare al Monte Rushmore. In una delle sue lettere Cerazani racconta della sua ammirazione nei confronti di Villa e che l'unico uomo a lavorare sui volti è "Bianco".

> AUGUST 3
> *The place is as silent as a tomb.* ==There is only one man working on the faces and that is Bianco.== *I am still working with Villa. Its hard work but I like it. I am trying to study when the boys are not trying to make me drunk. I am drinking every night, and can I take it.*
>
> AUGUST 5
> *Well, darling, here it is Monday and I am still busy working with Villa. I like my work very much. I pray I may work for a long time with Villa, he is the tops as an artist and a friend.*

**Proveniente dal libro Richard Cerazani,
Love Letters from Mount Rushmore.**

C'è un solo uomo che lavora sui volti ed è Bianco.

Un conto è vedere 30 o 40 persone che si arrampicano su quei volti giganteschi, un conto è guardare verso la grande estensione del Monte Rushmore per scoprire una sola persona minuscola, in solitaria, che sta incidendo un occhio, rifinendo un labbro... che vista. Mio nonno Luigi.

Ha senso. Se la rifinitura dei volti era quanto richiesto per il 1940, allora era necessario solamente Luigi Del Bianco per realizzare il lavoro.

***Luigi Del Bianco con Arthur Cerazani alla base dei modelli nello studio.
Foto proveniente dalla collezione di Richard Cerazani.***

Oltre alla rifinitura dei volti, c'era un compito importante che Borglum aveva affidato a mio nonno: riparare una terribile crepa sul labbro di Thomas Jefferson. Nella corrispondenza precedente, Luigi risponde alla lettera di Borglum in merito alla crepa sul labbro e chiede di inviargli una foto, in modo da poterla studiare. Ecco qui la foto.

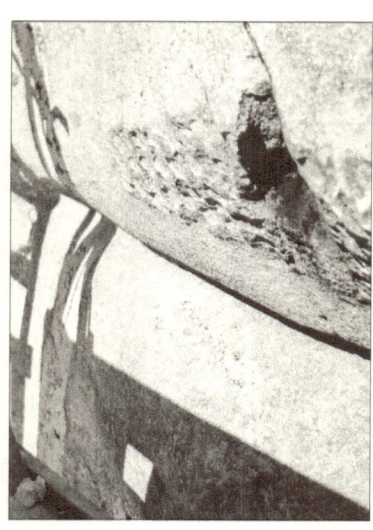

Foto: Collezione della famiglia Del Bianco.

Luigi salì i 706 gradini fino ad un'impalcatura costruita davanti al labbro di Jefferson e con un assistente rimosse quella grande crepa. Utilizzando delle punte d'acciaio, modellò un nuovo pezzo di pietra e lo inserì chirurgicamente nello spazio che aveva creato. Ecco qui una sorprendente foto di Luigi dove effettivamente sta riparando il labbro con qualcosa che non si vede molto spesso sul Rushmore: un martello e uno scalpello. Solamente un'artista esperto usava quegli strumenti.

Foto: Collezione della famiglia Del Bianco.

Alla fine, Luigi utilizzò i suoi talenti da artista per fare in modo che quel labbro sembrasse come se non avesse mai avuto la crepa. Potete vederlo voi stessi.

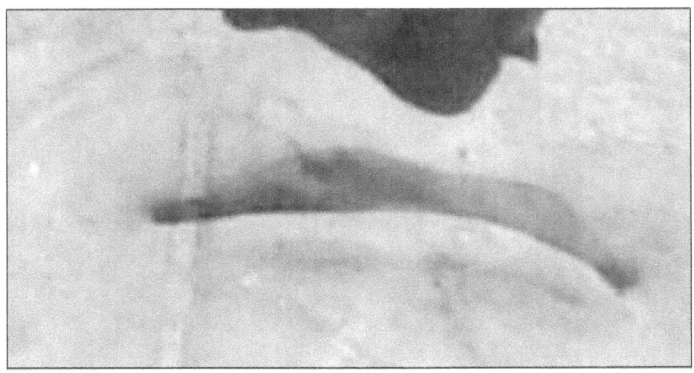

Il labbro di Jefferson rimesso a nuovo da Luigi.

Come aveva spiegato la guardia forestale alla folla durante la mia visita sul Monte Rushmore nel 1988, il lavoro di mio nonno effettuato su quel labbro era l'unico lavoro di riparazione di successo che fosse mai stato fatto sui quattro volti. Nonostante ciò, la guardia forestale non aveva idea di chi lo avesse fatto o di chi fosse mio nonno. Questa è una matassa che ha attraversato tutto il periodo in cui Luigi Del Bianco lavorò al Monte Rushmore: **lo sconosciuto artista immigrato non accreditato a compiere la più importante incisione sulla scultura più rappresentativa d'America**. La foto di seguito sintetizza il ruolo di mio nonno sulla montagna. Vi sono Borglum e suo figlio che sono in posa davanti e c'è Luigi nella parte posteriore che silenziosamente sistema il labbro di Jefferson. Mio zio Cesare solitamente guardava quella foto e diceva, *Guardate il mio vecchio. È come se si trovasse nell'ombra della montagna.*

Borglum e suo figlio in primo piano davanti al volto di Jefferson.
In basso, "nell'ombra", Luigi Del Bianco al lavoro.
Foto: Collezione della famiglia Del Bianco.

Gli innumerevoli decenni di anonimato di Luigi Del Bianco in nessun modo screditano Gutzon Borglum. In effetti, è quasi l'opposto. Non vi sarebbe stato il Monte Rushmore senza di lui. Per di più, senza di lui mio nonno non avrebbe mai avuto questa incredibile opportunità. Di fatto, la mia famiglia sarà per sempre grata a Borglum per aver messo nero su bianco e per aver dettato così tante annotazioni riguardo al suo caro "Bianco". Che testimonianza veritiera ci ha dato, testimonianza che dovrebbe dare a nostro nonno il giusto posto nella storia d'America.

Nel 1940, la testimonianza dimostra ancora una volta il valore di Luigi. Egli ritornò sul Monte Rushmore, a detta di Borglum per "rifinire i volti". Questa volta aveva l'intera montagna per sé. Non avendo nessuno da formare, nessuno che lo distraesse o, ancora peggio, che lo infastidisse, Luigi riuscì a trascorrere l'intera stagione del 1940 facendo ciò che gli veniva meglio: proseguire "le rifiniture d'espressione" su Washington, Jefferson, Roosevelt e Lincoln.

Dal 1941 sembrò che il futuro del Monte Rushmore fosse incerto. I fondi che il Governo degli Stati Uniti stanziava diminuivano ogni anno che passava. Per di più, si incontrava pegmatite sull'intera metà più bassa della montagna, rendendo quasi impossibile intagliare quanto Borglum aveva inizialmente concepito, come è possibile vedere da questa foto dell'intero modello.

Il modello originale indica che Borglum prevedeva inizialmente i Presidenti a busto intero.
Foto: Collezione famiglia Del Bianco.

Non è sorprendente? Se fosse stato completato fino al busto, Washington sarebbe stato alto 465 piedi. A causa della difficoltà a scolpire l'infida pegmatite al di sotto dei volti, l'idea fu abbandonata. Inoltre, Borglum tra il 1940 e il 1941 non stette bene; nel febbraio del 1941, Borglum dovette subire un intervento alla prostata. Alla fine mise suo figlio Lincoln ad occuparsi dei volti. Questo progetto di 14 anni sembrava stesse giungendo alla fine.

CAPITOLO VENTOTTO

BORGLUM ED IL RUSHMORE SE NE VANNO VIA INSIEME

DAL NOVEMBRE DEL **1940** al febbraio del 1941, Luigi e Borglum si scrivevano in merito ad un altare che Luigi doveva incidere ed erigere nella cappella dell'ospedale di Saint Luke a Kansas City nel Missouri. In una delle lettere, Borglum si lamenta di star male: "Ho avuto l'influenza o la malaria o qualcos'altro; non importa. Questo mi ha dato un pretesto per oziare e mi piacerebbe oziare più di qualsiasi altra cosa". Luigi rispose che gli dispiaceva che il suo Maestro non "stesse bene".

Con una potenza come Borglum, che non poteva mai star seduto senza far niente, qualcosa doveva andare seriamente male. Molto presto, subito dopo questa corrispondenza tra lo scultore ed il suo incisore preferito, Borglum morì il 6 marzo del 1941. Se uno qualsiasi dei suoi progetti (vale a dire il monte Rushmore) doveva continuare, adesso sarebbe stato nelle mani di suo figlio, Lincoln.

Il 13 marzo, il *Daily Item* parlò con mio nonno del suo amato Maestro.

THE DAILY ITEM, PORT CHESTER, N.Y.
GIOVEDI 13 MARZO 1941

La morte di Borglum addolora Del Bianco,
braccio destro dello scultore per 20 anni

Quando una settimana fa Gutzon Borglum, scultore di fama nazionale, morì, l'uomo che ne rimase più profondamente scioccato a Port Chester fu Luigi Del Bianco, braccio destro del signor Borglum sull'enorme monumento commemorativo del monte Rushmore in onore di Washington, Jefferson, Theodore Roosevelt e Lincoln, che è in corso di lavorazione sulla dura roccia del versante montuoso del Sud-Dakota.

La morte di Borglum ha significato più della perdita del suo capo: per Del Bianco ha significato anche la perdita di un vero amico di 20 anni e di un collega artista.

Adesso Del Bianco sta aspettando un telegramma da parte del figlio di Borglum, Lincoln, il quale porterà avanti il lavoro, richiamando in Sud Dakota l'uomo di Port Chester per continuare il proprio compito non appena il clima diventerà più mite. Il grande monumento, iniziato nel 1927, si stima verrà completato in cinque anni e Del Bianco spera di essere presente nel momento in cui il lavoro verrà completato e soprattutto vuole ritornare il prima possibile per realizzare la mano di Lincoln, una delle parti più difficili dell'intero lavoro.

Nel 1920, il signor Del Bianco stava lavorando in qualità di incisore a Barre, nel Vermont, quando un suo amico lo presentò a Borglum ed il famoso scultore gli diede un lavoro. Da allora, ad eccezione di pochi anni, Del Bianco è stato con Borglum per tutti i suoi progetti importanti.

Del Bianco è Capo intagliatore del lavoro sul Monte Rushmore, con 32 uomini al suo servizio, essendo responsabile dell'esatto trasferimento delle figure dei quattro eroi nazionali dai modelli al fianco della vasta montagna.

L'artista locale parla di camminare sul labbro di Washington e di incidere l'occhio di Lincoln, e tuttavia ha un profondo rispetto per i suoi soggetti. Le operazioni possono procedere per circa cinque mesi in un anno a causa delle condizioni climatiche, ma durante questo periodo Del Bianco dice che perde perlomeno 6 Kg scalando le enormi figure, con l'aiuto di corde, *e supervisionando le operazioni di incisione che sono delicate, benché su vasta scala. Le figure sono rapportate in scala 1:15 rispetto ai modelli ed un unico brutto errore, con dei trapani ad elevata potenza e con la dinamite, potrebbe probabilmente rovinare anni di lavoro, così dunque Del Bianco sostiene il peso di molta responsabilità mentre strepita attorno ai lineamenti delle figure.*

Il signor Del Bianco non ha lavorato per Borglum solamente in qualità di intagliatore, ma è servito anche come modello in molte occasioni. È un uomo grande, con un bel fisico, ben proporzionato e con le caratteristiche del romano classico e quando il Borglum stava creando l'enorme monumento della World War Memorial per Newark, NJ, Del Bianco fu un suo modello per circa 20 delle 46 figure.

Nel 1928 Del Bianco lasciò Borglum e fu ingaggiato dal defunto John D. Rockefeller per eseguire un vasto lavoro su marmo nella casa di Pocantico Hills del magnate del petrolio. Cinque anni dopo egli tornò Borglum e vi rimase. In qualità di Capo intagliatore del Monte Rushmore ricevette 14 dollari al giorno e fu in grado di guadagnare, 'a parte', una cifra considerevole, vendendo piccole sculture realizzate durante il suo tempo libero.

Del Bianco nacque in Italia 48 anni fa, iniziò il lavoro di incisione in età precoce ed in seguito studiò a Venezia e Vienna. Quando torna a casa dal monte Rushmore conduce la sua attività di incisione in Clinton Street.

Così come molti altri articoli e lettere, continuiamo a sentire espressioni riguardanti Luigi che fu "il braccio destro" di Borglum e riguardo al suo ruolo in qualità di Capo intagliatore che doveva far fronte a "molte responsabilità". La parte più commovente per me, comunque, è quanto rimase "scioccato" Luigi a sentire la notizia della morte di questa forza della natura che lui chiamava "Maestro".

Borglum doveva essere sembrato invincibile agli occhi di "Bianco": un grande insegnante, un mentore e sono sicuro anche una figura di padre per un giovane immigrato appena arrivato in questa nazione per esprimere il proprio talento. Borglum non gli aveva fornito solamente quelle direttive ma aveva anche rispettato Luigi per la sua competenza in qualità di intagliatore su granito. Una relazione di 20 anni nell'arte della scultura stava giungendo al termine.

Il 2 Aprile, Luigi scrisse un appunto alla moglie di Gutzon, Mary Borglum. Ecco qui la copia originale in italiano:

> Port Chester 2. Aprile 1941
>
> Mia Carissima Mrs Borglum.
>
> Mi farebbe molto piacere se questa mia lettera vi trovasse calma e in buona salute.
> Io vi scrissi già una lettera poco dopo la morte del mio Caro Maestro.
> Ieri sera ho ascoltato alla Radio il vostro Caro figlio. Capisco che lui sarà quello che porterà il lavoro avanti.
> Mia cara Signora ora vi domando se dovrò andare avanti coll'avoro che il mio Maestro mi avveva ordinato, cioè ALTAR CHAPEL. ST. LUKES OSPITAL KANSAS. CITY. MISSOURI
> vi prego di scrivermi; un vostra lettera mi sarà molto cara.
> Vi saluto con tutto il cuore sempre devotissimo. Luigi Del Bianco

Non ho idea in cosa si trasformò l'altare della cappella di Saint Luke, o se mio nonno terminò tale lavoro. Ciò che sembrava si dovesse terminare era il Monte Rushmore. Senza Borglum, poteva andare avanti? Immagino spettasse a Lincoln decidere se ne valesse la pena. Come ho detto prima, le difficoltà con la pegmatite, la Seconda Guerra Mondiale e certamente la morte di Gutzon Borglum contribuirono ad un maggiore rallentamento del lavoro. Il 31 ottobre del 1941 l'ultima impalcatura venne tolta e l'ultimo trapano venne riposto. Il Monte Rushmore venne considerato ufficialmente concluso.

CAPITOLO VENTINOVE

IL RITORNO ALLA VITA DI PORT CHESTER

PER MIO NONNO ERA il momento di ritornare al suo lavoro di incisore di lapidi commemorative a Port Chester. Questo artista di talento non aveva mai cercato grandi commissioni come aveva fatto Borglum. Di certo, il suo status di immigrato lo metteva in svantaggio nel mondo dell'arte. A quel tempo, c'erano molti artigiani di talento in quella stessa situazione. Ad essere sinceri, non sono nemmeno sicuro che Luigi fosse interessato a quel genere di carriera. Lui era un artista con una mentalità da lavoratore: dammi lavoro e sono felice. E Luigi lavorava. Quando non incideva e sistemava pietre tombali, faceva ed installava caminetti di marmo finemente lavorati per le famiglie più benestanti, come ad esempio i Rockefeller di Westchester. Era anche possibile trovare Luigi nel suo piccolo garage adibito a studio mentre intagliava pezzi per ogni sorta di clientela. Amo questa foto del suo laboratorio alla fine del vialetto di Clinton Street 26.

Il laboratorio di Luigi. Non sono interessanti i piccoli busti sparsi dappertutto?

Qui di seguito vi sono alcuni pezzi che mio nonno aveva creato prima e dopo il periodo del Rushmore. Alcuni sono andati perduti. Alcuni li abbiamo ancor oggi. Quelli che siamo riusciti a mantenere non li venderemo mai.

George Washington, Teddy Roosevelt e una delle 500 lapidi commemorative scolpite da Luigi Del Bianco nel cimitero di St Mary a Rye Brook, NY. L'iscrizione ricorda rami d'albero. La metà superiore non è conclusa.

Il mosaico di Abraham Lincoln

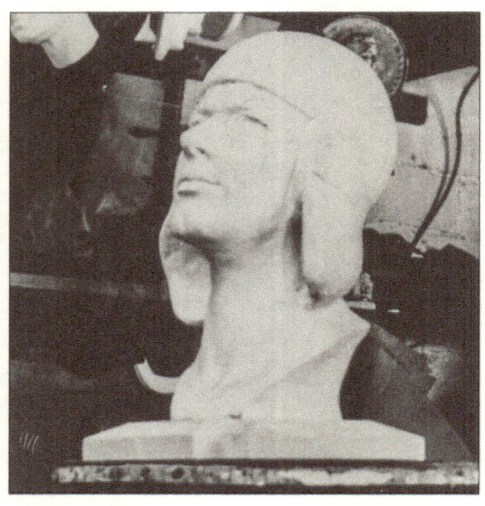

Charles Lindbergh

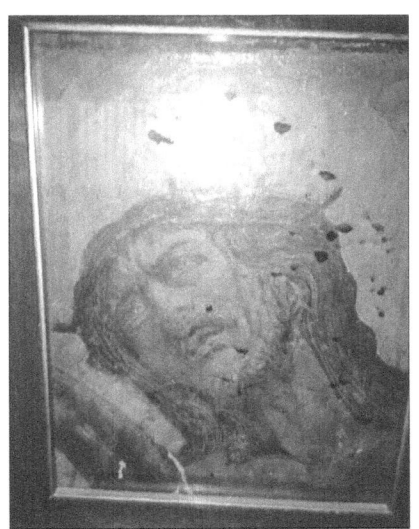

*Da sinistra in alto, il busto di Silvio Del Bianco a 16 anni;
l'unico dipinto che abbiamo, fatto da Luigi;
ed una delle tante copie in gesso che Luigi aveva
effettuato del Monte Rushmore.
Amo questo lavoro perché sembra la versione improvvisata del modello reale.*

Un bellissimo auto-ritratto di Luigi su marmo bianco.

Le persone solitamente mi chiedono, *perché tuo nonno non aveva mai scolpito una statua che rimanesse esposta permanentemente a Port Chester?* Non ero mai sicuro di cosa rispondere. Anche se Luigi era un incisore e non uno scultore, sono sicuro che ci siano molte statue da lui realizzate nel cimitero di St. Mary. Era la richiesta che Luigi trovava a Port Chester. Non vi so dire quante volte gli anziani erano soliti venire da me e dire: *Tuo nonno, Dio lo benedica, aveva inciso la lapide di mia madre.* In zona le persone non vedevano l'ora di dire a tutti che l'uomo che fu il Capo intagliatore del Monte Rushmore aveva anche intagliato una pietra commemorativa per i membri della loro famiglia, con la statua di un angioletto in cima. Questo è quanto trovo di così speciale di mio nonno. Lui stava in due mondi: il mondo di Gutzon Borglum ed un posto molto più piccolo chiamato Port Chester, NY. Con quanta grazia ed umiltà passava tra questi due mondi.

CAPITOLO TRENTA

LA FAMIGLIA ACCOGLIE UN NUOVO NATO

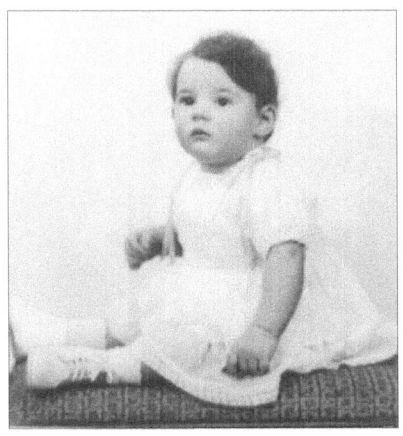

La piccola Gloria Del Bianco, nel 1946 circa.

NEL 1946 AVVENNE UN piccolo miracolo nella famiglia Del Bianco: nacque mia zia Gloria. Era stato pianificato? Certamente. Anche se mia nonna adesso aveva 45 anni, desiderava una figlioletta. Dopo vent'anni, a Nicoletta mancava ancora la sua cara Teresa.

Mio nonno era preoccupato per tutte le ragioni più ovvie. A 44 anni, Nicoletta era davvero a rischio di vita per poter avere un bambino. Una gravidanza, dieci anni prima, si era conclusa con un aborto spontaneo. Luigi era di 10 anni più vecchio di lei, aveva 54 anni. Non se la sentiva di diventare padre all'età di un nonno. Alla fine mia nonna la spuntò.

L'8 marzo del 1946 Gloria Teresa Del Bianco venne al mondo. Nicoletta la chiamò Gloria per "Gloria in Excelsis Deo": Gloria a Dio nell'alto dei cieli! Questo cambio di vita con questa bambina avrebbe portato tutti sull'attenti, inclusi i tre fratelli che avevano 15, 18 e 21 anni in più rispetto alla loro sorellina piccola. "Gloriuccia" avrebbe avuto tutto ciò che voleva dai loro fratelli maggiori.

Nicoletta stravedeva per la sua bambina. E come Teresa, la figlia che avevano perso anni prima, Gloria divenne la gioia di Luigi.

I miei genitori mi viziavano, mi diceva sempre mia zia. *Facevo sempre ciò che volevo.*

Gloria ricorda i capricci che faceva perché voleva andare con suo padre a vederlo lavorare. Manco a dirlo! Le volte che Luigi portava davvero con sé sua figlia, queste uscite divennero alcuni dei migliori ricordi d'infanzia di Gloria. Ma sto anticipando troppo. Sentirete parlare molto di "Gloriuccia" e della sua relazione con il suo papino alla fine del presente libro.

Gloria "al lavoro" con Luigi. Lei è seduta proprio dove sarebbe stata posta una statua nella chiesa del Corpus Christi.

CAPITOLO TRENTUNO

GLI ANNI DEL DOPOGUERRA

GLORIA NACQUE NEL 1946, quando la Guerra era terminata e Port Chester, così come molti altri paesi, stava dando il bentornato al rientro dei propri reduci. Mio zio Silvio era uno di questi. Lui era stato dal 1944 al 1945 a bordo di un cacciatorpediniere, nel Mediterraneo. Sfortunatamente, Silvio ne aveva passate parecchie.

Recentemente scoprii che lui fu anche uno dei tanti "soldati con la pelle più scura", utilizzati come dei porcellini d'india per degli esperimenti con il gas iprite. Evidentemente, l'Esercito degli Stati Uniti pensava che i soldati neri, ispanici ed italiani avessero una "pelle più forte" e potessero resistere meglio all'iprite rispetto ai "soldati bianchi". Solo Dio sa gli effetti che questi test ebbero sul mio povero zio; probabilmente contribuirono molto alla sua morte prematura.

Quando mio zio ritornò a casa dalla Guerra, decise che avrebbe voluto seguire le impronte di suo padre in qualche modo. Luigi prese Silvio sotto la sua protezione, sperando di aiutarlo a lasciarsi dietro la guerra, imparando qualche attività manuale. Ecco qui un articolo tratto dal *Daily Item* del 1948 che mostra padre e figlio insieme. L'articolo cita anche qualcosa di interessante riguardo al Monte Rushmore.

Sembra che "Luigi" (il reporter intende Silvio) stesse studiando davvero incisione sotto suo padre. È bello vedere che Port Chester diede onore, a quei tempi, a Luigi mostrando il suo lavoro. La parte più interessante di questo articolo è che il reporter fa riferimento al fatto che Luigi sta "aspettando una chiamata per degli ulteriori incarichi" sul Monte Rushmore. Lincoln Borglum stava cercando di far ripartire nuovamente il progetto? Non successe mai. Il modo in cui la montagna appariva allora è esattamente lo stesso di oggi e probabilmente lo sarà sempre. Forse questa era solo una speranza da parte di mio nonno?

A MINIATURE MOUNT RUSHMORE MEMORIAL took shape in Port Chester two months ago in exact proportion to the original stone monuments carved out of the Black Hills in South Dakota under the expert hands of Luigi Del Bianco (left) of 26 Clinton Street, who has a monumental and statuary business in the village. Reading from left to right are the fifty-six year old sculptor, his son Luigi, who is studying stone carving under his father, and the Presidents Washington, Jefferson, Teddy Roosevelt and Lincoln. The elder Del Bianco, who was once in charge of all close drilling and carving of the Jefferson head at the national memorial, is awaiting a call for further assignments on it. Other reproductions of Mount Rushmore carved by the Port Chester sculptor have been shown in the Capitol Theater, the YMCA of Port Chester, and the County Center.
—Staff Photo

Gli anni del dopoguerra furono ottimi per mio nonno. Lui aveva molto lavoro e riuscì a costruire la sua casa in Clinton Street. In questo periodo, tra la fine degli anni '40 e i primi anni '50, Luigi iniziò a sentire il richiamo del proprio paese di origine. Non vi era ritornato per anni e gli mancavano intensamente la sua famiglia, i suoi amici e la cultura che lo aveva formato. Per i successivi quindici anni, Luigi avrebbe effettuato vari pellegrinaggi in Italia e nel suo piccolo paese di Meduno. Quando Gloria divenne più grande e più indipendente, Luigi vi rimaneva vari mesi alla volta. In precedenza, sono sicuro che i viaggi fossero stati molto più brevi. Ecco qui una bella cartolina che lui scrisse a Nicoletta dall'Italia nel 1953.

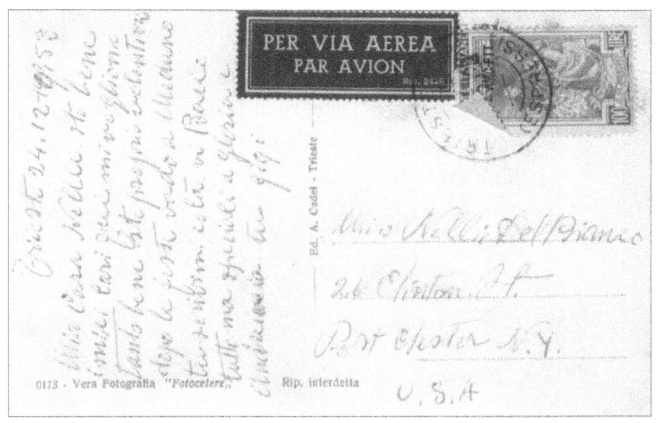

24 Dicembre 1953, Trieste

Mia cara Nellie,

Sto bene. I miei cari qui mi amano molto. Subito dopo le vacanze andrò a Meduno. Puoi scrivermi lì. Baci a tutti, ma in particolar modo a Gloria e Andreina.

Il tuo Gigi

Scommetto che mio nonno stava proprio a suo agio con chi lo amava. "Andreina" è in realtà la mia sorella maggiore, Andrea. Lei nacque nel 1953 e fu la prima nipote di Luigi. Ecco qui alcune foto di Luigi in Italia.

Cartolina di Meduno, il paesino d'infanzia di Luigi.

Luigi con la cugina Luigia, fiero davanti alla casa in cui era cresciuto.

Una delle mie foto preferite in assoluto di mio nonno.
Qui si trova con sua sorella Maria a Piazza San Marco a Venezia.
Da notare il modo in cui afferra forte la mano della sorella maggiore.

Sono sempre stato particolarmente affezionato alle foto di mio nonno delle sue visite in Italia. Avrei voluto esserci stato con lui. Meglio ancora, vorrei esser nato prima o che lui avesse vissuto più a lungo, così da poterlo conoscere meglio. Vorrei che potesse vedere l'uomo che sono diventato. Gli direi: *"Nonno, sono un attore e uno scrittore di racconti. Sono diventato un artista, proprio come te"*. Che belle conversazioni avremmo potuto avere sulla sua vita e sul nostro amore per le arti. Di notte sogno ancora ciò che avremmo potuto condividere.

Ciò che ho, però, è un legame prezioso con lui che tento di non dare per scontato. Penso che tutti noi vogliamo sapere da dove proveniamo; tutti noi abbiamo un desiderio di esplorare le vite e le storie che hanno condotto alla nostra esistenza. Sono sicuro che i numerosi viaggi di Luigi in Italia lo hanno portato oltre la sua famiglia attuale e i suoi amici. Sono sicuro che lui fosse legato alle persone e alle storie che c'erano prima di lui.

Anche durante questo periodo, mio nonno ricevette un grande onore. Nel 1956, la National Sculpture Society riconobbe il contributo di Luigi all'arte dell'incisione. Gli fu conferita una targa commemorativa che deve averlo reso molto orgoglioso. Immaginatevi di ricevere un tale onore come Americano.

Nonostante il "Maestro" se ne fosse andato da anni, Luigi non perse mai il suo stretto legame con la famiglia Borglum. Ecco qui una foto di Lincoln Borglum e di mio nonno. Luigi probabilmente era andato a trovare Lincoln e la tenuta "Borgland" a Stamford.

Lincoln Borglum e Luigi Del Bianco.

CAPITOLO TRENTADUE

LA CRUDELTÀ DEL GRANITO

DURANTE GLI ANNI '50 e i primi anni '60, nonostante Luigi avesse viaggiato molto, provò a mantenere uno stabile orario di lavoro. Ma la respirazione divenne difficile per il nostro talentuoso incisore. Non sono sicuro di quando venne diagnosticata a Luigi la silicosi. Non c'era da stupirsi del fatto che lui avesse preso questa terribile malattia, dato che era uno dei primi fattori di morte per tutti coloro che lavoravano con la pietra. Dopo anni di sколpittura del granito e con la conseguente polvere di silice che si viene a creare, i polmoni di mio nonno erano divenuti pieni di polvere ed è cosa quasi impossibile espellerla dal corpo. La polvere di silice viene letteralmente inglobata nei polmoni. Col tempo, il respiro diviene più difficile, prende piede una tosse persistente e subentra la spossatezza. Questo è quanto capitava a Luigi man mano che invecchiava.

Perché mio nonno non indossava nessuna sorta di protezione? Una maschera antipolvere, magari? Sfortunatamente, all'epoca molti degli incisori e degli intagliatori non l'avevano. Non credo che qualcuno dei lavoratori sul Monte Rushmore l'avesse. Prima degli anni '50 coperture assicurative governative non esistevano. Alcuni dei ragazzi si ammalarono di silicosi tanto che non raggiunsero l'età di 50 anni.

Le maschere antipolvere esistevano, ma erano piuttosto ingombranti. Ecco qui una rara foto di mio nonno che ne indossa una sul Monte Rushmore.

Luigi che indossa una maschera antigas.
Foto: Collezione della famiglia Del Bianco.

Perché mio nonno o chiunque altro, sapendo di questa malattia, non indossavano maschere tutto il tempo? Mi dissero che era molto difficile lavorare con quelle ed era anche difficile riuscire a vedere attraverso di esse. Immaginatevi mio nonno che prova a rifinire i volti del Monte Rushmore indossando quell'apparecchio. Sono sicuro che intralciasse la sua abilità di scolpire in maniera efficiente. Finché non fossero state ideate delle maschere migliori, Luigi avrebbe sopportato e corso il rischio. Adesso ne pagava il prezzo.

Mio padre mi disse anni fa che una delle ragioni per cui mio nonno ritornava in Italia così spesso era per una famosa casa di cura, dove andava e provava a togliere la polvere dai suoi polmoni. Era un beneficio temporaneo. Mia zia poi diceva che suo padre preferiva la qualità dell'aria delle Alpi italiane ed era più facile per lui respirare lì. Tuttavia non vi erano cure per la silicosi. Sarebbe stata solamente una questione di tempo. Nonostante ciò, mio nonno non faceva mai vedere la sofferenza che stava patendo. Luigi proveniva da un tenace ceppo del Nord Italia. Non perse mai la sua energia o il suo fascino o il suo desiderio di provarci con le donne.

L'immagine più forte che ho di mio nonno è quella datami dagli anziani della nostra città. Loro si ricordano di un gentiluomo alto, ben vestito che cammina per le strade del Washington Park, levandosi il cappello davanti ad ognuno e catturando tutti con umorismo e fascino.

Luigi pronto per un'altra passeggiata a Port Chester.

Tra gli anni '50 e gli anni '60, i miei genitori, Vincenzo ed Angie, divennero abbastanza prolifici nel settore produzione-bambini. Dal 1963, Vincenzo aveva già dato a Luigi la quarta nipote. Erano tutte ragazze. So che mio nonno amava le mie sorelle, ma gli uomini italiani tendono a preferire i nipoti maschi. Quando mia madre rimase di nuovo incinta, i ragazzi a Port Chester iniziarono a fare scommesse se questa volta sarebbe stata femmina o maschio. Il 31 maggio 1963 nacqui io. La serie delle ragazze era stata finalmente interrotta. Quando mio nonno ebbe questa notizia si trovava in Italia. A detta di mio padre, inviò un telegramma che diceva "Devi chiamarlo Luigi". Mia madre voleva chiamarmi Mark. Il giorno dopo, arrivò un altro telegramma. Mio nonno aveva deciso di addolcire la cosa. "Se lo chiamate Luigi, vi darò 1000 dollari". Mia madre scese a un compromesso per chiamarmi Louis. Luigi accettò e diede ai miei genitori 500 dollari. Mi sembra giusto.

L'anno successivo, mia madre rimase di nuovo incinta e diede alla luce mia sorella, Amy, nel 1964. Il numero di bambini nella famiglia si arrotondò al fortunato numero sette quando arrivò Valerie nel 1967. Luigi adesso aveva sette nipoti, sei ragazze ed un ragazzo.

Nel 1966 *l'Herald Statesman* fece quella che sarebbe stata l'ultima intervista rilasciata da mio nonno ad un giornale. L'articolo è così lungo che penso sia meglio fornirvi il testo qui di seguito in due foto.

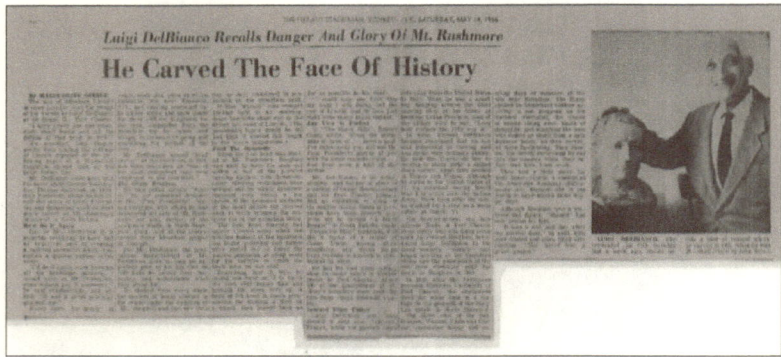

Luigi mentre posa con il suo autoritratto per l'Herald Statesman. *La luce nei suoi occhi è inconfondibile.*

THE HERALD STATESMAN. YONKERS, NEW YORK, SABATO 14 MAGGIO 1966

Luigi Del Bianco ricorda i pericoli e la gloria del Monte Rushmore Lui scolpì la Storia

di Marguerite Gibble

Il volto di Abraham Lincoln è molto più familiare a Luigi Del Bianco di quella dei suoi amici di Grant Street 68.

"Conosco benissimo ogni linea e gobba, ciascuna piccola protuberanza e tutti i dettagli di quel volto".

Le sue dita lunghe e delicate tracciavano con delicatezza i contorni di Lincoln raffigurato sulle pagine ingiallite della vecchia rivista di 36 anni fa, aperta sul tavolo davanti a lui.

Del Bianco potrebbe dire la stessa cosa di George Washington, Thomas Jefferson o Theodore Roosevelt, i cui nomi ricordano gli anni di duro, frustrante e pericoloso lavoro come Capo intagliatore del monumento commemorativo del Monte Rushmore nel Sud Dakota.

Lo farebbe di nuovo

Ma Del Bianco è magnificamente soddisfatto di aver avuto un importante ruolo nella creazione di un monumento nazionale che può resistere per un milione di anni o anche di più.

"Lo farei di nuovo, anche sapendo tutte le difficoltà che vi sono in gioco. Lavorerei al Monte Rushmore anche senza stipendio, se necessario", commenta in maniera enfatica e aggiunge: "è stato un grande privilegio quello che mi è stato concesso".

Ogni mese di aprile per quasi 14 anni, il lavoro iniziava sul sito del monumento nel Sud Dakota e continuava fino a quando i venti invernali e la neve rendevano la parete a strapiombo troppo pericoloso per gli uomini - calati dalla cima della montagna, sospesi con funi e cinghie - continuare a frantumare e levigare la superficie della roccia.

Del Bianco, nominato "Capo intagliatore" del monumento nel 1933, è stato descritto come "uno dei più competenti uomini che abbia mai lavorato alla montagna".

Il grande Borglum

Veniva chiamato semplicemente "Bianco" dal celebre ideatore dei "quattro presidenti", Gutzon Borglum, con cui aveva collaborato non solo per il Monte Rushmore, ma anche, in precedenza, nello studio dello scultore a nord di Stamford, Connecticut, e nel controverso progetto della Stone Mountain in Georgia.

Per Del Bianco, i presidenti immortalati sul Monte Rushmore furono una parte così importante della sua vita che sente ancora di conoscerli intimamente e capisce cosa rappresentassero.

Lui studiava da ogni angolatura i modelli delle teste, creati nello studio sotto la direzione di Borglum, ed in seguito li vedeva giorno dopo giorno, trasportati in proporzione sul picco della montagna.

Fu Bianco a portare vita all'occhio cieco, largo una dozzina di piedi, sul volto di 60 piedi di Lincoln (l'immagine del presidente sarebbe stata alta 465 piedi, se fosse stata scolpita in tutta la sua lunghezza, con le stesse proporzioni).

Prima la dinamite

Quando la prima testa venne iniziata sul Monte Rushmore, gli uomini di Borglum potevano effettuare una sgrezzatura pianificata della superficie fino a trenta centimetri con la dinamite. In seguito, furono utilizzate delle tecniche di brillamento con cui la dinamite rimuoveva la roccia di pochi centimetri dalle superfici dei volti prima che gli intagliatori ci mettessero mano, portando alla luce i lineamenti dalla roccia.

La polvere proveniente dal brillamento si era a malapena diradata quando gli argani sistemati sulla cima della montagna iniziarono a cigolare ed i cavi furono fatti scorrere per abbassare strette piattaforme o delle seggiole con cinghie, per gli intagliatori, al fine di raggiungere l'area di lavoro in parete.

Descrivendo com'era, alzava una mano come per toccare il costone roccioso e portava l'altro braccio sopra la testa, come preparandosi a dare un colpo di scalpello, poi si appoggiava il più possibile indietro sulla sedia.

"Solo da questa distanza potevo vedere ciò che stavo facendo, ma l'occhio di Lincoln doveva vedere perfettamente per molti chilometri di distanza".

Qualsiasi visuale è perfetta

Sulle Black Hills, Robert Casey aveva scritto: "dallo studio qui vicino o da una cima lontana 5 miglia sarà possibile vedere i quattro presidenti che ti guardano con la stessa pacatezza maestosa... liberi anche da un minimo accenno di alterazione".

Del Bianco è un artista, scultore e lavoratore della pietra sotto svariate forme. Molti anni fa la biblioteca di Port Chester presentò una mostra di alcuni dei suoi lavori più piccoli. I busti di presidenti sono stati i soggetti preferiti, ma lui aveva intagliato "Un barbone cieco" in Sud-Dakota, aveva fatto un fermalibro con "Uomo disperato" ed aveva realizzato una figura di una cugina del Crazy Horse, tra le altre sculture. Le sue opere variavano dallo stile realistico, al moderno, al simbolico.

Lui ha avuto per anni il suo negozio di incisione in Clinton Street a Port Chester. Più di 500 lapidi presso il cimitero di St. Mary sono state realizzate da lui a partire dal marmo grezzo del Vermont.

Imparare dal padre

Luigi Del Bianco era nato a bordo di una nave al largo di Le Havre, in Francia, mentre i suoi genitori stavano ritornando dagli Stati Uniti in Italia. Quando era un piccolo ragazzino che gironzolava per il negozio di sculture in legno di suo padre a Meduno, in provincia di Udine (oggi in Provincia di Pordenone, NdT), le persone del paese erano solite dire: "Guarda com'è curioso il piccolo!"

Col tempo, Vincenzo Del Bianco si convinse del fatto che suo figlio fosse interessato al lavoro di incisione ed avesse un'abilità più che ordinaria. Egli portò il ragazzino di 11 anni in Austria per studiare sotto la direzione di un abile incisore di pietra. Luigi studiò poi a Venezia e a Vienna. Anche se venne negli Stati Uniti all'età di 17 anni, ritornò durante la Prima Guerra Mondiale per servire nell'Esercito Italiano. Di ritorno dopo la guerra, lavorò per un periodo come incisore a Barre, Vermont.

Suo cognato, il defunto Alfonso Scafa, un incisore di Port Chester che stava effettuando alcuni lavori per Gutzon Borglum, presentò Luigi Del Bianco al noto scultore. Bianco iniziò poi a lavorare nello studio di Stamford e la collaborazione tra i due uomini continuò fino alla morte di Borglum nel 1941.

Nel 1922, dopo che Del Bianco ebbe sposato Nicoletta Cardarelli di Port Chester, gli sposini vissero per un po' di tempo in una casetta sulle terre di proprietà di Borglum a North Stamford.

I tre figli di Del Bianco, Vincenzo, Silvio e Cesare, ricordano felici ed esaltanti giorni d'estate nelle zone vicino a Keystone. Il turbinio causato da importanti visitatori che arrivavano per vedere il progetto del monumento commemorativo nazionale, le nuvole di fumo che crescevano subito dopo le esplosioni di dinamite ed il guardare le persone che sembravano così piccole – stando di sotto, a distanza di sicurezza – mentre lavoravano: erano tutte cose affascinanti. A loro piacevano anche le escursioni familiari in macchina, in giro per il Paese, quando loro padre era libero dal lavoro.

Sono un po' dispiaciuti per loro sorella, Gloria, studentessa presso l'Accademia Americana di Arte Drammatica, perché era troppo giovane per aver conosciuto quei giorni felici.

Nonostante Borglum fosse una persona controversa, Bianco ha solo apprezzamenti per lui.

"Fu un giorno davvero triste quando il mio maestro morì", diceva con gli occhi lucidi e la voce piena di emozione. "Il mondo ha perso un grande genio".

Quanto dev'essere stato liberatorio per mio nonno, alla fine della sua esistenza, condividere le sue care memorie del Monte Rushmore. Trasmette un così forte senso di devozione per la montagna; quando parla delle teste dei presidenti, è come se parlasse di membri della propria famiglia. Chiaramente, Rushmore fu una parte della vita di mio nonno che lo cambiò molto e Gutzon Borglum ebbe un effetto profondo su Luigi sia come artista che come uomo. Mi piace pensare che i sentimenti siano stati reciproci.

Nel 1967 mio nonno aveva 75 anni. La famiglia si era riunita in Grant Street 68 per festeggiare. Ecco qui di seguito i nipoti di Luigi insieme a lui. (Valerie, la settima nipote e la più giovane, non era ancora nata fino al novembre di quell'anno).

Luigi e i suoi nipotini, nel 1967 circa.
Da sinistra: Linda, Nancy, il sottoscritto, Amy, Andrea, Luigi e Maria.

Valerie, nel 1970 circa.

Non molte persone di quella generazione che lavorarono con il granito avevano vissuto fino a 75 anni. Come ho detto prima, molti incisori del Vermont, come i lavoratori del Monte Rushmore, morirono nei loro primi 40 anni. Per questa sola ragione, questo compleanno deve essere stato molto speciale per mio nonno. Per quanto forte fosse la sua voglia di vivere, la temuta silicosi stava iniziando ad avere il sopravvento. Nel 1968 Luigi dovette essere messo in una casa di riposo, così avrebbe avuto accesso ai macchinari che lo avrebbero aiutato nella sua respirazione. Durante questo periodo, mia nonna stava soffrendo gravemente per delle complicanze del diabete e per problemi di cuore. Luigi e Nicoletta dovettero separarsi. In un certo qual modo il Monte Rushmore ne era ancora una volta il colpevole.

Mia nonna morì per prima. Mia zia Gloria, che ritornò dalla California per il funerale, ebbe la responsabilità di andare alla casa di riposo per dire a suo padre che la sua cara Nicoletta se n'era andata. Erano passati 48 anni da quando loro si erano incontrati per la prima volta, grazie ad Alfonso Scafa. Adesso Luigi, che stava lentamente morendo, doveva dirle addio.

Appena sei mesi dopo, nel 1969, mio nonno esalò il suo ultimo respiro. Alla fine si arrese alla malattia che da molti anni gli stava lentamente rubando il respiro. Luigi Del Bianco visse per la sua arte. E per essa anche morì.

PARTE III:
IN DIFESA DI LUIGI

CAPITOLO TRENTATRE

NON VEDO L'ORA CHE VEDANO COSA HO TROVATO!

NON SO QUANDO INVIAMMO quei documenti sbalorditivi sul Rushmore trovati da Cesare. Doveva essere stato subito dopo il secondo o il terzo viaggio a Washington nel 1991. Fu durante tali viaggi e in uno successivo con i suoi cari amici Jim e Judy Sapione che Cesare trovò quello che lui considerava una ricchezza. A quell'epoca Dan Wenk era ancora il Sovrintendente del Monte Rushmore e Jim Popovitch il responsabile dell'interpretazione. Li incontrai entrambi durante il mio soggiorno nel 1988. Mio zio e io fummo travolti dall'ansia in attesa di sapere quanto fossero colpiti nel leggere le parole di Borglum riguardanti Luigi.

"Apprezzato più degli altri tre uomini d'America..."
"L'unico oltre a me che comprende il linguaggio dello scultore".

Quello che mi ricordo fu una telefonata furibonda da parte di Cesare.

"Ho appena messo giù il telefono a Wenk. È stato scorretto, Louis, molto scorretto. I documenti che gli abbiamo inviato non gli interessano! Lui non capisce. Adesso devo riagganciare io. Tutto ciò mi sta rendendo molto nervoso".

Evidentemente Wenk non era stato colpito da nessun documento, anche quelli che elogiavano mio nonno più di tutti gli altri lavoratori della montagna. Lui aveva detto qualcosa che la mia famiglia avrebbe sentito nel corso dei successivi venticinque anni.

"Tuo nonno veniva classificato come un lavoratore. I lavoratori del Monte Rushmore erano una squadra. Loro vengono riconosciuti come una squadra. Le uniche due persone che hanno ricevuto un riconoscimento speciale sono state Gutzon Borglum e suo figlio Lincoln".

Be', mio zio non avrebbe accettato tutto ciò, e non posso biasimarlo. Tuttavia avevo la sensazione che la discussione fosse diventata un po' astiosa. Conoscevo mio zio. Era un uomo molto impulsivo. Mi preoccupavo del fatto che Cesare avesse oltrepassato i limiti e avesse insultato il Sovrintendente.

Decisi di chiamare io stesso Dan con il tentativo di cancellare qualsiasi danno avesse compiuto mio zio. All'epoca avrei desiderato avere la lungimiranza di registrare le mie conversazioni telefoniche; posso solamente affidarmi alla mia memoria, che, devo dire, è piuttosto attendibile. Ricordo che la conversazione con Dan fosse iniziata amichevolmente. Gli chiesi dei documenti e di cosa ne pensasse. Non mi diede nessuna risposta precisa. Gli chiesi di nuovo dell'intenzione di cambiare la loro politica in merito al Monte Rushmore e di rimuovere mio nonno dallo stato di "lavoratore" e riconoscerlo finalmente come capo incisore. Lui rispose con la versione ufficiale: *"Tuo nonno veniva classificato come un lavoratore. I lavoratori del Monte Rushmore erano una squadra. Loro venivano riconosciuti come una squadra. Le uniche due persone che hanno ricevuto un riconoscimento speciale sono state Gutzon Borglum e suo figlio Lincoln".*

Sentii che il mio corpo iniziava a irrigidirsi. Non ricordo cosa venne detto dopo di ciò. So che vacillammo fino a quando la conversazione iniziò a raggiungere un tono più sgradevole. Con tutto il dovuto rispetto verso Wenk, mi aveva fatto innervosire. Mi aveva fatto sentire come una persona polemica che gli stava mettendo pressione per fare qualcosa che sarebbe stato ingiusto verso gli altri lavoratori. Tutto ciò che volevo per mio nonno era il conseguimento del riconoscimento che si meritava, né più né meno. Dovevo mettere giù il telefono e alla svelta. La sola cosa che ricordo di aver detto alla fine della chiamata fu "Be', non mi arrendo facilmente. Sentirai parlare di noi ripetutamente fino a quando verrà fatta la cosa giusta". Ricordo che Dan disse con tono altezzoso, "Fai ciò che devi fare". E riagganciò.

Dopo essermi preoccupato, avevo pensato tra me e me, che adesso capivo perché mio zio si fosse arrabbiato così tanto! Il Sovrintendente aveva visto le fonti dirette che dichiaravano che Luigi Del Bianco fosse il capo incisore e invece di ringraziarmi per averglieli sottoposti alla sua attenzione e promettermi di correggere questo errore di omissione, aveva fatto il contrario.

Perché i funzionari del Monte Rushmore non avrebbero potuto fare la cosa giusta? Di cosa avevano paura? Erano preoccupati del fatto che dando a mio nonno il suo legittimo titolo, un titolo che lui si meritava, avrebbero causato scontento tra gli altri lavoratori in vita? Questa idea di offesa nei confronti degli altri lavoratori e delle loro famiglie era un argomento che sarebbe andato in scena ripetutamente. Il fatto è che Luigi *era* di un'altra categoria rispetto alle altre persone. Anche Lincoln Borglum lo aveva ammesso in un'intervista registrata.

La focalizzazione verso il muro contro cui sia io che Cesare avevamo cozzato con Dan Wenk non ci stava portando da nessuna parte. Decisi di parlare con Jim Popovitch. Dopotutto, era il responsabile dell'interpretazione. Sicuramente, sarebbe stato in grado di interpretare i documenti che dichiaravano "Capo incisore", giusto? In effetti, non c'era nulla da interpretare. Stavo dando a Jim un regalo su un piatto d'argento. Quando rispose al telefono, non sembrava esserci alcuna traccia del fatto che Jim sapesse dei battibecchi con Dan Wenk, nonostante io sia sicuro che egli ne fosse al corrente. Passai in rassegna i documenti e ribadii il fatto che la famiglia Del Bianco stava solamente chiedendo che a Luigi venisse dato ciò che gli aveva concesso Borglum: il titolo di capo incisore. Malgrado la prova evidente che Bianco fosse l'incisore più importante durante il lavoro e un artista qualificato, Jim rispose che il Monte Rushmore era frutto di un lavoro di squadra e non sarebbe stato giusto dare a mio nonno maggiore attenzione rispetto agli altri lavoratori.

Sarebbe stata di nuovo come la conversazione con Dan Wenk? Poco prima che iniziassi a tutelare i documenti, Jim mi aveva spiazzato con una cosa che non riuscii ad ignorare. "Sai, siamo in fase di progettazione per la costruzione di un museo dei lavoratori. Hai delle foto di tuo nonno da potermi inviare? Farò del mio meglio per assicurarmi che la foto venga correttamente esposta quando il museo verrà completato".

Be', non ero pronto a questo. Dissi a Jim che sarei stato felice di inviargli delle foto a condizione che mio nonno venisse riconosciuto con il titolo di capo incisore al di sotto della foto.

"Mi dispiace, questo non posso promettertelo. Facciamo un passo alla volta e assicuriamoci che una foto di tuo nonno riesca ad entrare nel museo".

Anche se tutto ciò sembrava come un'ulteriore liquidazione, il fatto che Jim si stesse aprendo del tutto al dialogo dava la sensazione di un piccolo barlume di speranza. Era qualcosa che avremmo potuto incrementare. Concordai considerando che avremmo potuto negoziare successivamente in merito al nome e al titolo.

CAPITOLO TRENTAQUATTRO

L'ANNIVERSARIO

NEL CORSO DELLE NOSTRE ardue conversazioni con Dan e Jim già nel 1991, il Monte Rushmore si stava preparando per il cinquantesimo anniversario del completamento del progetto. Il fermento per l'anniversario era davvero emozionante. Sarebbe stata presente una moltitudine di autorità e celebrità incluso il presidente George H. W. Bush.

Cesare stava programmando di andare, ma si tirò indietro all'ultimo momento. Il pensiero di volare era troppo per lui. Io volevo andare, ma ero nel bel mezzo della registrazione della mia prima canzone-racconto su cassetta per bambini e non riuscivo a conciliare i miei programmi. Stavo dando il via alla mia carriera come cantante per bambini e dovevo dargli la priorità.

Fortunatamente, mio padre prenotò un volo, così come fece anche mia zia Gloria. Sapevo che mio padre stesse desiderando da molti anni di ritornare nelle Black Hills. Lui sarebbe stato interessato per lo più a cavalcare i cavalli e a rivivere la magia dei suoi luoghi d'infanzia. Mia zia Gloria, d'altro canto, voleva tanto aiutarci nella nostra missione al fine di scoprire ancora di più delle esperienze di mio padre sul Monte Rushmore. Forse lei sarebbe riuscita a parlare con alcuni lavoratori ancora in vita? Se c'era qualcuno che sapeva destreggiarsi nelle varie situazioni, quella era proprio Gloria.

Non molto tempo fa ritrovai alcune foto di quel viaggio. Ecco qui la mia preferita. Sotto vi è un Lakota indigeno tipico che si trova vicino una scuola superiore. Non mi ha sorpreso il fatto che mio padre avesse voluto di nuovo stare tra gli indiani d'America. Essi avevano commosso profondamente il suo animo in tutti quegli anni passati. Basta guardare quanto sia felice.

Vincenzo mentre sta ballando con Lakota Sioux: si trova davvero a suo agio.

Trovai inoltre una foto di mio padre che faceva qualcosa che avrebbe voluto fare da molti anni: cavalcare di nuovo a Keystone.

Vincenzo mentre sta rivivendo i giorni trascorsi sul Monte Rushmore.

Mi piace particolarmente lo sguardo di mio padre in questa foto. Questo viaggio verso il Monte Rushmore gli diede l'opportunità di ritornare al punto di partenza e riconnettersi con il suo modello di paradiso. Non avrebbe mai voluto andarsene.

Cosa ottenne Gloria da questa esperienza? Sono sicuro che a lei piacque molto tale ricorrenza; le opportunità di vantarsi del suo abile padre e di ascoltare il presidente parlare. Niente di tutto ciò sarebbe stato paragonabile, comunque, all'uomo che lei aveva incontrato prima che l'aereo fosse di ritorno a casa. Il suo nome era George Rumple, uno degli incisori che Luigi aveva addestrato sul Monte Rushmore. Lascerò a Gloria la possibilità di parlarvi di lui:

"Mentre mi trovavo alla cerimonia di inaugurazione del monumento nazionale del Monte Rushmore nel 1991, ebbi il piacere di incontrare Sandy Borglum Fawcett (pronipote di Gutzon Borglum) e suo marito, Darryl Watson. Dopo il nostro incontro iniziale, decidemmo di visitare quelle zone il giorno successivo.

Eravamo all'interno del museo del Monte Rushmore quando mi accorsi di un uomo anziano circondato da gente con cui parlava del Monte Rushmore. Indossava una maglietta stampata con l'immagine del Rushmore. Aspettai fino a quando si liberò, e Sandy e io ci avvicinammo a lui. Ci presentammo e gli chiesi se lui conoscesse mio padre, Luigi Del Bianco. Egli mi disse, 'Tuo padre?' Io risposi di sì e lui fece una pausa, mi guardò per un po' e dichiarò, "L. Del [il suo soprannome per Luigi], non puoi essere davvero sua figlia". Ebbe un nodo in gola e di conseguenza sia Sandy che io iniziammo a piangere. Fu un momento molto emozionante per tutti noi e uno di quelli che non dimenticherò mai!

Lui continuò a raccontarci di quanto fosse felice di incontrare me e Sandy. Parlammo un altro po' e gli chiesi se fosse potuto venire di nuovo l'indomani in modo che io avrei potuto videoregistrarlo e fare due chiacchiere riguardo al Monte Rushmore e mio padre. Lui mi disse, 'Ovviamente ci sarò'. Il mattino seguente arrivai presto, e lui mi stava già aspettando. Procedetti con la videoregistrazione. Ero così felice e commossa di aver incontrato George Rumple, un uomo così speciale. Che opportunità grande e straordinaria. Lui era vivo, aveva conosciuto mio padre, lo chiamava 'amico'. Così come risultò il fatto che l'avvenimento fosse più tempestivo di quello che pensassi, allo stesso modo George Rumple venne a mancare non molto tempo dopo quell'incontro casuale".

Di seguito vi è un estratto del meraviglioso video di George Rumple:

"Il mio nome è George Rumple; adesso sono una persona anziana. Ho 86 anni. Quando arrivai per la prima volta sul Monte Rushmore, avevo sentito che stavano assumendo persone lassù e andai e vidi Borglum, lo scultore. Egli mi disse, 'Stiamo assumendo. Retribuiremo con 30 centesimi all'ora e qualora provvediate voi stessi ai vostri utensili, vi daremo dei soldi in più'. Gli dissi che volevo andare a lavorare.

Così, andai a lavorare lungo la strada principale che arrivava fino in fondo a dove si trovava lo studio per mettere le nostre attrezzature. Lavorai lì per un po' e lui un giorno arrivò e disse, 'George, vedo che sei un uomo che lavora su pietra'. 'Gli dissi, 'Sì signor Borglum, lo sono'. Lui disse, "Vieni nel mio ufficio domani alle 10, voglio vederti'. Gli dissi, 'Ci sarò, signor Borglum'. Così, andai lì alle 10 e lui disse, 'George, vorrei metterti a lavorare sulla montagna. Ho intenzione di farti iniziare a incidere dato che tu conosci il lavoro su pietra. Ti metterò lassù su uno dei volti'.

Ebbene, lavorai lì per un po' di tempo e c'erano molte persone. Borglum era un uomo molto distinto; era volubile ma era un brav'uomo per cui lavorare. Washington era l'unico volto presente quando io iniziai a lavorare. Loro stavano assumendo personale e io gli riferii di alcune delle persone che conoscevo. Assunsero dei minatori, e quindi non c'erano veri incisori lì. Lui mi disse, 'George, vorrei avere un paio di incisori dall'est. Quando tu salirai lì, metterò uno di loro proprio accanto a te.' Gli dissi, 'Come potrò riconoscerlo?' Egli mi rispose, "Lo chiamiamo L. Del Bianco". Be', lui era una persona alta e robusta. Io stavo lavorando all'occhio e L. Del, mi si avvicinò e mi disse chi era. Gli dissi, 'Vorrei osservarti e vedere se posso imparare qualche dritta'. Lui mi disse, 'Sarò felice di aiutarti, George. Sai, sono stato anche una sentinella del Papa. Adesso sono un incisore su pietra'. Quel L. Del non era solamente un incisore su pietra, lui era un genio. Lavorando al suo fianco, riuscimmo a diventare dei buoni amici. Lo tenevo d'occhio.

Sul labbro di Jefferson c'era un difetto e Borglum un giorno salì e disse, 'L. Del, dovremo asportarlo, vorrei che prendessi un altro pezzo di pietra, un pezzo cuneiforme e lo mettessi su quel labbro'. Mentre stavo lavorando su una parte dell'occhio, riuscivo a guardare direttamente e vedere L. Del che stava lavorando su quel labbro. Vi ho già detto che era un genio. Lui era appena venuto a lavorare lì. Sapeva cosa stava facendo in quanto era un incisore, uno scultore. Penso che lui fosse uno degli uomini migliori e diventò davvero un mio buon amico.

Lui aveva fatto un piccolo modello di Washington. Mi disse, 'Ti darò questo piccolo modello da cui puoi lavorare'. Era la maschera mortuaria di Washington e ce l'ho ancora adesso. Lavorai lì dal 1932 al 1941. Così, L. Del nel frattempo se ne andò e io persi traccia di lui. Non sapevo dove fosse andato ma lui aveva realizzato per me questa maschera di Washington e ce l'ho ancora. In basso, vi era segnato, "L. Del Bianco, 1939". La adoro. Non avrei accettato un milione di dollari per essa. Stavo veramente male perché avevo perso traccia di lui. Mi aveva insegnato molte cose. Non era solamente un incisore, lui era un genio. Penso che avesse potuto prendere il posto di Borglum e concludere tutto questo da solo.

Comunque, dopo che ritornai, ritornai ogni anno. Incontrai sua figlia e facemmo una bella chiacchierata. Cercai di raccontarle un po' di cose su suo padre. Lei non avrebbe mai dovuto vergognarsi di suo padre. Lui era un uomo vero. Camminava a testa alta. Lui aveva molti amici lì e tutti lo amavano: era un uomo adorabile. Lui era un omone, come sapete, sembrava più un pugile professionista. Caspita, sapeva quello che stava facendo quando stava lavorando sui volti; lavorava sui differenti volti della montagna. Comunque, la prima cosa più importante era il fatto che lui fosse andato via e io avevo perso traccia di lui. Ma stavo parlando di sua figlia; era l'anno 1991. Ero proprio felice di averla incontrata. Mi sembrava come se anche lei avesse con me una relazione, in quanto L. Del, era un così buon amico. Oh, non riuscirei a elogiarlo a sufficienza. Piaceva a molte persone ma non si mischiava troppo nelle conversazioni gli altri. Ma era un mio buon amico.

So che il signor Borglum stava pagando L. Del con un piccolo extra. Più di quanto lo pagassero lì; arrivai ad essere capomastro e il massimo che avessi mai preso fu 1,25 dollari (un dollaro e un quarto). Questo era lo stipendio massimo. Penso che Borglum avesse raddoppiato il denaro di L. Del. Lui avrebbe preso 3 dollari all'ora per il lavoro che stava facendo in quanto era un artista. Non era solamente un incisore su pietra ma era un artista, un amico; be' potete definirlo come volete, questo era tutto ciò che rappresentava L. Del".

Non so come mia zia fosse stata capace di avere quel video senza sbattimenti: sarà stata così sopraffatta da un tale entusiasmo. Vi era un lavoratore vero e proprio che aiutava suo padre sul Monte Rushmore. George non avrebbe potuto essere più chiaro riguardo all'importanza di mio nonno.

"Penso che lui avesse potuto prendere il posto del signor Borglum e concludere tutto questo da solo".

In aggiunta a quello che aveva scritto Borglum, questa era senza dubbio una testimonianza incredibilmente forte e toccante su Luigi Del Bianco. Per quanto George fosse stato gradevole, non si sarebbe potuto fare a meno di notare il suo piccolo accenno riguardo a mio nonno che non "si inseriva nelle conversazioni con gli altri". George non era un minatore disoccupato, non era di quella combriccola. Io stavo appena iniziando a vedere lo sviluppo di un meccanismo:

- Rex Alan Smith aveva scritto un libro con un tema profondo riguardante i minatori inesperti di Keystone che facevano qualcosa di impossibile: incidevano sul Monte Rushmore. Luigi Del Bianco, Capo Incisore, non viene citato.

- Sia Wenk che Popovitch erano entrambi molto contrari a quel racconto essendo contaminato dal riconoscimento di un "sosia" con l'abilità speciale di definire i volti.

- George Rumple aveva precisato il fatto che anche se Luigi andasse d'accordo con i minatori, lui non si mischiava con loro. Lui comunque stava bene insieme a Rumple il quale non faceva parte di quella cerchia di minatori; la stessa cerchia verso cui Alan Smith, Wenk e Popovitch sembravano essere così protettivi.

Stava iniziando ad avere senso. Se il "tranello" di Rex Alan Smith riguardasse i minatori inesperti che stavano incidendo un capolavoro, sicuramente mio nonno avrebbe interrotto il tema del suo libro. Quindi cosa aveva fatto? Aveva deciso di non citare il capo incisore. Un capo incisore infatti avrebbe solamente implicato che vi fossero delle mani esperte coinvolte nella rifinitura dei volti. Inoltre, Alan Smith era di quella zona specifica del Sud-Dakota. I documenti di Borglum da Washington non venivano citati neppure una volta nella sua ricerca. Se si stava per scrivere il libro definitivo sul Monte Rushmore, non sarebbe stato il caso di fare il proprio compito e leggere le opere del proprio progettista, ossia Gutzon Borglum? Rex Alan Smith doveva aver saputo che esistevano quei documenti. Invece scelse di scrivere un libro che era totalmente "incentrato sul Dakota" con la sua cronaca sull'esperienza presso il Monte Rushmore, escludendo dettagli fondamentali che avrebbero raccontato la storia per intero.

Quindi c'è una storia incompleta con una idea che Wenk e Popovitch non solamente adottano ma proteggono anche con fervore; **non solo Luigi non è presente nella storia incompleta del Monte Rushmore, ma costituisce per di più una minaccia per quest'ultima.**

CAPITOLO TRENTACINQUE

"É POSSIBILE VEDERE CIÒ CHE È STATO ERETTO LÌ"

IL 50° ANNIVERSARIO DEL Monte Rushmore arrivò con un bagaglio misto di emozioni per mia zia Gloria. Dovette presentarsi a un ricevimento in cui lei e suo fratello avrebbero dovuto essere stati invitati. Le nostre discussioni con Dan Wenk contribuirono in qualche modo a quella mancanza di rispetto che si avvertiva? È possibile. Tutto ciò che so è che nel 1933, la "sede di Rapid City" non voleva mio nonno sulla montagna. Nel 1991 non invitarono i suoi figli al ricevimento del 50° anniversario del Monte Rushmore. Vorrei essere onesto in questo caso, ma quell'episodio non mi fece mai stare bene. Tuttavia la fortuna e la determinazione di mia zia di registrare in un video George Rumple resero il viaggio un'esperienza davvero indimenticabile. Grazie, George.

Mentre il destino era in pieno svolgimento sul Monte Rushmore, Cesare e io stavamo vivendo il nostro genere di destino a casa. La mia buona amica, Mary Edwards, mi chiamò un giorno entusiasta di raccontarmi che si era messa in contatto con il Monte Rushmore. Venne fuori che il suo collaboratore era il nipote di Matt Reilly, il quale era la persona che si occupava del riporto dei punti e il capo squadra del Monte Rushmore. Mary aveva appena saputo di mio nonno e non poteva aspettare di raccontarmi della relazione con Jim Reilly. Dopo una chiamata telefonica veloce, venne confermato che non solo Matt si ricordasse di Luigi, ma anche il fatto che loro erano amici stretti e che raggiungevano la montagna sempre insieme con la macchina. Luigi e Matt vivevano a distanza di soli 15 minuti.

Incredibile. Un altro lavoratore vivo in carne e ossa, e a soli 15 minuti di distanza!

Sarò per sempre grato a Mary Edwards per aver stabilito questo importante contatto per me e mio zio. Dopo averla ringraziata copiosamente, chiamai Cesare per raccontargli la grande notizia. Immediatamente, dovetti allontanare il telefono dall'orecchio.

"Mi stai prendendo in giro?!" Cesare iniziò a gridare. "Stavo uscendo pazzo per cercare di trovare questa persona! Lui vive a Stamford? Oh, Madonna mia... questa è la cosa migliore che mi sia mai successa. Louis, vieni a prendermi adesso. Andiamo a trovarlo!"

Dopo aver cercato di calmare mio zio per l'euforia, gli dissi che Matt avrebbe desiderato incontrarci e che avremmo potuto vederlo il giorno successivo.

Matt Reilly era un assoluto gentiluomo con un genuino scintillio nei suoi occhi. A 80 anni, non era così attivo come avremmo sperato che fosse. Potei notare che la sua vicina e sua amica, Mary, fosse lì per assicurarsi che in qualche modo non approfittassimo di Matt. Buon per lei. Dopo tutto eravamo perfetti sconosciuti.

Il ghiaccio venne rotto immediatamente quando, all'inizio dell'intervista, Cesare chiese a Matt se conoscesse bene mio nonno.

"Be', lo conoscevo abbastanza bene da dormire con lui".

Matt diresse un sorrisino ammiccante nel momento in cui Cesare rimase a bocca aperta e in seguito scoppiò a ridere. Matt si stava riferendo alle numerose volte in cui lui e Luigi ogni stagione dovevano dormire insieme nello stesso letto o nel sacco a pelo sulla strada verso il Sud-Dakota. Da quel momento in poi, ce la cavammo meravigliosamente. Ecco qui alcuni estratti relativi a quel pomeriggio:

> **Cesare:** Con le persone sul Monte Rushmore, quando tu eri lì nel '33, '34, '35, '36: in quegli anni, con quelle persone lui andava d'accordo?
>
> **Matt:** Oh sì, il motivo... il motivo per cui lui andasse d'accordo con le persone era perché aveva abilità...nell'accettare la folla.
>
> **Cesare:** Si tratteneva con le altre persone, beveva con loro, parlava con loro?
>
> **Matt:** No, non si tratteneva in quel modo.
>
> **Cesare:** Era un tipo solitario, vero?
>
> **Matt:** Solitario, ehm, relativamente al lavoro. Gli uomini erano tutti dei bevitori di whiskey.

Cesare: Lui cosa?

Matt: Ho detto che gli uomini erano tutti dei bevitori di whiskey, per lo più.

Cesare: Lui era un bevitore di vino.

Matt: Già, be', lui aveva il suo vino lì. Non lo mischiava. [Cesare rise].

Cesare: Lo conoscevi molto bene?

Matt: Be', lo conoscevo bene abbastanza da dormire con lui.

Cesare: [Ridendo sotto i baffi] Dormivi con lui: Che bella cosa! Ci andavi d'accordo? Ti piaceva mio padre? Non perchè io mi trovi qui...Ehm, andavi molto d'accordo con mio padre?

Matt: Oh, sì, mi mise sotto la sua protezione per tirare fuori il riportatore di punti che era dentro me.

Cesare: Lui ti insegnò come riportare i punti, mio padre?

Matt: Sì.

Cesare: Mio padre aveva una personalità molto estroversa, no? Bianco, parlava molto, no?

Matt: No, non direi così tanto.

Cesare: Non troppo, eh?

Matt: No, lui era, lui era...lui sapeva che...è tipico di uno scultore. Lui sapeva cosa dire e quando dirlo. Lui riusciva ad andare molto d'accordo con le persone. Lui la pensava a modo suo. Si capiva quando stavi parlando con lui, quando gli davi un ordine, se fosse il momento o meno. Se non fosse stato il momento giusto lui te lo avrebbe fatto capire.

Cesare: [Ride] È vero. [Ride di nuovo] Andavi molto d'accordo con lui, eh?

Matt: Oh, sì.

Cesare: Bene, questi ragazzi come Merle Peterson, Red Anderson, i cosiddetti incisori, i quali però non erano così abili, lavoravano sugli occhi?

Matt: Gli occhi venivano rifiniti da Borglum e di solito insieme a lui vi era Bianco.

Cesare: Esatto...esatto.

Matt: Dato che Bianco avrebbe preso, ehm, gli ordini da Borglum di quanto dover togliere.

Cesare: E Bianco, era Bianco, vorresti dire che Bianco era l'incisore principale, che prendeva gli ordini da Borglum piuttosto che da Anderson e da Peterson, che non erano così abili?

Matt: Oh, sì. Era Bianco.

Cesare: Probabilmente il principale incisore.

Matt: Era il principale incisore.

Cesare: [Pausa] Non sai quanto questo mi faccia stare bene...

Lou: Proprio come te, Borglum aveva rispetto per Bianco.

Matt: Oh, sì, lui rispettava Bianco.

Cesare: Dunque, diresti che Bianco probabilmente, era il ehm...

Matt: Lui era il principale incisore.

Cesare: Diresti che era il miglior incisore?

Matt: Oh, sì. È possibile vedere ciò che è stato eretto lì.

È possibile vedere ciò che è stato eretto lì.
Se avessi dovuto contare su un'affermazione in assoluto, sarebbe stata quella. Ecco qui un lavoratore effettivo che mio nonno aveva preso sotto la sua protezione, che stava dicendo a mio zio che quando si guardava verso l'alto, verso i volti del Monte Rushmore, si sarebbe visto davvero il lavoro collettivo di quelle 400 persone; nessuno avrebbe discusso in merito a ciò. Ma credo che sia chiaro quello che Matt volesse dire davvero. Quei volti sembrano così reali ed emanano un'umanità che potrebbe essere portata alla luce *solamente* da mani esperte dei *soli* incisori su pietra con formazione classica presenti sul monte Rushmore. Borglum dichiarò tutto ciò ripetutamente all'interno dei suoi documenti. Adesso Matt Reilly stava dicendo: *È possibile vedere ciò che è stato eretto lì.*

Ciò che è stato eretto lì sarebbe il lavoro di "Bianco". Dire che mio zio fosse fuori di sé sarebbe stata una minimizzazione. A causa della sua tendenza ad essere nevrotico, si preoccupava sempre che forse suo padre non fosse stato così importante come lui avesse creduto. *Sai, al mio vecchio piaceva esagerare.* Il fatto era che Luigi non aveva mai parlato con i suoi figli riguardo alla sua esperienza sul Monte Rushmore, dunque non vi era nulla *da dover* esagerare.

Tutto ciò non aveva più importanza, perché adesso stavamo trovando delle persone che parlavano a nome di Luigi ed era piuttosto emozionante. Per primo Gutzon Borglum, in seguito George Rumple e adesso Matt Reilly; tutte persone che avevano avuto un contatto personale con mio nonno e con il suo lavoro su quei quattro volti.

Così come eravamo felici di ciò, allo stesso modo vi era un'arma a doppio taglio che era in agguato. Il Monte Rushmore non stava ignorando l'importanza di Luigi in quanto non fosse importante. Loro lo stavano ignorando perché *era* importante. Ovviamente, lui era un po' troppo importante. Quanto più davamo loro questa dimostrazione, tanto più loro cercavano di resistere. Il mio più grande sospetto era stato confermato: il grande contributo di Luigi Del Bianco non era volutamente stato inserito all'interno del racconto di quei minatori disoccupati del Monte Rushmore.

Mi ricordai di inviare video e cassette audio al Monte Rushmore in modo che loro avessero potuto vedere e ascoltare le parole dei lavoratori veri e propri, con la loro autorità nell'elogiare Bianco. Mio zio insisteva nell'indagare per conto suo. Lo lasciai fare. Per cominciare, ci trovavamo in due momenti molto differenti delle nostre vite. Io avevo 28 anni e stavo cercando di incrementare la mia carriera, e per quanto fossi combattuto, dovevo dargli la priorità. Cesare aveva 60 anni ed era quasi in pensione. Lui aveva molto tempo da dedicare alla corrispondenza con il Monte Rushmore. Non ho un ricordo preciso di nessun riscontro da parte del Monte Rushmore riguardo a ciò che loro pensassero delle testimonianze di George e Matt. Ricordo la frustrazione di mio zio di essere andato a finire in un vicolo cieco dopo l'altro. Nonostante questi intoppi, stava crescendo lentamente un fan club di Luigi. I membri fondatori includevano mia moglie Camille, Jim e Judy Sapione, Peter Sgroi e adesso Mary Edwards. Naturalmente, "fan club" era inteso in senso ironico, ma queste persone meravigliose volevano aiutare tutte mio zio e me per trovare Luigi. La lista sarebbe continuata a crescere.

CAPITOLO TRENTASEI

L'INTERVENTO DELLE POSTE DEGLI STATI UNITI

IL NOSTRO PIÙ RECENTE membro del fan club nel 1991 fu il Presidente dell'Historical Society di Port Chester. Il suo nome era Goldie Solomon. Lei si innamorò di Luigi un paio di anni prima quando scoprì che aveva costruito la base per il nostro monumento commemorativo in onore della Guerra ispano-americana. Goldie voleva commemorare Luigi in occasione del 50° anniversario del Monte Rushmore.

Se il Monte Rushmore non riconoscerà tuo nonno, faremo la cosa giusta qui a Port Chester!", dichiarò lei.

Goldie è una donna entusiasta che si è interessata profondamente della salvaguardia della storia locale. Lei lavorò con Cesare e me, e insieme all'Ufficio postale locale di Port Chester per creare un francobollo speciale con annullamento a mano, i francobolli che di solito vengono creati per rendere onore a una determinata persona o a un momento della storia americana. Ricordo chiaramente il nostro primo incontro per definire quale aspetto avrebbe dovuto avere il francobollo. Cesare e Goldie erano molto buffi insieme, identici come due gocce d'acqua. Ero stato messo tra due persone estroverse con le teste dure. Dovetti intervenire un paio di volte per riportare l'attenzione al nostro incontro.

Alla fine, Goldie realizzò il francobollo. Il giorno in cui divenne pubblico, gli abitanti del paese si misero in fila per fare in modo che la loro corrispondenza venisse affrancata ufficialmente con l'immagine di Luigi che stava incidendo sulla montagna. Questa era un'opportunità unica e irripetibile ossia quella di avere un ente governativo come l'Ufficio postale che dia un sostegno speciale per un'occasione così importante.

La mia famiglia sarà per sempre grata a Goldie, non solo per aver creduto nella storia eccezionale di mio nonno, ma anche per il suo generoso impegno nell'aiutarlo ad ottenere il dovuto riconoscimento.

Quando ci si interessa con passione a qualcosa, come avevamo fatto io e Cesare, le persone iniziano a gravitare attorno a te; non solamente la famiglia e i buoni amici, ma anche quelli che osservano da bordo campo. La tua passione diventa contagiosa. Aggiungiamo quella nostra sfida con il Servizio del Parco Nazionale e otteniamo una ricetta per quello che era iniziato a succedere: sempre più persone desiderose che il governo degli Stati Uniti riconoscesse Luigi. Forse non possiamo cambiare la legislazione fiscale, ma possiamo cambiare la testimonianza storica?

CAPITOLO TRENTASETTE

"Sei friulano: vanne fiero!"

L'ANNO 1992 FU PIENO di alti e bassi. Le persone del Rushmore si erano schierate abbastanza chiaramente. Sembrava non vi fossero dubbi a riguardo. Decisi di portare Cesare fuori per pranzo in modo da poter discutere in merito a quale sarebbe stato il nostro prossimo piano. Mi disse che lui prima o poi avrebbe scritto un libro su Luigi e il Monte Rushmore. Condivisi con lui alcune idee per trasformare il nostro sforzo in una storia di vita vissuta per le riviste televisive come "60 Minutes".

Lui disse, "Non voglio condividere i documenti con nessuno per il momento. Non voglio che qualcuno rubi le mie idee!"

"Se andiamo a finire sui media nazionali, saranno loro che tratteranno la storia", replicai, "ciò contribuirà a sviluppare uno slogan ripetitivo. Così quando promuoveremo il tuo libro a un editore, avremo già un pubblico. È un vantaggio per tutti".

Cesare non condivideva affatto.

Mi resi conto che la nostra conversazione stava diventando un po' troppo animata quando le persone all'interno del ristorante iniziarono a guardare verso il nostro tavolo. Quando hai qualsiasi tipo di discussione con Cesare, bella o brutta che sia, essa finisce sempre per attirare l'attenzione. Alla fine, decisi che fosse meglio cedere a Cesare. A quel punto mi tirai indietro dall'idea dei media nazionali. Sapevo che mio zio fosse davvero serio riguardo a questo lavoro. Lui era molto protettivo riguardo ai documenti di ricerca e dovevo rispettare il suo punto di vista, anche se non fossi d'accordo. Avrei continuato ad aiutarlo in qualunque modo avrei potuto.

Tornai a casa sentendomi un poco demoralizzato. I funzionari del Monte Rushmore non avrebbero ceduto. Chiesi quanto avremmo dovuto aspettare affinché uscisse il libro di Cesare. Ma cosa avremmo fatto nel frattempo? Mentre stavo riflettendo sul prossimo passo da fare, squillò il mio telefono.

"Salve, Sono Pietro Vissat. Lei è Luigi Del Bianco?"

Il mio vero nome. Ogni volta che venivo chiamato così sentivo la presenza di mio nonno in qualche maniera magicamente trascendentale. Gli dissi che il mio nome era Lou, ma Luigi andava bene.

"Sono il Presidente della *Famee Furlane*. Sa che suo nonno era friulano? Sa che lei è friulano? Dovrebbe esserne orgoglioso!"

Famee Furlane? Cos'era? Non sembrava italiano, pensai tra me e me. In seguito mi ricordai. Sì, la parte d'Italia da cui proveniva mio nonno. Il Friuli. Le persone lì parlano in italiano ma parlano anche una lingua mescolata con l'italiano, il latino e l'antico tedesco. Molte delle finali in vocale vengono fatte cadere. Le persone friulane non dicono "vino", ma dicono "vin". E non dite mai a nessuna persona proveniente dal Friuli che parla un dialetto. No! Il friulano è una lingua scritta e non bisogna dimenticarlo. Rimasi colpito dal galantuomo che si trovava all'altro capo dell'apparecchio telefonico, che continuava a spiegarmi il motivo della sua chiamata.

"Ho sentito parlare di tuo nonno, Luigi Del Bianco, e del suo grande lavoro sul Monte Rushmore. La Famee Furlane è così orgoglioso di lui! Vogliamo rendergli onore presso il nostro club nel Queens. Vorremmo che venisse la tua famiglia. Ti prego, lo farai? Ne saremmo così onorati".

Naturalmente risposi di sì! Noi eravamo arrivati ad un punto morto con il Monte Rushmore; allo stesso tempo, un'organizzazione che rappresentava il luogo di nascita di mio nonno arrivava umilmente e ci trattava come una famiglia reale.

"Pietro," dissi, "desidererei venire. Chiederò anche alla mia famiglia di esserci. Ti ringrazio davvero tanto per aver riconosciuto mio nonno. Non hai idea di cosa significhi".

Riagganciai il telefono e pensai, *Non so neppure come queste persone abbiano scoperto di mio nonno.* Non aveva importanza. I fan di Luigi stavano aumentando. La sua storia stava iniziando a prendere una vita propria.

La maggior parte della famiglia, sfortunatamente, non avrebbe potuto raggiungere il Queens per la cerimonia. Quando chiesi a Cesare, egli mi diede la sua classica risposta, *Fammici pensare* che si concludeva sempre con un no. Con mia sorpresa, mio padre voleva venire con me. Gli piaceva davvero l'idea. Era il suo vecchio, dopo tutto. Mio padre doveva essersi sentito orgoglioso di suo padre. Lui non riusciva ad esprimersi nel modo in cui lo facevamo Cesare ed io. Anche il resto della famiglia, in particolar modo le mie sei sorelle, si sentivano fiere. Finora, loro avevano fatto il tifo "dalla panchina", ma non erano stati coinvolti attivamente. Quando mia sorella minore Valerie insistette per venire, fui veramente emozionato. Non avevo idea della così forte relazione che lei avesse con suo nonno. In seguito ricordai quanto fosse emozionata quando mostrai a lei e alle mie sorelle quei documenti dopo il viaggio al Monte Rushmore. Realizzai che ero così preso dalle mie cose, che avevo dimenticato quanto tenessi alle mie sorelle.

Quando tre di noi entrarono nel club, un mare di abiti e vestiti corsero ad abbracciarci. Fu qualcosa che non dimenticherò mai. *Ah, Del Bianco! Del Bianco!* veniva urlato ripetutamente, con abbracci, baci e qualsiasi genere di manifestazione affettuosa che si riceve quando si è a casa. Per queste persone, noi eravamo la loro casa.

A mia sorella Valerie piacque ogni istante di quell'avvenimento, facendosi spazio tra la folla e ammaliando tutti quelli con cui entrava in contatto. Mio padre venne travolto. Non penso che sapesse cosa fare in realtà. Credo che, a modo suo, si era commosso per tutte queste persone orgogliose. Non riuscirei a indicarlo in altri modi. Una coppia in particolare, Vinny e Lucy Maraldo, si fece strada verso il nostro tavolo quando le cose iniziarono a calmarsi un poco. Vinnie Maraldo non poteva aspettare di raccontarmi che sua nonna era Del Bianco. "Siamo imparentati", Vinny disse mentre mi stringeva la mano, stritolandola. Passare del tempo con Lucy era un piacere e mi innamorai di sua madre che mi ricordava la mia grande zia Vilma. I Maraldo avrebbero dimostrato di essere i più eccellenti sostenitori di Luigi.

Dopo aver parlato con i Maraldo, mi successe qualcosa che non potrò mai dimenticare. Andai a prendere da bere e all'improvviso un uomo anziano mi afferrò dalle spalle. Con occhi lucidi, esclamò, "Del Bianco, cavolo!" E in seguito questo uomo avvolse le sue braccia attorno a me.

Avete mai annusato qualcosa, assaggiato qualcosa o anche solamente sentito qualcosa che vi riporta indietro verso un altro periodo della vostra vita? Potrebbe essere così semplice come l'odore del pane raffermo italiano all'interno del portapane. Improvvisamente ritorni ad essere di nuovo un bambino nella cucina di tua nonna mentre stai odorando il pane raffermo che lei sta per mettere con le polpette. È un'esperienza emotivamente profonda chiamata memoria sensoriale: quando gli stimoli sensoriali come l'olfatto e il tatto scatenano dei ricordi. Fu esattamente ciò che mi successe. Lì, quella sera, la voce di quell'anziano signore, il suo accento, le sue braccia anziane che mi abbracciavano. Avevo di nuovo 5 anni e mi stavo facendo abbracciare da mio nonno.

Rimasi sopraffatto. Non avevo idea che vi fossero stati molti altri ricordi sensoriali che sarebbero arrivati.

Dopo cena e dopo il ballo, Pietro Vissat chiese a mio padre, a mia sorella e a me di raggiungerlo davanti la folla ammirata. Pietro parlò di come i suoi compaesani fossero eccezionali, in quanto molti di loro erano artigiani che lavoravano con il legno, la pietra, il mosaico e il marmo.

"Luigi Del Bianco è un grande rappresentante dei friulani. Come tutti noi qui presenti, lui arrivò in questa nazione per mettere in pratica le abilità che Dio gli aveva donato. Quello che lui fece sul Monte Rushmore non è stato mai fatto prima d'ora. Rendiamo onore a uno di noi. Rendiamo onore a Luigi Del Bianco!"

La folla esultò quando Pietro presentò mio padre con una meravigliosa targa commemorativa e una medaglia d'oro. Pietro insistette affinché mio padre dicesse due parole. *Oh, no!* Pensai. Ce l'avrebbe fatta? Non lo avevo mai sentito parlare in pubblico prima d'ora. Improvvisamente mi sentii come un genitore che osserva suo figlio alla sua recita scolastica, tormentato dal panico e supplicando che non balbettasse o faticasse con le parole. Mio padre stava bene. Assolutamente bene. Non posso dirvi di ricordare tutto quello che disse, ma la sola cosa che ricordo maggiormente fu che afferrò quella targa commemorativa e dichiarò, "Voi mi fate sentire così bene", tra gli applausi dei suoi nuovi compaesani.

Mia sorella Valerie sorrise. Chi poteva sapere che Vinny riusciva a stare così bene al centro dell'attenzione? Imparai qualcosa quella notte; non ero l'unico della famiglia che voleva sapere da dove provenissi. Forse mio padre e mia sorella lo fecero pure. In che misura, non so. Sono davvero contento che loro decisero di fare parte di tutto questo.

Da sinistra, Ida Miletich, Pietro Vissat, Valerie Del Bianco, Vincenzo Del Bianco, e io.

CAPITOLO TRENTOTTO

BORGLUM, DIBATTITI, CONFERENZE

CESARE E IO PASSAMMO la prima metà degli anni Novanta andando a vedere i vari lavori di Borglum per tutta l'area metropolitana dei tre Stati. Il caro amico "Nicky Ply" Tenaglia era sempre disponibile per darci una mano, aggiudicandosi l'appartenenza al fan club di Luigi Del Bianco. Non era un rischio il fatto che Nick conoscesse bene mio nonno e ricordasse di aver avuto molte conversazioni interessanti con lui riguardo l'arte e la cultura italiana.

Oltre ai pellegrinaggi nelle zone di Borglum, Cesare iniziò anche a scrivere dei saggi riguardo a suo padre e al Monte Rushmore, sperando di ottenere la loro pubblicazione. Un giorno del 1996, mia zia Gloria iniziò a chiedersi perché non ci stessimo più dedicando al Monte Rushmore. Le dissi che fino a quando il potere non sarebbe passato ad altre mani, era come girare a vuoto. Mia zia si offrì di parlare con i funzionari del Monte Rushmore. Approvai. Il giorno successivo lei mi chiamò, così adirata come quando suo fratello e io lo eravamo stati cinque anni prima.

"Ho parlato con Jim Popovitch. Lui non avrebbe ceduto. Gli ho detto che se Wenk e lui non avessero dato a mio fratello l'onore che si fosse meritato, avrei fatto causa al Monte Rushmore!"

Causa al Monte Rushmore? È possibile fare anche questo? Mia zia rise. "Sono stata molto sentimentale. Anche ingenua. Ma ero così demoralizzata!" Le resi sempre onore per aver tentato.

Subito dopo, Cesare mi chiamò.

"Voglio organizzare una conferenza sul Monte Rushmore. La chiamerò 'Nell'ombra del Monte', perché il mio vecchio lavorava nell'ombra di qualcun altro, capisci?"

"Cosa mi dici del libro che stai scrivendo?", gli chiesi.

"Ci arriverò dopo".

Mentre pensavo che il libro fosse una priorità, non potei non discutere dell'idea della conferenza, che avrebbe potuto guadagnare anch'essa molta attenzione. Cesare ancora una volta aveva ingaggiato i suoi amici Jimmy e Judy Sapione per aiutarlo ad organizzarla. Siccome non c'era ancora il Power Point, Jim avrebbe dovuto prendere tutte le foto e convertirle in slide per proiettarle con un proiettore a nastro. Il nostro membro più recente all'interno del fan club, Phil Maniscalco, si offrì di manovrare il proiettore durante la conferenza.

Ero così felice per Cesare perché lui avrebbe potuto veramente focalizzarsi su questo ultimo progetto: presentarlo davanti a una folla e parlare di suo padre. Cesare era un intrattenitore esperto, quindi non sarebbe stato un problema. La sua prima conferenza venne effettuata presso il Westchester Community College nel dipartimento di italiano, sotto la direzione del Professor Carlo Sclafani. Carlo era ed è uno dei più appassionati e carismatici difensori della cultura italiana in America. Sfortunatamente, a causa dei programmi di lavoro, non potei essere presente alla conferenza. Sentii dire solamente cose grandiose riguardo a Cesare e al suo approccio professionale in merito agli argomenti del Monte Rushmore, di Borglum, e dei lavoratori e "Bianco", il capo incisore.

La sua nuova conferenza venne effettuata all'interno della biblioteca comunale di Port Chester, dove la folla proveniente da Port Chester e anche da altri posti riempì la sala e applaudì a mio zio per il suo modo di parlare meticoloso e alquanto colto. Solo quando vi fu l'intervista, Cesare iniziò a incantare la folla con il suo grande senso dell'umorismo. La serata si concluse in maniera calma e particolarmente intima quando la famiglia e gli amici dal Parco di Washington ricordarono il grande incisore su pietra che avevano tutti conosciuto, amato e ammirato. Forse la mia parte preferita della serata fu quando Cesare terminò con queste parole: "A mio nipote Lou, che mi ha aiutato straordinariamente in tutti questi anni".

Cesare avrebbe tenuto le sue conferenze in tutta la contea del Westchester per molti anni. Non solo stava diffondendo la sua parola, ma stava dando anche a se stesso l'opportunità di essere preso seriamente in considerazione per il suo lavoro, la sua ricerca e il suo amore per le opere di suo padre. Anche se eravamo stati demoralizzati con il Monte Rushmore, sia io che mio zio, insieme al crescente numero di persone che ci stavano aiutando, avremmo continuato a trovare altri modi di raccontare la storia di Luigi. Se il nonno era stato in grado di perseverare fino alla fine con la sua esperienza del Monte Rushmore, potevamo fare così anche noi.

Cesare che si mette in mostra con il "Seated Lincoln" di Borglum a Newark, N.J.

CAPITOLO TRENTANOVE
"Incontro con i Borglum"

S TAVA DIVENTANDO EVIDENTE NEL corso degli anni che mio zio non avesse dentro di sé alcuna idea sul libro che voleva scrivere; aveva invece scritto un articolo, con lo stesso titolo "Nell'ombra del Monte". Gli ultimi tempi degli anni '90 furono incentrati soprattutto su Cesare, sulle sue conferenze e i continui tentativi di ottenere la pubblicazione dell'articolo. Il buon amico e scrittore Peter Sgroi fu un grandissimo aiuto per la revisione dei testi di mio zio. Le lettere di rifiuto da parte di numerose riviste come *Smithsonian e American Heritage* si presentarono una dopo l'altra con la stessa risposta standard: *La ringraziamo per averci inviato la richiesta su Luigi Del Bianco. Sfortunatamente la sua idea non soddisfa le nostre esigenze editoriali…*

Non riesco a capire come non vengano considerate interessanti queste pubblicazioni sulla storia americana tanto più essendo una storia americana così eccezionale.

Nel 1999 mi chiamò Cesare. Quando tirai su la cornetta del telefono, la prima cosa che sentii fu, "Devi passare a trovarmi, immediatamente!" Cesare non perdeva mai tempo con i soliti convenevoli. Salii in macchina. Non avevo idea di cosa volesse mostrarmi mio zio. Qualunque cosa fosse, sarebbe stato qualcosa di diverso e interessante:

- *Ho una lettera a catena nella posta che mi sta davvero innervosendo.*
- *C'è un ronzio che proviene dal palo del telefono fuori dalla finestra della mia camera da letto e mi sta facendo impazzire. Dovrai spostare il mio letto in cucina.*
- *La lampadina del soffitto mi sembra strana. Non voglio rimanere folgorato. Puoi cambiarla di nuovo?"*

La cosa buona di mio zio è che di solito, riguardo alla sua nevrosi, sapeva fare appello al senso dell'umorismo. *"Mi innervosisco prima di innervosirmi!"* gli piaceva dire. *"Sono il re dei paZzzi, con tre z!"* Su questa battuta ci facevamo sempre una bella risata. Mi chiedevo cosa lo stesse preoccupando oggi.

Quando entrai nel suo appartamento, era in piedi con una brochure tra le mani, che stavano tremando. A Cesare recentemente gli era stato diagnosticato il morbo di Parkinson allo stadio precoce.

"Louis, il Museo di Stamford sta organizzando una mostra dei dipinti e delle sculture di Borglum. La figlia di Borglum, Mary Ellis e suo nipote andranno lì. Mi ci devi portare!"

Cesare era innamorato dei Borglum e stava morendo dalla voglia di incontrare la figlia di Borglum. Per lui sarebbe stata la stessa cosa che un fan dei Beatles avesse incontrato Julian o Sean Lennon. In realtà, anche io ero entusiasta di andare; ero anch'io curioso di incontrare gli eredi di Borglum.

Portai Cesare e mia moglie Camille al Museo di Stamford. Quando la figlia di Borglum, Mary Ellis, vide mio zio, lei stranamente lo riconobbe. Mary Ellis sorrise e i suoi occhi iniziarono a diventare lucidi. "L'ultima volta che ti avevo visto, eri un ragazzo così piccolo". Era meraviglioso.

Lei ricordava mio zio come un ragazzo di 4 anni che viveva con la sua famiglia a Keystone già nel 1935. Era un ritrovo dopo 64 anni per entrambi. Mio zio e Mary Ellis si abbracciarono. Cesare era emozionato più di quanto riusciva ad esprimere. Era commovente da vedere. Incontrammo anche il nipote di Borglum, Jim e la nipote, Robin.

Per Cesare, tutto ruotava attorno a Mary Ellis. Lui passò il resto della serata a seguirla come un cucciolo, facendo domande su domande. Mary Ellis pazientemente rispondeva come poteva. Credo che quella fu una serata indimenticabile per mio zio. Era riuscito a vedere il lavoro di Gutzon Borglum da vicino e inoltre aveva incontrato gli eredi del "Maestro". Ecco qui una foto di quella serata.

Cesare con Mort Walker e Mary Ellis Borglum.
Mort è il disegnatore di "Beetle Baily" che aveva il suo studio nella proprietà dei Borglum a Stamford, originariamente chiamata "Borgland".

CAPITOLO QUARANTA

"TALE PADRE TALE FIGLIO"

NEL 2000, *THE SOUND Shore Review* scrisse un meraviglioso articolo su Cesare e suo padre. Sono stati scritti altri articoli su mio zio nel passato, ma questo lo caratterizza di più.

THE SOUND SHORE REVIEW

"Conoscere i propri vicini"

Aprile del 2000

Nessun volto su una montagna incombe in maniera così estesa così come questi. Con un'ampiezza di 60 piedi dalla parte più alta delle loro teste alla fine dei loro menti, ecco qui i presidenti del Monte Rushmore: Washington, Jefferson, Roosevelt e Lincoln, i quali incarnano "la meravigliosa America" e la sua ricca storia, gloriosa di democrazia e di supremazia.

Inciso nella nostra storia come uno dei più grandiosi monumenti della nazione, il Monte Rushmore è il culmine delle opere realizzate dall'uomo. Iniziato nel 1927 e completato nel 1941, il Monte Rushmore è la somma delle parti di tanti e del controllo di pochi, incluso un artigiano, Luigi Del Bianco, un intagliatore e un incisore su pietra nato nella regione italiana del Friuli Venezia Giulia.

Il contributo di Luigi a questo monumento del Sud-Dakota viene profondamente inciso nel cuore e nell'anima di suo figlio, residente per tutta la vita a Port Chester, Cesare Del Bianco. Cesare (che sta per compiere 69 anni, il prossimo venerdì 13) lavorò per anni come addetto con trapano verticale per un costruttore di aerei, ma dedicò praticamente la sua vita a mantenere vive le orme del padre. L'anziano Del Bianco, residente a Port Chester, venne a mancare nel 1969 all'età di 76 anni.

È un'eredità che viene testimoniata su promemoria scritti, lettere e documentazioni scritte dall'ingegnere/scultore del Monte Rushmore, Gutzon Borglum: documentazioni che attualmente sono state conservate in maniera sicura presso gli archivi della Biblioteca nazionale e del Congresso a Washington, DC.

"Ho bisogno di scoprire quanto più possibile su mio padre", diceva Cesare. "Specialmente dopo l'uscita del libro di Rex Allen Smith

nel 1985. È stato questo autore a scrivere il libro, The Carving of Mount Rushmore, *e in nessuna parte del libro ha citato mio padre. Non riuscivo a crederci. Era come se tutti i suoi contributi a questo monumento fossero stati cancellati dalla storia. Ho bisogno di assicurarmi che mio padre riceva il riconoscimento che gli spetta di diritto".*

Le persone del Paese potranno riuscire a sentire loro stesse cosa ha scoperto questo figlio devoto e ricercatore durante i 10 anni trascorsi. Cesare terrà una conferenza presso il Comitato per le Arti di Port Chester in Castello il 13 ottobre alle 19:30 intitolata "La creazione del Monte Rushmore". L'entrata per la conferenza è di 5 dollari.

"Escludere mio padre dal Monte Rushmore è come parlare degli Yankees ed escludere Joe Di Maggio", disse Cesare, la cui tendenza per le metafore del baseball provengono da un amore per lo sport e dal suo bisogno di enfatizzare l'importanza di ogni "membro della squadra".

Quello che questo figlio orgoglioso vi dirà sarà anche che (senza alcun dubbio) lo scultore Gutzon Borglum era "il vero maestro e genio del Monte Rushmore. Lui aveva l'ultima parola sulla montagna. Nessuno avrebbe fatto nulla senza che Gutzon Borglum lo avesse saputo".

Lo stuolo di persone, i luoghi e le cose che hanno fatto parte della vita di Luigi insieme al Monte Rushmore erano qualcosa di ricco e variopinto così come lui stesso. Luigi, che per suo figlio ricordava Maurice Chevalier, era un personaggio alto, con un fascino carismatico che rendeva nota la sua presenza semplicemente entrando in una stanza.

Nato in una piccola cittadina italiana chiamata Meduno nel 1892, il giovane Luigi si recò in Austria come apprendista sotto la guida di un incisore su pietra austriaco, e iniziò a lavorare con lo scultore Borglum nel 1920. Trasferitosi presso la proprietà di Borglum a Stamford nel 1922 con la sua sposina, Nicoletta Cardarelli, questo uomo "che sapeva fare delle magie con le sue mani", arrivò con la sua macchina fino in Sud-Dakota nel 1933 per iniziare la sua prima stagione, delle sette, cominciando dall'incisione sulla "nuova testa di Jefferson".

"Quando mio padre andò laggiù c'era soltanto una testa" disse Cesare "Quella di Washington. Alla sua destra vi era la testa originale di Thomas Jefferson, che era stata terminata solamente per metà. Loro trovarono molta roccia scadente su quella testa. Così, quando arrivò mio padre, egli iniziò la nuova testa di Jefferson a sinistra. Rimase lì per sette mesi e ritornò di nuovo nel 1935, nel 1936 e di nuovo nel 1940 per riparare il labbro di Jefferson".

Luigi era stato assunto da Borglum per incidere la "rifinitura d'espressione" e i dettagli sui volti, aveva detto Cesare. Ciò significò, in parte, scolpire gli occhi i quali erano stati progettati per essere visibili da lunghe distanze.

"Per evidenziare le pupille" disse Cesare, "mio padre ha inciso delle pietre cuneiformi per incastrarle all'interno delle cavità degli occhi. Così facendo gli occhi avrebbero dunque brillato con il riflesso della luce, rendendoli più realistici. Quest'idea probabilmente fu di Borglum, ma mio padre era il responsabile della realizzazione".

L'idea di realizzare il Monte Rushmore in primo luogo, disse Cesare, non arrivò da Borglum, ma piuttosto da Doane Robinson, lo storico dello Stato del Sud-Dakota. Già nel 1923, Robinson voleva attrarre i turisti, disse Cesare, e all'inizio voleva avere una scultura con le sembianze degli eroi western, come Bill Cody, Lewis e Clark, e Indian Red Cloud.

Loro volevano fare qualcosa "con un tema più serio" disse Cesare, "così l'idea si trasformò nei presidenti degli Stati Uniti".

Il figlio di Borglum, Lincoln, che era il capo addetto al riporto dei punti all'interno del progetto, fu colui che completò il Monte Rushmore dopo la morte di suo padre nel 1941.

"In qualità di capo addetto al riporto dei punti e irripetibile Sovrintendente" disse Cesare, "Lincoln era l'unico a calcolare le misure dei volti, che dopo il lavoro di Borglum, era la cosa più importante.

La cosa che molte persone non capivano era che ogni incisore, come mio padre, era anche un uomo che riportava i punti. Mio padre non aveva nulla su cui basarsi quando stava incidendo se non questi modelli di intonaco dei volti da cinque piedi di altezza. Lui doveva salire sull'impalcatura, sorretto dalla sua imbracatura, sospeso in aria e doveva incidere. Solo lui avrebbe saputo come realizzarlo semplicemente dando uno sguardo a quel volto enorme. Non riesco a capire come sia riuscito ad ottenere quelle prospettive. Lo sapeva fare e lo fece".

Cesare disse che durante il periodo in cui visse suo padre, due altri grandi monumenti nazionali avevano il segno dell'incisione delle mani di Del Bianco. Suo padre aveva lavorato con Borglum anche sul monumento "The Wars of America Memorial" a Newark, NJ, che è una delle più grandi colate di bronzo presente in America e sul monumento "Stone Mountain Project" a Stone Mountain, GA.

Infine Luigi si stabilì a Port Chester dove aprì uno studio di incisione e di intagliatura su pietra in Clinton Street. Lì incideva statue e pietre tombali, ci racconta Cesare, collocando molti lavori anche all'interno della comunità così come la collezione di statue all'interno della chiesa del Corpus Christi e la statua della Nostra Madonna di Fatima presso la Scuola del Sacro Rosario.

Correndo a destra e a sinistra alcuni giorni prima per preparare la sua conferenza di venerdì, Cesare si sentiva stanco ma soddisfatto. Faceva riferimento ai suoi documenti, facendo sentire il loro fruscio sullo sfondo, e aveva citato uno dei documenti di Borglum, indirizzati all'onorevole John A. Boland a Rapid City, SD, riguardanti il suo capo incisore.

Cesare lesse quanto segue, "Avremmo potuto raddoppiare la speditezza del nostro lavoro se avessimo avuto due persone come Bianco".

"Cosa posso dirvi", aggiunse in modo malinconico, "era un grande uomo".

Mio zio appariva in ottima forma all'interno di questo articolo: affascinante, carismatico e divertente. La sua conferenza per il Comitato delle Arti di Port Chester, un'organizzazione in cui mia moglie Camilla contribuiva con dei fondi, fu un successo clamoroso. Questa volta Cesare voleva "un palco reale". Fortunatamente ne avevamo uno. Mi chiedo se tutte queste conferenze, con la sua esperienza, lo avessero fatto sentire sempre più un accademico. Ancora una volta la famiglia, gli amici e molti nuovi membri del fan club di Luigi si trovavano lì per acclamare mio zio. Avevo anche convinto Cesare di portare il busto di marmo bianco di suo padre in modo che tutti avessero potuto vederlo da vicino. Fu una serata importante. Sfortunatamente, sarebbe stato l'ultimo grande sforzo per il riconoscimento di suo padre da parte di mio zio. Ci sarebbero stati degli anni duri per entrambi.

CAPITOLO QUARANT'UNO

LA FAMIGLIA PERDE IL PASSAGGIO DEL TESTIMONE

L'ULTIMA VOLTA CHE MIO zio si era trovato sul Monte Rushmore aveva solamente 4 anni. Di solito diceva, *dovrò ritornarci prima di morire.*

Mi accorsi che il tremore del Parkinson si stesse rafforzando e la sua camminata si stesse indebolendo. Sognava a voce alta, *prenderò un treno e starò lì fuori tutta l'estate, sai, camminando sulla montagna ogni giorno, parlando con le guardie forestali, facendo ricerca. Forse mi lasceranno fare la mia conferenza un paio di volte alla settimana.*

Era il grande sogno di Cesare. Non so dirvi quante foto mio zio avesse raccolto dagli amici che avevano tutti visitato il Monte Rushmore senza di lui: Nicky Ply, che stava in piedi e indicava il nome di mio nonno su quella targa commemorativa presente sul Rushmore. Faceva impazzire mio zio. *Devo andare lì!* Non lo fece mai. Solitamente diventavo impaziente con quelle fasi di tutto fumo e niente arrosto di mio zio. Ripensandoci, ero colpito che qualcuno come Cesare, che soffriva seriamente di depressione e di nevrosi, fosse riuscito a fare tutto ciò che aveva fatto. Lui sarebbe stato mesi senza fare nulla, già quando stava bene, la sua passione, la sua energia e la sua dedizione avevano dato i loro frutti più dolci. Non ero sempre d'accordo con alcune delle sue scelte, ma provai sempre a rispettarlo per averle fatte.

Adesso, nel 2001, Cesare aveva l'abilità di fare qualsiasi scelta che diventasse sempre più una cosa del passato. Lo portai al Centro Medico di Westchester per fare in modo che venisse ammesso per un intervento a cuore aperto. La sua guarigione dopo l'intervento fu difficile. Rushmore e mio nonno adesso erano le ultime cose presenti nei nostri pensieri.

La tragedia…i contrasti…gli sforzi…qualche volta arrivano a due a due o anche tutte e tre insieme. Mentre stavo facendo curare Cesare, mi dovevo anche recare presso l'ospedale di Greenwich per stare con mia madre che stava morendo a causa di un tumore alle ovaie. Angie Del Bianco era la colonna portante della nostra famiglia. Nostra madre era tutto per noi. Anche Cesare era pazzo di lei. Non seppi spiegargli cosa stesse succedendo a mia madre, o del fatto che dovevo lasciarlo perché avevo appuntamento con il mio avvocato. Sì, il mio avvocato. Cesare era in ospedale, mia madre stava morendo e io mi stavo preparando a dare al mio agente un mandato di citazione in giudizio per essersi rifiutato di pagarmi i 30 000 dollari che mi doveva. Mi sentivo imperturbabile, in una sorta di stato onirico; probabilmente un istinto di sopravvivenza. Non avevo idea di cosa sarebbe successo per prima cosa.

Fu mia madre. Venne a mancare il 12 luglio del 2002 circondata dalla sua affettuosa famiglia. Paradossalmente, non furono né mio padre e né i miei zii che per primi mi raccontarono di mio nonno e del Monte Rushmore. Era stata la mia straordinaria madre. Lei era l'unica che mi aveva stimolato a cercare Luigi.

Nel tempo, le cure di mio zio vennero regolarizzate. Egli fu in grado di ritornare a casa. Dopo alcuni litigi continui con i servizi sociali, egli acconsentì al fatto che un infermiere a domicilio andasse nel suo appartamento tre giorni a settimana. Cesare stava scivolando via, lentamente ma inesorabilmente. Tuttavia vidi qualcosa nei suoi occhi.

Nel 2004, uno dei membri della Famee Furlane, Rudy Magnan, mi chiese se volessi organizzare una mostra con uno stand all'Expo italiano che si stava realizzando presso il Centro della Contea di White Plains, New York. Milioni di persone sarebbero state presenti all'Expo nel fine settimana. Sarebbe stata una grande rivelazione per Luigi. Ringraziai Rudy. Colsi al volo l'occasione. Cesare era titubante. Quando glielo dissi avrei voluto farlo senza di lui, lui cambiò il suo atteggiamento e decise di venire. Lo conoscevo molto bene.

Il fine settimana della mostra arrivò e Cesare divenne una persona differente.

"Lasciami fare il discorso".

"Certo" gli dissi.

Per due giorni mio zio tenne delle conferenze, rise e incantò la folla, che era in gran parte italo-americana. Tutti coloro che arrivavano al nostro stand, dove avevamo degli oggetti di Luigi da mostrare, inclusi i busti di marmo che ricordo dal periodo dell'adolescenza, erano sbalorditi. *Non avevo idea! Un italiano che fosse capo incisore?!* Era la prima volta che eravamo entrambi orgogliosi di Luigi. Ad un certo punto, mi girai e tracciai le mie dita di quarantuno anni sui lineamenti di quel marmo, così come facevo quando avevo cinque anni. La memoria sensoriale mi avvolse. La storia era di nuovo in vita.

***Io e Cesare all'Expo Italiana del 2004 presso White Plains, N.Y.
Foto: Collezione della famiglia Del Bianco.***

Le cose sembravano andare per il verso giusto. Forse mio zio avrebbe potuto iniziare a parlare con le persone del Monte Rushmore. Sicuramente qualcuno ormai doveva averle rimpiazzate. Non accadde mai. La nuova energia di Cesare fu temporanea. Il suo morbo di Parkinson si stava intensificando e stava colpendo la sua condizione psichica. Divenne di nuovo una persona solitaria.

Nel 2005 la mia famiglia venne colpita da una grave perdita. La mia sorella più giovane Valerie morì improvvisamente. La mia famiglia rimase scioccata, devastata; non sapevamo davvero come esprimere il nostro dolore. Era troppo, e alle spalle la perdita della nostra amata madre. Val era la bambina, la "piccola ape", così come la chiamava di solito mio padre. Non avrei potuto nemmeno immaginare come lo avesse devastato la sua morte. Mio padre aveva un modo difficile di esprimere le emozioni. *Le lacrime, non vengono fuori.* Come è possibile far vivere più a lungo la propria bambina?

Questo è quello che succede quando stai inseguendo qualcosa con passione; la passione spesso viene interrotta dalla vita. Ancora una volta, Luigi e il Monte Rushmore erano l'ultimo mio pensiero.

Nel momento in cui passammo dal 2005 al 2006, le ferite dovute alle perdite delle persone amate iniziarono lentamente a rimarginarsi.

Mio padre organizzò un ulteriore viaggio sul Monte Rushmore. Siccome la lotta contro il diabete gli stava limitando la mobilità, aveva bisogno della sua famiglia. Il lavoro mi aveva impedito di andare, sfortunatamente. Le mie sorelle mi dissero che mio padre aveva espresso tutta la sua gloria, sedendosi in una sedia a rotelle e raccontando storie di suo padre a tutte le guardie forestali. Oramai il museo dei lavoratori era stato completato e Jim Popovitch aveva mantenuto la sua promessa di mostrare una delle foto di Luigi che gli avevo inviato quattordici anni prima. Era quella in cui mio nonno stava incidendo la fronte di Washington.

Mio padre riuscì a vedere quella foto, con un'evidente omissione: c'era il nome di Luigi ma non si leggeva da nessuna parte l'appellativo di "capo incisore". Per quanto ne sappiamo mio nonno avrebbe potuto essere un trivellatore. Non c'era modo di far conoscere questo suo ruolo importante. Il Monte Rushmore era riuscito a mantenere mio nonno come un "lavoratore", come quei 400 minatori disoccupati. Malgrado tutte quelle prove inoppugnabili provenienti dalla Biblioteca del Congresso, il Monte Rushmore aveva continuato a mantenere il racconto di Rex Alan Smith, tenendo nascosto Luigi.

Una chiamata telefonica da parte del membro della Famee Furlane Vinnie Maraldo fu una piacevole distrazione.

"Al club piacerebbe rendere di nuovo onore a tuo nonno. Abbiamo delle persone importanti da Pordenone che arriveranno e un signore che ha iniziato un museo a Cavasso Nuovo vuole aggiungere una mostra su tuo nonno. Michele Bernardon vuole incontrare te e tuo zio".

Era un sollievo sentire di nuovo parlare dei fan di Luigi. Questa chiamata non sarebbe potuta giungere in un momento più opportuno.

L'evento al club sopraggiunse e arrivò con entusiasmo e orgoglio come la serata del 1992. Incontrai Michele e fui colto immediatamente dalla sua passione e dalla sua dedizione per la storia del Friuli. Michele amava Luigi Del Bianco e non avrebbe mai parlato abbastanza dell'esposizione che voleva fare in Italia. Avrei passato i successivi giorni ad inviargli le foto che avrebbe potuto utilizzare. Cesare non voleva andare all'evento della Famee Furlane perché il suo ginocchio gli stava dando fastidio. Era disposto a far venire Michele e Vinny nel suo appartamento.

Quando Vinny portò Michele a Port Chester, loro poterono dire che mio zio non stava molto bene. Michele trattò Cesare con grande rispetto quale figlio del capo incisore del Monte Rushmore. Vinny Maraldo fece da interprete.

Da sinistra, Michele Bernardon, Cesare e io.

Michele ringraziò Cesare per tutto quello che aveva fatto per suo padre. Mio zio in tono scherzoso rispose "Ma non ho fatto nulla!" Cesare rise. Era così bello sentirlo ridere. Michele ci raccontò che lui aveva lavorato nel settore siderurgico e adesso, ormai in pensione, era diventato uno storico della città di Pordenone ed era già un autore conosciuto. Mio nonno si ritroverebbe in molti degli ultimi libri di Michele. Era un pomeriggio un po' amaro. Michele era così entusiasta, così emozionato. Si poteva mettere a confronto con l'impegno di Cesare di sembrare di essere entusiasta. A modo suo sono sicuro che lo fosse, ma era possibile vedere che le medicine che assumeva lo avessero sovrastato. Il pomeriggio terminò con abbracci e baci. Successivamente riuscimmo a riposarci con la consolazione che, nonostante la mancanza di rispetto percepita da parte del Monte Rushmore, altre persone, a livello nazionale e adesso anche a livello internazionale, si stavano impegnando a raccontare questa storia e a cambiare la testimonianza storica per conto proprio.

Il ginocchio di Cesare andava sempre peggio. Lui aveva problemi a camminare e si sarebbe dovuto fermare ogni venti passi, trasalendo dal dolore.

"Devo fare una ricostruzione parziale del ginocchio" mi aveva detto Cesare un giorno durante il pranzo. "La mia podologa mi ha detto di non farlo. Mi ha detto che avrebbe aggravato il Parkinson, e non mi avrebbe mai rivisto".

La dottoressa Carlucci aveva ragione. Dopo la sua operazione, Cesare fu occupato in una riabilitazione fisioterapica del ginocchio a domicilio. Il ginocchio migliorò, ma il morbo di Parkinson e la depressione peggiorarono. Dopo un terribile periodo di modifiche e di un nuovo miscuglio di cure, lo stato psichico di Cesare migliorò molto. Alla fine fu in grado di stabilirsi nella sua nuova casa, circondato dalle più affettuose e premurose infermiere e assistenti.

Eccellente cascamorto come sempre, Cesare aveva trovato il modo di avere attorno a sé infermiere che ridevano alle sue battute, che gli pettinavano i capelli e lo baciavano sulla guancia. Un'infermiera in particolar modo, Nichola Mckensie, divenne il nuovo amore della vita di Cesare. Quando Nicole non era in giro, sentivi gridare mio nonno, "Dov'è Nicole? Ditele di muovere qui il suo culo!" Era pazzo di quella donna. I sentimenti erano reciproci.

Sono sicuro che lui stesse avendo le migliori cure possibili. Tutto il personale mi conosceva ed era sempre contento di aggiornarmi e di risolvere qualsiasi problema. Avevo persino comprato un televisore e un lettore DVD in modo che lui potesse guardare i vecchi film. Gli portai un lettore CD in modo che avrebbe potuto ascoltare il suo idolo, Frank Sinatra. Cesare avrebbe gridato dal suo letto, *Vieni qui! Voglio che ascolti questo.* Di solito vi era qualche piccola infermiera o aiutante filippina che rimaneva lì educatamente mentre Cesare faceva cenno con le sue braccia diventando poetico sulla genialità del suo cantante preferito. *Lo senti? Il tono, il fraseggio, nessuno interpreta una canzone come F.S.! Capisci? Voglio che tu conosca Sinatra. Lui è il migliore! Senza eccezioni!* L'infermiera o l'aiutante sarebbero diventate rosse, avrebbero ridacchiato e sarebbero uscite per venirmi a dire subito dopo *Oh, il signor Cesare, lui ama Frank Sinatra. È così divertente.*

Altri giorni, mio zio avrebbe dato delle conferenze improvvisate su Borglum, suo padre e il Monte Rushmore dalla sua sedia a rotelle o dal suo letto. Non dimenticherò mai il giorno in cui entrai nella sua camera per scoprire che le infermiere, le aiutanti e anche i guardiani stavano ascoltando Cesare mentre si esprimeva sul suo argomento preferito.

Un giorno mi disse "Vorrei fare la mia conferenza qui in ospedale. Se riesci a portarmi il proiettore e lo schermo potrei farlo per le persone qui presenti".

Era serio. Ero pronto a farlo. Cesare sembrava che *potesse* farlo. Lui avrebbe detto, "Niente mi spaventa", il che mi avrebbe quasi convinto che lui avesse ancora un'altra conferenza dentro di sé; in tutti gli anni in cui lo avevo conosciuto, non gli avevo mai sentito dire quelle parole.

Sapevo che mio zio sarebbe rimasto lì per il resto della sua vita. Decisi di iniziare lentamente di seguire la storia di mio nonno per conto mio. Ogni volta che facevo una telefonata o inviavo una mail mi sentivo in colpa. Gli amici di Cesare mi incoraggiavano ad andare avanti. Mi ero messo in comunicazione con il museo italo-americano a Manhattan. Maria Carparelli era diventata socia del fan club. Lei propose un'intera mostra che riguardasse mio nonno. Tutto ciò richiedeva alcuni interventi storici orali. Lei mi chiese di filmare i figli di Luigi ancora in vita.

"Ho provato a intervistare mio padre e mio zio nel passato ma non sono stati molto collaborativi".

"Prova di nuovo!" mi disse.

Lo feci. Con mia sorpresa, mio padre fu d'accordo e molti dei ricordi che lui condivise sono presenti in questo libro. Mia zia Gloria fece anche lei un ottimo lavoro parlando del suo papino. Prima di proporre una video-intervista a mio zio, deglutii e gli dissi della mostra che stavo pianificando con il museo italo-americano. Mi feci piccolo al pensiero della sua risposta. Era il suo amore. "Bene, bene" rispose mio zio. Che sollievo. Cesare stava permettendo a se stesso di lasciarsi andare un poco. Fu anche d'accordo riguardo all'intervista. Nonostante fosse indebolito sia fisicamente che a livello vocale, mio zio raccontò di Borglum, di Rushmore e di suo padre. Gli chiesi come si fosse sentito quando aveva trovato tutta quella documentazione incredibile presso la Biblioteca del Congresso. Non vi fu esitazione. "Fu il momento più bello della mia vita".

La mostra non ebbe mai luogo. Non fu colpa di nessuno. Questo intero percorso ha avuto certamente i suoi alti e bassi. Se c'era una cosa che avevamo imparato da tutto questo è che non si perde nulla quando si stanno raggiungendo dei risultati. Se non avessi incontrato Maria Carparelli, non avrei fatto quelle video-interviste. E sarò per sempre grato a Maria per questo.

Nell'ottobre del 2007, mio padre venne a mancare, appena qualche mese dopo quell'intervista. Stava soffrendo per il diabete di tipo 2 da anni. Credo che gli mancasse anche terribilmente mia madre. La morte della mia piccola sorella era stato un colpo devastante. Lui se ne andò pacificamente. Fu la terza grande perdita della mia famiglia in quattro anni e mezzo. Cesare insistette per andare al funerale. Lui voleva vedere suo fratello per l'ultima volta; il fratello maggiore con cui aveva litigato da quando erano bambini. Quel ragazzo alto, magro e balbuziente che voleva essere un indiano.

Cesare adesso era costretto su una sedia a rotelle o un letto. Io dovevo svuotare il suo appartamento.

Vi erano ancora un mucchio di foto, articoli e oggetti appartenenti alla mia famiglia che non avevo mai visto. Era straordinario. Fu in quel momento che decisi di creare un sito web dedicato a mio nonno. Avrebbe incluso le foto stupende di Luigi sulla montagna, quelle video-interviste della mia famiglia e molto altro ancora. E soprattutto avrei incluso un link intitolato "Borglum e Bianco" pieno di molti documenti provenienti dalla Biblioteca del Congresso. Adesso gli appassionati del Monte Rushmore e chiunque altro avrebbero potuto scaricare quei documenti. Sarebbe stato un grande strumento per suscitare interesse e per costruire più in là un movimento che avrebbe costretto il Servizio del Parco Nazionale a fare la cosa giusta.

Quando raccontai a Cesare dei miei piani per il sito web, fu felice. Mi guardò dal suo letto e mi disse *Dovrai sostituirmi quando morirò*. In seguito mi chiamò in un modo che non diceva da un po': "Mio nipotino". Guardai in basso verso i suoi occhi luccicanti e quel naso contorto e sorrisi. Cesare venne a mancare appena due mesi dopo. *Devo raggiungere il Monte Rushmore!* Questa volta scommetto che lo fece.

CAPITOLO QUARANTADUE

PROTAGONISTA...LUIGI!

Zio Cesare, questa forza della natura, questo individuo davvero eccezionale, se ne era andato. Sarebbe stato così strano non averlo più nella mia vita, a stimolarmi, a scontrarsi con me, a farmi diventare pazzo. Sì, mi faceva impazzire, ed ero pazzo di lui. Anche nelle ultime fasi del morbo di Parkinson, lui era rimasto sulla sua sedia, con gli occhi scintillanti a parlare del suo "vecchio". Adesso era andato via, e nonostante non lo potesse dimostrare, io so che ci teneva. Nonostante facesse una smorfia quando provavo ad abbracciarlo, sapevo che mi voleva bene. So che quando morì era orgoglioso di me e finalmente pronto a mollare, pronto a lasciarmi prendere l'iniziativa.

Adesso ero da solo. Per anni, ero stato io che avevo aiutato Cesare. Adesso avevo ricevuto la sua tanto desiderata approvazione e carta bianca per decidere. C'erano così tante cose che avrei voluto fare.

Innanzitutto, il sito web era operativo. Il mio amico sorprendentemente di talento Alex Fidelibus, che aveva progettato tutti i miei materiali promozionali, aveva fatto un ottimo lavoro portando in vita Luigi su Internet. Il sito web era quello che speravo che fosse. Lo intitolai "LuigiMountRushmore.com". Il sito continua ad essere online e viene aggiornato con i più recenti sviluppi. Adesso che il sito web è in versione informatica, è fantastico ricevere le e-mail da persone di tutto il mondo che mi ringraziano per averle informate sull'immigrato italiano che in maniera anonima aveva vissuto il sogno americano. Anonimo fino ad adesso, naturalmente. Dovevo decidere il passo successivo.

Avevo inoltrato il sito web al Monte Rushmore e non avevo ricevuto nessuna risposta. Lo inviai nuovamente, questa volta inoltrando il link specifico alla sezione "Borglum/Bianco" la quale conteneva tutti quegli incredibili documenti provenienti dalla Biblioteca del Congresso. Intendiamoci, tutti questi documenti erano già stati messi su carta durante i primi anni '90, ma adesso erano stati accorpati in un formato più comodo, secondo una sequenza temporale che raccontasse una storia. In qualità di narratore, era il modo in cui amavo esprimere me stesso. Continuai a fare ciò per anni, mettendo in atto dei monologhi educativi per bambini che si combinassero con narrazioni di storie, attività teatrali e musica. Dopo il secondo e terzo tentativo di fare in modo che Rushmore potesse sentire questa storia in un modo differente, non ottenni nulla. La stessa frustrazione che avevo avuto da anni ritornò. Mi fece venire voglia di andare in tutt'altra direzione. In qualità di artista, questo era il modo in cui provavo a guardare alla vita; se sei bloccato su qualcosa, abbandona quella pista e prendine un'altra. Trova un'altra strada. Ricomincia da zero. Di punto in bianco, la risposta arrivò davanti ai miei occhi.

Avevo raccontato storie per 25 anni. La mia ultima iniziativa era stata una rappresentazione di Abraham Lincoln. Secondo me calzava a pennello. Riportai in vita le mie abilità di attore e mi innamorai della storia vivente. Fu in quel momento che mi venne un'illuminazione: perché non fare la stessa con mio nonno? Come Lincoln, perché non sarei potuto *diventare* Luigi?

Quando stavo provando a diventare un intrattenitore televisivo per bambini, avevo ottenuto i riscontri più detestabili. *Devi cambiare il tuo nome e americanizzarlo. Sembra quello di un'azienda di trasporto. Sei troppo grande e virile, spaventerai i bambini piccoli.*

Successivamente scoprii, quando mi trovai al telefono con il mio agente, che i commenti erano stati detti sul serio: *un ragazzo italiano grande e grosso potrebbe spaventare i bambini piccoli.*

Be', eccoci di nuovo, quei ridicoli stereotipi che non sarebbero mai andati via. Ma questa volta mi sentivo indipendente. Se dovevo essere additato come un ragazzo italiano grande e grosso, avrei anche potuto esserlo molto bene. A detta di Lincoln Borglum, sarò quel "grande italiano". Sarò mio nonno.

Ero ispirato. Ci sarebbero voluti solamente un paio di mesi per organizzare il tutto. Feci il mio primo spettacolo in una delle scuole elementare della mia città natale Port Chester. Indossavo una camicia bianca con le maniche arrotolate, una cravatta e dei calzoni, somigliavo a mio nonno nel modo in cui lui guardava in quella foto del 1935-1936, accanto ai modelli. Mostrai le foto su un grande schermo. Condivisi i miei ricordi di infanzia riguardanti il nostro legame breve ma intenso: *Io sono Luigi, tu sei Luigi.*

Parlai del viaggio di mio nonno in America in cui andò per vivere il suo sogno. In seguito, con lo sfondo di quella sua foto e di quei modelli, mi trasformai in Luigi per il mio giovane pubblico, completo di un atteggiamento e un accento italiano in piena regola. Il mio personaggio era una miscela di imitazioni variopinte derivanti da Cesare e miste all'atteggiamento che mio padre aveva preso da suo padre, che erano state trasmesse a loro volta a me. Era un'interpretazione di un personaggio direttamente proveniente dal mio albero genealogico e psicosomatico. I ragazzini ne furono ammaliati. Così come lo fui anche io, in verità! Rappresentare mio nonno fu totalmente e indimenticabilmente liberatorio per me. Luigi era forte, scherzoso e passionale. I bambini lo adoravano. Vennero a conoscenza del suo periodo nelle Black Hills con sua moglie e i suoi tre figli e dell'importante lavoro che stava facendo per aiutare Borglum e i 400 lavoratori nell'incisione di quei volti. Lo spettacolo trasmetteva messaggi riguardanti la storia, la perseveranza e il rispetto nei confronti dei nostri antenati. Alla fine ebbi una rivelazione. Dopo 25 anni di maturazione delle mie qualità di narratore, questa era la storia con cui avrei voluto da sempre lavorare. Questa era la storia che intendevo raccontare.

Rappresentai mio nonno ripetutamente. I ragazzi di tutte le età gridavano, *Luigi! Luigi!* dopo che lo spettacolo era terminato. Gli insegnanti si avvicinavano a me con le lacrime agli occhi.

Oh mio Dio, mi viene in mente la mia famiglia, e non sono neppure italiana! Era la migliore cosa che avrei potuto sentire: la storia di mio nonno aveva un fascino universale: l'esperienza di un immigrato.

Poiché lo spettacolo era conciso e diventava sempre più mirato, aggiunsi un elemento alla fine riguardante la voluta omissione di Luigi dal libro di Rex Alan Smith e i costanti rifiuti del Monte Rushmore di rendergli onore in maniera speciale. Dopo essersi innamorati di Luigi e aver fatto il tifo per lui, i bambini e gli adulti erano sciocchati nel sentire quegli sforzi della mia famiglia. Gli raccontai del nostro viaggio verso la biblioteca più grande del mondo e della ricerca che avevamo fatto per attestare la sua importanza. L'immediata empatia da parte dei bambini nei confronti di Luigi era evidente. Iniziarono a chiedermi come avrebbero potuto aiutare mio nonno. Risposi che avrebbero potuto raccontare la sua storia a tutti quelli che conoscevano; che avrebbero potuto spargere la voce perché qualche volta la storia non ci fornisce il racconto per intero. Se qualcuno è stato ignorato o perfino prevaricato, si ha la possibilità di scoprire la verità e sostenere quella persona. Che bel messaggio da sentire per i bambini di oggi: nell'era digitale così fredda e desensibilizzata, è possibile farsi guidare dal proprio cuore, collegarsi a un livello emotivo e aiutare a cambiare la storia in meglio. E soprattutto, i bambini si stavano muovendo per parlare con i loro parenti in vita per scoprire le loro storie eccezionali. Sentivo, che nel mio piccolo, stavo stimolando i bambini a interagire di più con i loro nonni. Forse avrei anche voluto aiutare quei bambini a coltivare di più i ricordi sensoriali, anche quando i loro cari sarebbero andati via.

Iniziai anche con le rappresentazioni per adulti. Quando mi trovavo con un pubblico più raffinato, riuscivo a menzionare quei documenti sullo schermo e a leggere la storia dell'importanza vitale di mio nonno. Erano ammaliati dall'elogio di Borglum, poi divenivano completamente empatici verso mio nonno e la sua battaglia contro il "boicottaggio" che era stato diretto contro di lui. Ogni famiglia ha avuto un'esperienza da immigrato che si è potuta identificare nella vita di mio nonno. Luigi tocca il cuore.

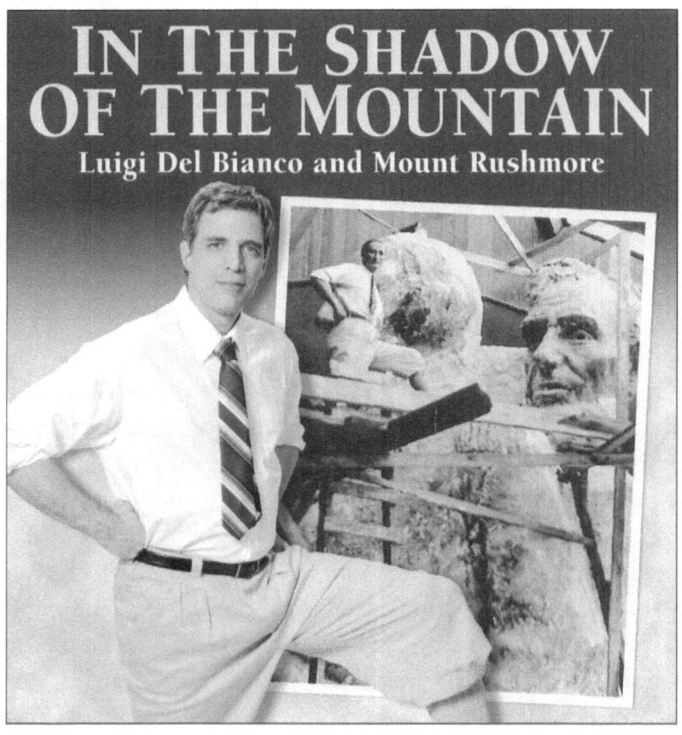

Un volantino del mio monologo su Luigi.
Volantino disegnato da Alex Fidelibus.
Foto: Mike Pierro di Vita Studios.

La sera dopo uno spettacolo davvero di successo su Luigi, mi sedetti con mia moglie Camille e parlammo dell'esperienza di rappresentare la vita di mio nonno. Dato che eravamo entrambi amanti del musical teatrale, scherzammo sul fatto di rappresentare un musical su Luigi come naturale passo successivo alla rappresentazione teatrale.

"Ce lo vedi tuo nonno sospeso in aria, sul palco accanto al volto gigantesco di Lincoln, mentre incide il suo occhio e canta? Non potresti farlo più teatrale di così!"

Stavamo scherzando su questo ma non lo stavamo facendo sul serio. Sarebbe stato un grande musical… o un film.

Tutto qui. Amavo i film. Avrei scritto un film su Luigi. Perché no? Avrei potuto scrivere di quell'anno, il 1935, quando mio nonno aveva con sé l'intera famiglia sulle Black Hills. Di certo, non sapevo assolutamente nulla riguardo a come scrivere un copione, ma sapevo che era possibile farlo con poca o con nessuna esperienza. Non avevo nulla da perdere.

Trascorsi un buon mese online leggendo copioni, uno dopo l'altro, imparando il formato, le sequenze del lavoro, l'andamento di ciascun personaggio. Lessi un paio di libri sull'argomento. In seguito iniziai subito a scrivere. Portai in vita tutto quello che sapevo: Luigi e Nicoletta, Borglum con Bianco, i ricordi di mio padre a Keystone, il Lakota Sioux e il "boicottaggio". L'intera storia era intrecciata da una visita domenicale di quando avevo cinque anni, mentre ascoltavo Luigi che condivideva i suoi ricordi di quell'anno.

Che ci crediate o no, c'erano agenti e produttori che si erano in un certo qual modo interessati. A loro piaceva la vicenda, ma eravamo spaventati dal fatto che il costo che ci sarebbe voluto per portare in vita quei volti sarebbe stato troppo elevato per assicurare un guadagno. I film di quel periodo per essere realizzati costavano molto. Altri produttori avevano criticato le imperfezioni della mia scrittura. Non mi facevo problemi. Tuttavia sapevo anche di copioni schifosi che venivano prodotti ogni anno. Sarebbe stato un meraviglioso film per famiglie, con i migliori messaggi per tutte le età.

Iniziai a sentirmi come se stessi perdendo tempo con "il diventare famoso" nei film. Non per essere scoraggiato, ma decisi di considerare altri percorsi più realistici. Ero sicuro che avrei potuto gestire una rete personale, in cui il genere di persone che avrebbe potuto aiutarmi avrebbe potuto anche creare un movimento tale da cambiare gradualmente le prese di posizione su Rushmore. Iniziai con tutti i gruppi filantropici nazionali italo-americani. Andre De Mino, uno degli ex presidenti del gruppo internazionale UNICO, adorava la storia di mio nonno e mi aveva invitato al loro incontro nazionale a Hershey in Pennsylvania. Sarei stato 15 minuti davanti a 400 rappresentanti dell'organizzazione UNICO provenienti da tutte le nazioni. A causa del ristretto lasso di tempo, optai per non presentarmi come Luigi, ma come suo nipote, mostrando le foto e proclamando in maniera orgogliosa il suo traguardo, come artigiano immigrato che aveva inciso il nostro più grandioso monumento commemorativo nazionale. Quando lo feci, la folla balzò in piedi, applaudendo e gridando, *Bravo, Luigi!* Fu elettrizzante. Loro non si aspettavano questa storia. Molte persone non se la aspettano tuttora.

Questo fu ciò che accadde quel sabato in Hershey. I membri di UNICO si avvicinarono a me e mi abbracciarono, mi ringraziarono. Queste erano persone che ne avevano abbastanza di sopportare tutti i quotidiani stereotipi negativi dei media e dei continui spettacoli sugli italo-americani. Luigi Del Bianco era un italiano che, come modello positivo, loro erano entusiasti di condividere all'interno delle loro comunità. Non appena la gioia e la frenesia svanirono, la consapevolezza prese subito piede tra i membri del pubblico: *Perché il Monte Rushmore non gli rende onore?* Quando spiegavo la "politica" di Rushmore, sentivo spesso la stessa cosa. *È inaccettabile! Una disgrazia!* Non potevo essere più d'accordo di così.

Ritornai a New York al settimo cielo. Le persone come Andre De Mino e UNICO adesso mi venivano dietro. Manny Alfano, il presidente dell'Italian American One Voice Coalition (IAOVC), si impegnò a mettere pressione al Servizio del Parco Nazionale per ripensare alla sua posizione. Inoltre iniziai una relazione con il Dr. Joseph Scelsa e il museo italo-americano a Little Italy a Manhattan. Joe rimase colpito dalla storia di Luigi e gli concesse uno spazio per una mostra permanente al museo.

Le persone come il signore che ho appena menzionato avevano dedicato le loro intere vite a rendere onore alla loro eredità. Mentre Rushmore stava scegliendo di mettere Luigi "nell'ombra", persone come Andre, Manny e Joe lo stavano portando nella luce in cui doveva stare. Dopotutto non mi sentivo solo.

Una sera a Port Chester, mia moglie Camille e io stavamo guardando uno dei nostri reality show preferiti, "Il boss delle torte". La star Buddy Valastro e la sua famiglia aveva il panificio 'Carlo' a Hoboken, New Jersey. Preparavano torte con stili alla moda per una grande varietà di clienti. Un episodio riguardava una torta che somigliava alla Statua della Libertà.

*La mostra di Luigi Del Bianco presso il museo italo americano
a Little Italy, Manhattan.
Foto: Collezione della famiglia Del Bianco.*

Non appena vidi la creazione patriottica di Buddy, un'immagine del Monte Rushmore a forma di torta mi passò davanti gli occhi. Dissi a Camille, "Buddy dovrebbe realizzare una torta del Monte Rushmore e rendere onore a Luigi". A lei piacque la mia idea. Be' se non potevo rendere Luigi una star del cinema, l'avrei reso una star della televisione! Una torta del Monte Rushmore sarebbe stata perfetta per il "Boss delle torte". Ero convinto che Buddy Valastro, un orgoglioso italo-americano, sarebbe stato onorato di realizzare una torta del genere. Me ne occupai subito e contattai la produzione High Noon. Mi dissero di scaricare la pagina con la proposta e inviarla. Trascorsero dei mesi e dovetti riconoscere a me stesso che non fossero poi così interessati. Non capisco: mio nonno sarebbe stato così perfetto per questo spettacolo. Dovevo superare la mia delusione e andare avanti. La fama di Luigi avrebbe preso altre forme.

CAPITOLO QUARANTATRE

LA SVOLTA DI RUSHMORE! (CREDO)

ERA IL GENNAIO DEL 2011. Adesso che quel movimento stava iniziando a svilupparsi, decisi di stringere i denti e provare a comunicare di nuovo con le persone del Monte Rushmore. Con mio grande sollievo, finalmente c'era un ricambio di personale e potei ricominciare di nuovo da zero. Gerard Baker era il Sovrintendente. Il fatto che Gerard fosse un indiano d'America mi aveva dato la speranza del fatto che forse il Monte Rushmore sarebbe stato più aperto al cambiamento. Dopo una conversazione molto cordiale con Gerard, era chiaro che lui non avesse tempo per occuparsi della questione del ruolo di mio nonno sul Monte Rushmore. Mi mise in contatto con Nat Singh, il responsabile provvisorio dell'interpretazione. Questa era la stessa funzione che Jim Popovitch aveva ricoperto molti anni prima.

Conoscete l'espressione, "Alcune cose non cambieranno mai?" Il Monte Rushmore non faceva eccezione. Nat era vagamente a conoscenza di mio nonno e vagamente a conoscenza degli incredibili documenti che gli avevamo inviato regolarmente. Citai quei documenti per telefono. Invece di fare il suo lavoro e di interpretare le cose in maniera evidente, Nat ancora una volta mi aveva fornito la versione ufficiale del Monte Rushmore: *Tuo nonno è stato classificato come un lavoratore. I lavoratori del Monte Rushmore erano una squadra. Loro sono stati riconosciuti come una squadra. Le uniche due persone che hanno ricevuto un riconoscimento speciale sono state Gutzon Borglum e suo figlio, Lincoln.*

Cominciava ad essere assurdo. Erano tutti dei nuovi amministratori a cui era stato dato un pezzo di carta con quelle parole e a cui era stato detto di leggerle alle persone come me?

Non ho intenzione di annoiarvi con le stesse informazioni. Risposi, difendendo l'importanza di mio nonno così come era stato scritto da Borglum e Nat continuò a ricordarmi che *400 uomini avevano lavorato sul Monte Rushmore e tutti avevano contribuito al suo successo.*

Non è questo ciò che loro non stavano capendo; loro gentilmente *non lo stavano permettendo.* Sapevano esattamente quello che stavano facendo. Nat Singh conservava lo stesso racconto così come gli amministratori Wenk e Popovitch prima di lui: il Monte Rushmore era stato inciso da un gruppo di "lavoratori" che sarebbero stati riconosciuti in qualità di "squadra". Era la storia di Rex Alan Smith, e ancora una volta i funzionari del Monte Rushmore si stavano attenendo ostinatamente ad essa.

Dire che ero scoraggiato sarebbe stata una minimizzazione. Ma non lo fui per molto tempo. Il giorno successivo ricevetti una chiamata proveniente dal Sud-Dakota.

"Salve. Il mio nome è Bruce Weissman e sono il curatore del nuovo museo dei lavoratori del Monte Rushmore. Mi piacerebbe parlare con lei riguardo a suo nonno, Luigi Del Bianco".

Questa sì che era un'interessante chiamata, giunta dopo la scoraggiante telefonata del giorno precedente.

"Bruce, sono tutto orecchie".

Bruce continuò a raccontarmi di quanto fosse commosso dalla storia di Luigi. Lui voleva esaminare dei modi differenti di richiamare l'attenzione riguardo al ruolo di Luigi sul Rushmore. Sentire tutto questo mi aveva fatto venire la pelle d'oca. Era la prima volta che un funzionario del NPS (*National Park Service, NdT*) fosse così attento nei confronti di mio nonno; e all'improvviso lo sembrava davvero.

Parlammo per una buona ora di molte cose: del libro di Rex Alan Smith, della ricerca di mio zio, dei nostri sforzi con l'NPS. Che sollievo sentii nell'avere finalmente ciò che sembrava un uditorio disponibile. Sembrava che Bruce non avesse ricevuto il promemoria riguardante il "lavoro di gruppo". Alla fine della telefonata, Bruce promise di fare due cose: identificare mio nonno come Capo Incisore al di sotto della sua foto presente al museo dei lavoratori e stanziare dei soldi per portarmi sul Monte Rushmore a rappresentare il mio spettacolo. Lui terminò la telefonata dicendo, "Tuo nonno otterrà il prestigio che si merita, Lou. Faremo in modo che ciò avvenga".

Riagganciai il telefono e fissai mia moglie. "Credo che quest'uomo faccia sul serio!"

Non sapevo nemmeno se mi avesse chiamato per conto suo o se Nat Singh avesse avuto un ripensamento e avesse messo Bruce in contatto con me, ma provavo un sentimento che era del tutto nuovo. Decisi di fidarmi di Bruce Weissman, sperando che sarebbe diventato il primo rappresentante del Servizio del Parco Nazionale a sostenere Luigi.

Passarono un paio di settimane. Nessuna notizia da parte di Bruce. Chiamai, lasciando dei messaggi. Sapevo che era troppo bello per essere vero. In seguito ebbi sue notizie a febbraio. "Mi dispiace non essermi fatto risentire".

Bruce mi disse che eravamo ancora sulla buona strada e che lui aveva fornito le mie informazioni al nuovo responsabile provvisorio dell'interpretazione, Blaine Kortemeyer. (Che ne era stato di Nat Singh?)

Kortemeyer era interessato a farmi rappresentare il mio monologo sul Monte Rushmore il 4 Luglio. Cosa?! Non poteva essere vero che stava accadendo. Parlai con Blaine e mi chiese di presentare un preventivo per tre spettacoli nel corso della giornata. Ne scrissi uno al volo e glielo inviai. Ero sicuro che Blaine sapesse che sarei stato felice anche di trattare. Non era per i soldi, ma perché era un'opportunità troppo importante. Bruce mi promise inoltre che avrebbe fatto qualsiasi cosa per poter avere il titolo di "Capo incisore" collocato sotto le foto di mio nonno nel museo dei lavoratori entro il 4 luglio. Bruce Weissman, l'angelo che stavo cercando, mi aveva curiosamente trovato, e non era stato il contrario. Sembrava come se Bruce ce la mettesse tutta affinché il Monte Rushmore facesse la cosa giusta. Come fece non so, non mi interessava. Stava accadendo. Avevo appuntato provvisoriamente nell'agenda il 4 luglio 2011. Non riuscivo ad aspettare per avere una conferma da parte di Blaine.

Febbraio arrivò senza alcuna notizia da parte di Blaine. Sollecitai e mi fu detto che loro stavano "lavorando sul progetto". Lo attribuii ai lenti ingranaggi del governo. Marzo diventò aprile. Chiamai Bruce Weissman. Dopo aver aspettato per settimane che Bruce mi ricontattasse, mi chiamò e mi assicurò di non preoccuparmi: "Ce la faremo". A maggio, mi stavo innervosendo. Chiamai Blaine e gli dissi che mi premeva invitarlo per il lavoro di luglio e poter discutere di tutti i dettagli. Fu allora che Blaine mi disse, "È venuto fuori che non avremo il budget per poterti far rappresentare quest'anno".

Mi si rivoltò lo stomaco. Mi inondò di sudore freddo. Stavo sentendo bene? Rushmore mi offre una rappresentazione, mi chiede di inviare una proposta, sa che lavorerò con loro in base al loro budget, mi lascia in attesa per quattro mesi, e dopo con noncuranza mi informa che non hanno i soldi. Bisogna notare che stavo ascoltando tutto ciò mentre ero al corrente del fatto che il budget da 60 milioni di dollari era stato destinato a creare un ologramma digitale dei quattro volti. Niente soldi?

Nonostante il mio stato di shock e il mio timore, seppi subito quale sarebbe stata la mia risposta.

"Va bene, Blaine, verrò a mie spese e farò il mio spettacolo gratuitamente".

Silenzio di tomba dall'altro capo del telefono.

Aspettai.

Blaine, sempre sicuro di sè e diretto, balbettò. "Uhm, uh, be', ti richiamo e vediamo se possiamo inserirti all'interno del programma".

Potrei dire che Blaine era alle strette. Come avrebbe potuto giustificare verosimilmente il rifiuto di tre spettacoli gratuiti? Con mio sollievo, lui mi richiamò un paio di giorni dopo.

"Ci piacerebbe inserirti nel programma".

Eh certo, che vi piacerebbe; tre spettacoli gratuiti… Adesso, in difesa di Blaine, lui poteva essere stato solamente il messaggero. Tuttavia, ero abbastanza infastidito dal modo non professionale con cui tutto ciò era stato gestito. Ero anche abbastanza confuso tra l'altro riguardo al modo in cui Rushmore mi avesse attirato, facendomi aspettare, solamente per respingermi. Ero stato messo alla prova. Credo di averla superata. Alla fine, la sola cosa che mi interessava era raggiungere Rushmore, rappresentare i miei spettacoli e fare in modo che le persone presenti lì sapessero di mio nonno. Sapevo che i turisti avrebbero reagito in modo energico alla sua storia. Come poteva fare Rushmore ad ignorare tutto questo?

Volevo che Camille venisse con me. Lei era la mia musa, la mia collaboratrice e il più grande supporto per quello che stavo cercando di fare per mio nonno. Decisi di guidare per 1800 miglia laddove Luigi aveva guidato 75 anni prima, sebbene fossimo su delle strade molto più belle e con veri e propri hotel. Lungo la strada, il mio volto si riempì di una specie di dermatite da contatto, probabilmente dovuta allo stress. Lo noterete in alcune delle foto. Il prednisone che misi mi aveva reso persino più agitato. Quantomeno avevo con me Camille per calmarmi. Dissi alla mia famiglia di non preoccuparsi di fare tutto quello sforzo per accompagnarmi, sapendo che anche se mi fosse mancata la loro partecipazione avrei avuto comunque il loro supporto, ma mia sorella Maria insistette nel voler fare il viaggio. Lei era ed è molto fiera di suo nonno. So che anche le altre mie sorelle lo sono, ma Maria, in particolar modo, voleva veramente far parte di tutto questo. Concordammo di incontrare lei e il suo buon amico Rikky Daniels in un determinato punto prima degli spettacoli.

Keystone sembrava sempre la stessa, com'era in occasione del nostro ultimo viaggio nel 1988. Quando prendemmo i bagagli e ci incamminammo verso l'hotel, sentimmo per caso un uomo, che indossava un cappello e degli stivali da cowboy, che stava dicendo a voce molto alta al telefonino, "Cosa ci sarà per cena? Braciole? Bene, sembra davvero un'ottima pietanza dago guinea!"

Camille e io ci guardammo. Alt. Mi guardai nei dintorni e d'improvviso, mi sentii sempre meno americano e sempre più italiano. "Dago" e "guinea" sono le due parole più dispregiative che si possano utilizzare per descrivere gli italo-americani. Questa persona era riuscita a farle entrare nella stessa frase e non aveva avuto assolutamente alcun problema a gridarle in pubblico. Qual era davvero il modo in cui le persone in questa parte della nazione ci vedevano? Provai a vederla come un caso isolato. Dentro di me, ero preoccupato che ciò poteva essere la prima di un altro paio di cose.

Dopo aver scritto il mio copione nel 2010, sentivo un legame con la parte storica della città, la vecchia Keystone. Questa era la città dove mio nonno e la mia famiglia avevano vissuto nel 1935. Volevo vedere il Battle Creek, dove mio padre e i miei zii nuotavano da bambini. Volevo visitare il negozio di alimentari di Halley, dove mia nonna faceva la spesa. Ricordo di aver visitato la vecchia Keystone nel 1988. La mia visita in quel periodo fu più una noiosa passeggiata con solamente una vaga sensazione della storia della mia famiglia. Questa volta era diverso.

Il signore del negozio di alimentari Halley era un indigeno della zona e una persona davvero amichevole. Spero di aver annotato il suo nome. Quando gli dissi chi ero e il motivo per cui ero lì lui mi disse, "Del Bianco? Mmmmm. Oh, siamo per la maggior parte di origine svedese e norvegese a Keystone. Potrei dirti subito che non sei di queste zone".

"Vuoi dire che sono italo-americano?" chiesi. "Oh sì" rispose.

Veramente? Non era ovvio? Per la mia statura e per la mia corporatura magra, molte persone dell'est mi consideravano di altre etnie. Forse era per il mio naso aquilino, che avevo orgogliosamente ereditato da Luigi, che ne era la dimostrazione. Chi lo sa. Dato che era così convinto del fatto che fossi di un'altra etnia e di un altro posto, decisi di chiedergli se lui pensasse che mio nonno, un immigrato italiano, sarebbe stato trattato in maniera differente dalle persone native di Keystone negli anni '30.

"Oh, le persone avrebbero sicuramente avuto dei problemi con tuo nonno, questo è certo".

So che questa era l'opinione di una sola persona, ma questo ragazzo era nato qui e si sarebbe ricordato degli anni '30. Sembrava un tipo schietto. Anche se lo avevo da sempre sospettato, avevo deciso di non dare un giudizio affrettato e di non concludere pensando che quella parte del "boicottaggio" contro mio nonno fosse stata determinata dalla razza. Dopo tutto, non avevo una prova evidente per supportare quell'affermazione. Ma conoscendo la storia dell'immigrato all'interno di questa nazione e con il caso del "dago guinea" impresso nella mia mente, non avrei neppure potuto ignorarlo.

Parlammo ancora riguardo al capo incisore del Monte Rushmore e il mio nuovo amico di Keystone avrebbe potuto dire che la mia passione e la mia sincerità erano reali. Quando gli dissi che mio nonno aveva insegnato a molti minatori disoccupati il riporto dei punti e l'attività di incisione lui sorrise e disse, "Bene, tutti coloro che hanno lavorato sul Monte Rushmore credevano di essere degli incisori. Loro 'allargavano sempre la loro parte' se capisci quello che voglio dire".

Prima di lasciarlo, il proprietario di Halley mi portò verso un tavolo. C'era un pezzo di granito che giaceva lì. "Vendo ai turisti veri e propri pezzi di granito provenienti dalla montagna, ma tu, tu puoi prenderlo gratuitamente".

Ero emozionato. Lo ringraziai. Potevo dire che gli ero piaciuto e che mi era stato d'aiuto per il mio obiettivo. Mi augurò buona fortuna e ci mettemmo in posa per una foto che scattò Camille. Quando andammo via continuavo a sentire una cosa dentro la mia testa che diceva: "Tutti credevano di essere degli incisori". Le persone senza esperienza avevano ingigantito le loro doti sul Monte Rushmore? Il Monte Rushmore aveva accettato tutto quello che loro avevano affermato perché questo era quello che sosteneva il loro racconto? C'era una ragione per cui avevo incontrato quell'uomo quel giorno.

Ero sicuro che il mio prossimo passo lì a Rushmore sarebbe stato quello di vedere il mio eroe, Bruce Weissman. Nonostante Bruce non fosse riuscito a far incidere il titolo di "capo incisore" sotto la foto del museo dei lavoratori, volevo ringraziarlo personalmente per il suo impegno. L'ufficio di Bruce era in una parte molto distante dal parco e potrei dire che lui avrebbe apprezzato il fatto che Camille e io avessimo fatto di tutto per vederlo. Non aveva usato mezzi termini riguardo al fatto che era andato un poco fuori dalle regole imposte dalla guardia forestale e che aveva decisamente fatto arrabbiare qualcuno sostenendo mio nonno. Quanto ad arrabbiare, non lo so davvero. Gli dissi quanto avessi apprezzato il suo coraggio e che non vedevo l'ora di incontrarlo al mio spettacolo del 3 luglio così da poterlo ringraziare pubblicamente. Mi disse che sarebbe stato lì.

Successivamente, andammo al nuovo museo dei lavoratori. Era pieno di foto, utensili e video delle persone che erano state assunte da Borglum dopo che avevano perso il loro lavoro da minatori. Vidi la foto di mio nonno solamente con il suo nome e senza alcun titolo. L'unico titolo che gli era stato attribuito era all'interno di un registro di lavoro giornaliero, da me inviato,che lo classificava come un incisore. Era già qualcosa, ma la mia famiglia non si sarebbe placata. Non era per niente giusto. Neanche lontanamente.

Decisi di andare nello studio dello scultore in cui avrei dovuto rappresentare i miei spettacoli. Camille e io entrammo nella stessa stanza che avevamo visitato 23 anni prima. La sensazione fu completamente differente. Mi avvicinai ai modelli di Borglum e ricordai la foto che Camille mi aveva scattato in posa davanti a loro nel 1988. Ero un giovane ragazzo, che mostrava un sorriso finto e che a cuor leggero indicava i modelli di fronte alla fotocamera, non consapevole della potente storia che mio zio e io stavamo apprendendo. Oggi, ero un nipote più grande, con il peso e la stanchezza dati dalla missione, ancora pienamente pronto a raccontare questa nuova storia, appena scolpita da quella pietra davvero antica.

Io e Camille ci tenevamo per mano mentre guardavamo fuori dalla finestra e osservavamo i quattro volti a distanza. A differenza del viaggio del 1988, fui davvero convinto del fatto che mio nonno avesse guardato fuori da quella stessa finestra per comparare quei volti giganteschi con quelli più piccoli. Guardai di nuovo i modelli e lo immaginai lì con la sua camicia bianca, con la sua cravatta rigata e con i suoi calzoni. In seguito mi voltai di nuovo verso la finestra. Riuscivo a vederlo sospeso a 500 piedi d'altezza sulla sua impalcatura, con il trapano in una mano, che mi guardava e mi sorrideva, e poi che mi fa un cenno di approvazione per quello che stavo tentando di fare per lui. Oh, quanto avrei desiderato che fosse lì a dirmi, *io sono Luigi, tu sei Luigi.* Quanto avrei desiderato sentirlo mentre mi avvolgeva nel suo affettuoso abbraccio…

Scoppiai a piangere.

Camille, sempre lì per supportarmi, mi strinse forte e mi disse, "Va tutto bene, devi piangere. Lasciati andare. Tutto ciò è andato avanti per tanto tempo". Stavo sentendo il peso e l'onore di difendere l'eredità dimenticata di mio nonno.

Che sollievo improvviso che stavo provando. Il mio respiro era incitato da una liberazione emotiva. "Sono pronto a tutto".

Io e Camille davanti ai "ragazzi".

Successivamente, inviai tramite mail un sollecito a Cheryl Shreier, il Sovrintendente, affinché fosse presente a uno dei miei tre spettacoli. Lei mi rispose subito che si stava organizzando per venire e che non vedeva l'ora. Inviai una seconda email successiva agli amici del Monte Rushmore, conosciuti formalmente come la Commissione del Monte Rushmore. Questo era lo stesso comitato dei cittadini del Sud-Dakota a cui faceva capo John Boland, "la sede di Rapid City" con cui Borglum si lamentava nei documenti che aveva trovato mio zio. Ovviamente, 70 anni dopo, gli "Amici" erano completamente diversi; nonostante fossero ancora responsabili della raccolta dei fondi per la montagna. Erano gli Amici che non avevano il budget per retribuirmi per gli spettacoli che avrei dovuto fare. Invitai tutti i 35 membri e ricevetti la risposta solamente da uno, il quale rispose che era "una questione interessante". Sarebbe stato interessante vedere chi sarebbe venuto allo spettacolo dell'indomani, pensai. Infine chiamai Bruce Weissman per ricordargli di venire.

Il giorno successivo, mentre Camille e io ci stavamo avvicinando allo studio dello scultore per effettuare le mie rappresentazioni, iniziai a sentire un'incombente ansia dell'ignoto. Come avrebbero reagito le persone a tutto questo? Avrebbe dato l'impressione della storia della volpe e dell'uva? Il personale del Monte Rushmore sarebbe stato contrario? All'improvviso una giovane guardia forestale si diresse verso di me e iniziò a stringermi la mano.

"Ciao, il mio nome è Dustin, e sono così emozionato di incontrarti! Ho letto così tanto riguardo a tuo nonno e non vedo l'ora di assistere al tuo spettacolo. Che persona fantastica!"

Dusty Baker fu come un balsamo di felicità che aveva cancellato le mie preoccupazioni. Doveva essere stato un buon auspicio. Me lo presentò Blaine Kortemeyer. Lui era così civile, ma allo stesso tempo cordiale e mi aiutò a prepararmi. Prima di rendermene conto, la folla si era già presentata. Era il momento dello spettacolo.

Rimasi in piedi davanti a quei modelli, vestito con una camicia bianca, la cravatta e i calzoni davanti a una folla di turisti curiosi provenienti da tutto il mondo. Eravamo al punto di partenza, quando un ragazzo di 8 anni diceva alla sua classe "vorrei raccontarvi di mio nonno. Lui era Luigi Del Bianco, il capo incisore del Monte Rushmore…".

Feci lo stesso annuncio a quei turisti. Erano presenti lo stesso amore e lo stesso orgoglio, così come era successo in seconda elementare. Quella "memoria sensoriale" stava scorrendo nelle mie vene. Quando mi trasformai in mio nonno, simulando la sua personalità affabile e passionale, mi resi conto di trovarmi nello stesso punto, nella stessa stanza dove lui aveva vissuto e aveva respirato. Era una cosa profonda. Non lo dimenticherò mai. *Io sono Luigi, tu sei Luigi,* aveva assunto per intero un nuovo significato per me.

Mio nonno torna in vita per i turisti presenti nello studio dello scultore.

Alla fine, mi girai verso il pubblico rappresentando Luigi e dicendo, "per me, essere un capo incisore è un grande, grande onore. Tra tutti gli artisti d'America, il signor Borglum ha scelto solamente me per realizzare quest'opera. Quando ero un ragazzo in Italia avevo un sogno: venire in America per incidere qualcosa di speciale. Ehi, amici, il mio sogno è diventato realtà? Sì. Questa è la mia passione, quella di essere un artista. Vi ringrazio tantissimo per aver ascoltato la mia storia. Io sono Luigi Del Bianco. Ciao".

Aspettai l'applauso. Non avevo idea di cosa aspettarmi. Il pubblico non smise di applaudire. Ci diedero dentro. Li ringraziai tutti e sentii un nodo alla gola. Adesso era il momento cruciale del programma in cui avrei mostrato i documenti di cui avevo parlato per il resto della storia. La presenza di Cesare si sentì nel momento in cui lessi documento dopo documento, raccontando la storia dell'importanza vitale di mio nonno agli occhi di Gutzon Borglum e il modo in cui "fosse al di sopra di tutti sulla montagna". Lessi sul modo in cui mio nonno si licenziò e di come Borglum volesse riassumerlo pagandolo di propria tasca; di quanto Luigi fosse il "solo incisore intelligente e valido per il lavoro, che comprendeva il linguaggio dello scultore" e del modo in cui "il boicottaggio era stato diretto contro di lui dall'influsso della sede di Rapid City e del Dipartimento del Parco". Lessi tutto. L'intervista durò quanto lo spettacolo. Avevo sentito dire:

Wow, sono rimasto così colpito da tutto questo.
Pensi che avesse problemi perché era italiano?

La reazione più popolare era stata, *È fantastico. Perché non sappiamo nulla di tuo nonno?* Davo la stessa risposta ogni volta: *"Ecco perché mi trovo qui"*.

Feci anche altri due spettacoli in più quel giorno. C'era stata questa richiesta. Incontrai persone gentili che erano state trasformate dalla storia che avevo raccontato. Tutto ciò fu la prova del fatto che non aveva importanza dove andassi: Luigi e il Monte Rushmore avevano un fascino universale, *anche* sul Monte Rushmore. Non solamente i turisti erano stati molto colpiti. Le guardie forestali si accalcavano verso di me, "Questo è fantastico! Posso parlare di tuo nonno durante i tour a piedi?"

"Mi prendi in giro?" Ridevo. "Faresti meglio a farlo!". A quel punto, non valeva la pena richiamare l'attenzione riguardo al fatto assurdo che nessuno delle guardie forestali sapesse nulla di Luigi. Ero molto felice che da quel giorno lo avrebbero finalmente saputo.

Mia sorella e Rikky erano commossi da quelle reazioni ed io ero felice che Maria si era emozionata per nostro nonno proprio lì a Rushmore.

Cheryl Shreier, Sovrintendente, mi strinse la mano, non poteva essere più cordiale e aperta di così. "È stato uno spettacolo meraviglioso e ti ringrazio per aver fatto tutta questa strada per presentarlo". Io, a mia volta, ringraziai Cheryl e le chiesi se Camille e io potevamo incontrarla il giorno seguente per esaminare altri possibili progetti riguardanti mio nonno. Lei fu davvero favorevole all'idea. Sentivo un leggero cambiamento nell'aria. Le cose cominciavano a muoversi sul Monte Rushmore?

Da sinistra, il Sovrintendente Cheryl Shreier, io in veste di Luigi, e la guardia forestale Dusty Baker.

Quando Camille e io andammo in macchina, realizzammo che Bruce Weissman non sarebbe mai venuto a nessuno dei miei spettacoli. Era irreperibile. Strano.

Quella notte, io e Camille ci sedemmo e parlammo della straordinaria giornata che avevamo avuto. Il mio telefonino squillò, ma ero troppo stanco per rispondere. Arrivò un messaggio molto lungo da parte di Bruce Weissman. Purtroppo, non riuscivo a capire una parola di quello che diceva. Il messaggio era completamente disturbato. Una scarsa connessione, credo. Avevo contattato Bruce molte volte da quel momento e non avevo mai ricevuto risposta. Ci rinunciai. Per delle strane motivazioni, non voleva parlarmi. Morivo dalla voglia di sapere di cosa parlasse quel lungo messaggio e del motivo per cui non si fosse presentato a nessuno dei miei spettacoli. Forse un giorno lo avrei scoperto.

Il giorno successivo, andammo a fare visita a Cheryl nel suo ufficio. Facemmo una piacevole chiacchierata riguardo ai miei spettacoli e di quanto tutti si fossero divertiti. Cheryl scherzò su come qualche volta si fosse riferita ai volti incisi come se fossero stati dei "ragazzi" e del fatto che diceva sempre "Buongiorno, cari" quando lei li guardava per la prima volta all'inizio di ogni giornata.

Spiegai a Cheryl quanto fossi grato di aver avuto l'opportunità di raccontare la storia di mio nonno lì sulla montagna. Con tutte quelle sensazioni positive nell'aria, così differenti dalle esperienze passate con i funzionari NPS, affrontai l'argomento di una possibile mostra permanente di Luigi Del Bianco sulla montagna. Con mia sorpresa, Cheryl fu abbastanza aperta all'idea. Vi prego, qualcuno mi dia un pizzicotto.

Mentre lei si mostrava disponibile alla mostra, chiarì il fatto che la montagna era nel bel mezzo di quello che lei chiamava "un piano interpretativo a lungo raggio" e che dall'autunno il nuovo responsabile dell'interpretazione, Maureen Ballinger, sarebbe stata in grado di dedicarsi a qualsiasi genere di mostra. Inoltre mi avvertì riguardo agli ingranaggi del governo e di come si "muovessero lentamente". Le dissi che ero a conoscenza di questo fatto. Cheryl era entusiasta del fatto che Maureen era salita a bordo e che voleva conoscermi, così come lo volevo io, in quanto lei era una narratrice.

Il viaggio di ritorno a Port Chester fu tutto un discutere del successo che avevamo avuto. Parlammo inoltre dei momenti in cui ci eravamo concessi una pausa. Pensammo che era meglio concentrarci sulle cose positive. Ce ne sarebbero state certamente tante.

CAPITOLO QUARANTAQUATTRO

L'OFFERTA, UN NUOVO AMICO, MAGGIORI RICONOSCIMENTI

NON PERSI TEMPO AD ottenere un'offerta insieme ad una mostra. Il mio buon amico Marshall Toppo, un geniale musicista e insegnante che produceva e arrangiava tutte le narrazioni di storie per bambini su CD, mi aveva messo in contatto con Frank Migliorelli. Frank in verità era specializzato nella creazione di spazi per le mostre. Come i miei amici Alex Fidelibus e Marshall, Frank era un artista italo-americano di talento che era troppo felice di superare i limiti e aiutarmi con questa storia. Siccome aveva organizzato delle mostre per il Servizio del Parco Nazionale, Frank sapeva già che il suo budget era limitato. Mi chiese di farmi dare un'idea approssimativa da parte di Cheryl di quello che Rushmore avrebbe voluto spendere per quella mostra. Frank voleva essere sicuro che non lo avremmo oltrepassato con la nostra offerta. Ecco qui di seguito una corrispondenza via posta elettronica:

29/7/11

Cara Cheryl,

Spero che tu stia passando bene l'estate. Da quando ho avuto il piacere di incontrarti sono stato occupato a curare relazioni molto importanti.

Ho fatto un incontro davvero meraviglioso con Frank Migliorelli, che è stato uno dei vicepresidenti senior di design alla ESI Design di Manhattan per 11 anni. Una delle specialità della ESI è quella di allestire mostre per i musei. Frank ha fatto dei lavori di progettazione con la ESI per diversi siti del Parco nazionale: Ellis Island, il centro American Family History e il monumento commemorativo Eisenhower, per nominarne alcuni.

Frank ha avviato la sua azienda di recente. Ha delle idee meravigliose e un gruppo creativo con cui lavora. Mi aiuterà per una proposta di una mostra su Luigi di cui avevamo parlato.

Frank mi ha chiesto se tu puoi fornirci una stima del bilancio indicativo di quanto potrebbe costare la mostra di Luigi Del Bianco. Quello che ti stiamo chiedendo in sostanza è quanto vorrebbe spendere il Monte Rushmore. Questo sarebbe utile a Frank per aiutarmi a presentare un'offerta.

Resto in attesa di un tuo riscontro.

Ti ringrazio per il tempo e l'attenzione riguardo tutto ciò che concerne Luigi.

Cordialmente,

Lou Del Bianco

LuigiMountRushmore.com

―――

Ciao Lou:

Grazie tante per il tuo messaggio, la mia estate prosegue bene. È stato un piacere incontrarti e ho apprezzato la possibilità di avermi fatto visita dopo le tue presentazioni del 3 luglio.

In riferimento alla tua proposta, non abbiamo una stima in questo momento dato che siamo molto in anticipo per la realizzazione della mostra.

Il parco prima di tutto avrà bisogno di completare il nostro piano interpretativo a lungo raggio, e non credo che il piano venga completato prima di quest'autunno quando il nostro nuovo direttore dell'interpretazione e dell'educazione verrà qui ufficialmente e verrà aggiornata riguardo agli impegni che il piano prevede. Il piano interpretativo a lungo raggio è il nostro documento complessivo *per gestire e pianificare le nostre mostre, i nostri percorsi e i nostri programmi.*

Credo che al momento una proposta basica potrebbe bastare per i nostri bisogni. Sfortunatamente, gli ingranaggi del procedimento si muovono lentamente e se la mostra fosse stata temporanea o fosse stata parte delle nostre mostre permanenti ci sarebbe stata una procedura a nostro vantaggio per raggiungere quello scopo.

Spero che quest'informazione ti aiuterà nel momento in cui dovrai sviluppare la proposta e mi scuso per non essere in grado di fornirti qualsiasi altra indicazione al momento.

Grazie tante e resto in attesa di un tuo cortese riscontro.

Cheryl

Ero un poco confuso dal fatto che non avevamo alcun parametro di riferimento. Frank decise di offrire una proposta su due livelli: una mostra più grande e l'altra più ridimensionata, solo per mettersi al sicuro. Noi eravamo un poco divertiti dal non avere letteralmente alcuna direzione, ma di aver deciso di presentarla comunque. Frank fece un lavoro straordinario raccontando la storia di mio nonno attraverso dei video, delle foto e la tecnologia interattiva tramite smartphone. Avremmo dovuto solamente aspettare e osservare.

Avrei dovuto anche giocare una partita d'attesa con qualcuno con cui volevo parlare da un po', Rex Alan Smith. Non era un uomo semplice da contattare. Il solo modo per comunicare con lui era inviargli una mail sul suo sito web. Le mie email furono davvero cordiali. Elogiai il suo libro in quanto era degno di lode. La mia intenzione non era quella di attaccar briga. Volevo solamente sapere cosa sapesse di mio nonno e fare in modo che sapesse il resto della storia. Non avevo mai ricevuto risposta da lui. Dovevo aver scritto a Smith 10 volte nel corso di un anno.

Il periodo rimanente del 2011 fu pieno zeppo di sorprese. La migliore fu una telefonata da un signore che si chiamava Richard Cerazani. Richard è un attore che ha scritto un libro su suo padre, Arthur Cerazani, uno scultore di talento che lavorò sul Monte Rushmore per circa sei mesi. Così come ho accennato precedentemente nel libro, Richard scoprì delle lettere meravigliose che suo padre aveva scritto a mia madre sui tormenti e le sofferenze del lavoro sul Monte Rushmore. Era un libro molto istruttivo su Gutzon Borglum e su quella rappresentativa incisione su pietra. Altrettanto importante era la commovente storia d'amore che Richard racconta con grande affetto. *Love Letters From Rushmore* è un libro che consiglio vivamente.

Richard fu molto emozionato di parlarmi. "Mio padre scrisse riguardo a tuo nonno indirizzandosi a tua madre. Loro lavoravano insieme nel 1940!" (È possibile fare riferimento alla foto di Luigi e Arthur a pagina 160). Dopo aver condiviso la mia esperienza, Richard mi chiese se avessimo potuto incontrarci in modo che lui avrebbe potuto condividere alcune lettere del 1940, all'interno delle quali suo padre aveva scritto "Il solo uomo che sta lavorando sui volti è Bianco". Potevo sostenere che, sebbene Richard stesse lavorando sul suo progetto del Monte Rushmore, lui voleva aiutarmi in qualsiasi modo avesse potuto; Richard Cerazani, uomo buono e generoso che ha una visione d'insieme su tutto.

Incontrai Richard presso il suo ufficio poco dopo. Fu sempre molto cordiale e gentile così come lo era stato al telefono. Parlammo di molte cose, in particolar modo della brutta situazione degli italiani: di quanto mio nonno e suo padre avessero lavorato così duramente e di come il loro talento fosse rimasto anonimo gran parte del tempo. Richard venne colpito dalla storia di mio nonno al punto che mi disse che voleva scrivere una pagina biografica su Luigi, il Capo incisore del Monte Rushmore e inserirla nel suo libro. Non sapevo cos'altro fare se non abbracciarlo. Il movimento di Luigi stava attraendo la gente migliore.

Un'altra piacevole sorpresa arrivò dal professore italiano Carlo Sclafani, il quale finanziò la prima conferenza di mio zio del 1990. Carlo mi invitò a rappresentare il mio monologo all'Università pubblica di Westchester. Era grandioso vedere il volto di Carlo illuminarsi quando parlava di Cesare. Prima del mio spettacolo, Carlo aveva fatto la presentazione nel modo più sincero e passionale possibile riguardo all'orgoglio italo-americano. Se solo avessimo potuto clonare Carlo Sclafani; avevamo bisogno di molte più persone come lui.

Carlo Sclafani e Richard Cerazani sono due esempi perfetti di come un movimento che ha inizio può crescere e unire le persone, e di come le persone a cui non sei mai andato dietro finiranno con il trovarti. Un'organizzazione chiamata Storycorp mi aveva trovato e mi aveva chiesto se avessi potuto partecipare a una sezione dell'"Edizione mattutina" di NPR. Dato che mia zia Gloria aveva intenzione di fare presto visita alla famiglia, pensai che sarebbe stata una grande opportunità per la figlia di Luigi parlare di suo padre.

Mia zia e io stavamo trascorrendo un periodo fantastico scambiandoci dei ricordi di Luigi. Dato che lei aveva molti più ricordi di quanti ne avessi io, gran parte del programma si dedicò a lei e lei fu fantastica. Molte persone hanno ascoltato la sezione. Era una hit.

Credo che questa sessione di registrazione avrebbe condotto me e mia zia a divenire più intimi. La nostra relazione a distanza iniziava ad intensificarsi. Con Cesare che era andato via, feci affidamento su di lei per le numerose informazioni su suo padre. Avevamo sondato spesso il terreno in merito al progetto che stavo provando a realizzare. La consideravo da un'altra prospettiva in merito alle numerose e frustranti questioni che dovevo trattare.

L'anno si concluse con il Centro culturale italiano di Westchester a Tuckahoe, New York, che aspettava di rendere onore a mio nonno in quanto parte del più grande tributo agli artigiani immigrati della nostra zona. Patrizia Calce non incluse solamente Luigi all'interno della sua mostra meravigliosa, ma mi chiese anche di rappresentare il mio monologo al centro di un magnifico edificio fondato da Generoso Papa.

Con la zia Gloria nello studio dell'edizione mattutina di NPR.
Foto concessa da NPR.

Durante questo periodo così attivo, mia moglie Camille e io decidemmo di prendere il mio copione e di convertirlo in un romanzo storico. La nostra speranza era quella di ottenere la sua pubblicazione e in quel periodo aprire una mostra. Il futuro stava sembrando luminoso per Luigi.

CAPITOLO QUARANTACINQUE
ALTI E BASSI E DI NUOVO ALTI

ENTRO GENNAIO, PENSAI CHE la nuova responsabile dell'interpretazione del Monte Rushmore Maureen Ballinger si sarebbe stabilita nel suo nuovo posto. Così le inviai una mail e mi presentai. Scrissi che non vedevo l'ora di lavorare con lei per la mostra. Condivisi il link sul mio sito web e la esortai a controllarlo. Inoltre le inviai un link specifico relativo alla sezione di Borglum/Bianco in modo che lei avesse potuto leggere quei meravigliosi documenti e apprendere il significato del ruolo di mio nonno sulla montagna. Nessuna risposta. Chiamai nel suo ufficio così da poter chiacchierare con lei. Non era disponibile. Le lasciai un messaggio con allegato l'indirizzo del sito web di Luigi in modo che la segretaria lo avrebbe potuto dare a Maureen. Non ebbi mai sue notizie. Inviai quell'informazione molte volte senza alcuna risposta.

Dopo quelle comunicazioni non avvenute e poco chiare, ottenni la più grande sorpresa che potessi mai avere finora. Un produttore dello spettacolo televisivo del "Boss delle torte", Nick Briscoe, mi chiamò.

"Ci piacerebbe realizzare una torta del Monte Rushmore in onore di tuo nonno", disse. "Sarà un episodio davvero speciale della nostra prossima serie. Siamo tutti emozionati per questo".

Avevo pensato che di sicuro la mia proposta sarebbe stata morta e sepolta. Era trascorso per lo meno un anno da quando avevo abbandonato l'idea. Alla fine avevano richiamato; meglio tardi che mai.

Camille e io andammo alla fabbrica di Lackawana nella città di Jersey per filmare l'incontro.

Decisi di vestirmi come mio nonno per aggiungere un tocco di divertimento allo spettacolo. Quando Buddy Valastro scoprì che mio nonno era capo incisore sul Monte Rushmore, si potrebbe dire che lui ne fu davvero colpito. Decidemmo per un "Luigi Del Bianco Day" a marzo nel Centro anziani di Port Chester. Una riproduzione alta sette piedi del Monte Rushmore a forma di torta sarebbe stata presentata dalla famiglia Del Bianco. L'incontro filmato terminò con Buddy che mi stringeva la mano e mi diceva "Daremo a tuo nonno il prestigio che si merita".

Ringraziai Buddy. Era così sincero e senza pretese. Sapevo che avrebbe reso fiero Luigi.

Allo stesso modo in cui ero emozionato per il "Boss delle torte", così ero molto teso di parlare con la nuova responsabile dell'interpretazione Maureen Ballinger riguardo alla proposta che aveva presentato Frank Migliorelli. Ero emozionato di presentarmi come collega narratore e conoscere qualcuno che speravo avesse finalmente "interpretato" l'importanza di mio nonno.

Dopo continui invii di mail a Maureen, finalmente mi contattò e si comportò come se nulla fosse andato per il verso sbagliato. Non vi furono scuse, né spiegazioni del perché lei non avesse mai risposto alle mie chiamate o alle mie mail. Decisi di essere superiore e di collaborare pazientemente, mentre Maureen avrebbe pianificato i passi successivi. Per prima cosa, programmammo una videoconferenza con Cheryl. Maureen in seguito ammise che lei aveva visitato il sito web, ma non aveva nulla da dire riguardo ai suoi contenuti, in particolar modo di quelle incredibili fonti dirette. Nuovamente, decisi di non pressarla ulteriormente. La proposta della mostra adesso era il mio obiettivo primario.

La telefonata iniziò con tutti i soliti convenevoli. Maureen sembrava davvero amichevole e rilassata. Prima che io arrivassi alla proposta della mostra, chiesi sia a lei che a Cheryl se i loro editori, la storica società del Monte Rushmore, fossero stati interessati al mio romanzo storico e di Camille che si basava su un copione scritto da me. Lanciai inoltre l'idea di un'eventuale possibilità di avere il libro pronto per luglio, quando sarei ritornato a Rushmore per rappresentare di nuovo i miei spettacoli. (Questa volta con una retribuzione, si sperava). Cheryl mi diede le informazioni di cui avevo bisogno per una revisione del manoscritto. Ancora una volta, chiesi indicazioni sul loro budget per la rappresentazione e non ricevetti risposta. Chiesi se volessero che l'ultima parola spettasse a me; avrei presentato nuovamente un preventivo.

Tutto andava abbastanza bene fino a quando Maureen introdusse l'argomento della mostra di Luigi. In breve, entrambe le donne credevano che la proposta di Frank fosse stata troppo ambiziosa da subito, anche il secondo livello di mostra. Uh-uh. Dissi loro che non avevamo nulla da seguire e che era il motivo per cui chiedevamo indicazioni. Proposi una maggiore riduzione per la mostra. Mi era stato detto che non sarebbe stata necessaria. Questa mostra sarebbe stata parte di un piano a lungo termine che, come minimo, sarebbe stato di cinque anni. Cosa?

A detta di Maureen e Cheryl, Rushmore era già nel bel mezzo di numerosi progetti per digitalizzare i volti in numerosi modi. Loro avrebbero dovuto mettere la mostra di Luigi in secondo piano per adesso. Quelle furono le ultime parole che avrei voluto sentire. Se questo era quello che voleva dire Cheryl a partire dai lenti ingranaggi governativi, lei non mi stava prendendo in giro. Per me, "in secondo piano" era un modo educato per dire di no. Un passo avanti, due passi indietro. Era come un gigantesco dolcetto che era stato offerto e buttato via. Non riuscivo ad afferrare i sentimenti puri dei funzionari di Rushmore. Loro volevano rendere onore a mio nonno oppure no? Ero deluso, ma allo stesso tempo stavo tentando di essere positivo. Avevo ancora la proposta del libro da inviare e la proposta di budget per le rappresentazioni da rifare.

Febbraio si trasformò in marzo. Nessuna notizia da Maureen riguardo alla mia proposta per le rappresentazioni. L'anno precedente, Cheryl mi aveva detto che avrebbero provato a farmi spazio nel budget. Fornii il miglior prezzo che avrei potuto proporre in assoluto: 2 000 dollari, tutte le spese incluse per sei spettacoli durante il fine settimana.

Inviai la proposta e in seguito dovetti dimenticarmene. Era il momento del "Boss delle torte"!

La famiglia e gli amici stavano andando tutti al Centro anziani per il grande giorno. Volevo lì tutte le persone che avevano avuto un legame intimo con Luigi. I produttori mi chiesero di non rendere pubblico l'evento in quanto sarebbe stato un manicomio, per la popolarità dello spettacolo. Il pomeriggio iniziò con uno spettacolo speciale in onore di Luigi, realizzato dal sottoscritto, a cui seguì la consegna della torta. Mi piaceva essere mio nonno per tutte queste meravigliose persone di Port Chester. C'era una tale emozione nell'aria. A metà del mio spettacolo, il produttore continuò a farmi segnale con il dito. Mi era stato detto di tagliare lo spettacolo. A causa del caldo insolito del periodo di marzo, la torta di Rushmore stava iniziando a sciogliersi e questo stava rendendo nervoso Buddy.

Venne detto a tutti di uscire fuori. Aspettammo tutti in anticipo il grande furgone del panificio di Carlo che stava arrivando. Buddy andò dentro il parcheggio e la folla si infervorò. Esultarono ancora più forte quando uscì dal suo furgone. Le studentesse del luogo stavano piangendo come se Buddy fosse uno dei Beatles. Era surreale. La torta era così grande che ci vollero sei ragazzi per alzarla dal furgone e metterla sul palco. I quattro volti sembravano un lavoro d'arte. Buddy e il suo personale avevano fatto tutto da soli.

Buddy mentre parla alla folla.
Foto: Collezione della famiglia Del Bianco.

Buddy aveva incantato la folla, riferendo che lui e i suoi aiutanti avevano fatto un passo indietro per ammirare quei volti, così come stavano facendo loro. Era fin troppo consapevole che Luigi non aveva avuto lo stesso lusso quando incideva i volti che erano alti 60 piedi.

"Dopo che Lou mi aveva raccontato la storia di suo nonno", iniziò Buddy, "e quello che aveva fatto per il Monte Rushmore, mi aveva preso, come quasi a tutti, un senso di orgoglio. Sapere che questo eroe non celebrato era un immigrato italiano come i miei nonni, sapere che si era prestato per qualcosa di così emblematico in America". In seguito Buddy gridò in maniera distintiva "Chi vuole mangiare un po' di torta?" e noi ne prendemmo tutti una fetta. Fu un grande giorno per Port Chester, un grande giorno per gli italo-americani e un grande giorno per Luigi.

Adesso milioni di spettatori vedranno lo spettacolo e apprenderanno un nuovo racconto nella nostra storia americana.

Ancora una volta, altre persone stavano riempiendo il vuoto lasciato dal Monte Rushmore e stavano celebrando mio nonno. Io potevo solo sperare che un giorno, prima o poi, le guardie forestali nel Sud-Dakota si sarebbero rimesse al passo.

I Del Bianco e la famiglia estesa con Buddy Valastro.
Foto: Collezione della famiglia Del Bianco.

Quando tutto ritornò alla normalità, aspettai delle notizie riguardo i miei spettacoli sul monte Rushmore mentre nel frattempo marzo diventò aprile. Aprile si trasformò in maggio senza ancora nessuna notizia da parte di Maureen. Perché ci impiegava così tanto? Scrissi una mail a Maureen per l'ennesima volta su come mi sentivo. Alla fine mi rispose:

Signor Del Bianco,

Non abbiamo i fondi per presentare il suo programma quest'anno. La ringrazio per il suo interesse nel programma educativo presso il monumento commemorativo nazionale del monte Rushmore.

Maureen McGee-Ballinger

Immediatamente scrissi a Cheryl Shreier:

A: il monumento commemorativo del Monte Rushmore

7 maggio, 2012

Da parte di: l'arrivo di Lou Del Bianco presso il Monte Rushmore

Cara Cheryl,

Così come richiesto da Maureen, le ho inviato una proposta per una rappresentazione sul Monte Rushmore per questo febbraio. Non ho mai ricevuto risposta da parte sua, così oggi 7 maggio le ho inviato una mail di sollecito. La risposta è qui di seguito.

Non ho nulla in contrario al fatto che lei non riuscirà a farmi rappresentare questa stagione, anche se dalla calorosa accoglienza dell'anno scorso si poteva immaginare che lei volesse che ritornassi e che potesse rendere disponibili i fondi. Francamente, sono davvero sorpreso di ricevere questo genere di mail. Il tono è conciso e altezzoso; più simile a quello di una lettera standard.

Si indirizza a me come se non avessi assolutamente alcuna relazione con il Monte Rushmore.

Crede che sia il modo di gestire il tutto?

Non mi aspetto di avere un trattamento speciale. Ciononostante, mi aspetto di essere trattato come qualcuno che ha investito del tempo, delle energie e dell'amore in una storia che tutti accolgono e spero ne siano orgogliosi.

Attendo sue notizie in merito.

Cordialmente,

Lou Del Bianco

L'ultimo capitolo tra queste vicissitudini ebbe inizio con una svolta nei rapporti con il Monte Rushmore, un'incredibile visita di successo e un grande ottimismo per il futuro. Tutto ciò si trasformò rapidamente in una proposta di una mostra fallita e al momento una lettera standard di routine che mi trattava come se stessi contattando Rushmore per la prima volta. Cheryl non rispose mai alla mia mail.

Ritornai al punto di partenza. Era tutto davvero poco chiaro. Camille e io sentivamo con forza che avevamo Cheryl dalla nostra parte. Non sapevo che farmene di Maureen Ballinger. Stava influenzando Cheryl? Era lei la nuova responsabile dell'interpretazione anch'essa indottrinata a proteggere il racconto ufficiale di Rushmore? Potevo sempre far muovere alcune mie pedine, per conoscere quali fossero le loro reali intenzioni. Per il momento decisi di andare oltre.

Poco dopo, ricevetti una telefonata da parte di un signore che era molto emozionato di parlare con me.

"Il mio nome è Doug Gladstone, e ho sentito il programma di NPR "Morning Edition" in cui siete presenti tu e tua zia. Sono un giornalista freelance e mi piacerebbe proporti un articolo per il mio giornale locale su tuo nonno".

Doug si era innamorato della storia di Luigi. Mi aveva detto che non riusciva a sopportare il fatto che le istituzioni dessero per scontato coloro che meritavano di più, come mio nonno. Anche se Doug viveva fuori Albany, si offrì di venire a casa mia per intervistarmi di persona. Pensai tra me e me, *Questa è una persona seria.*

Doug e io ci divertimmo durante l'intervista. Lui avrebbe continuato a scrivere degli articoli davvero gradevoli per *l'History Magazine*, il *Capital Journal*, *Sons of Italy*, *USA Today* e altri ancora. Doug divenne un importante sostenitore di Luigi.

Camille e io continuammo a perfezionare il romanzo storico che avevamo adattato dal copione. Curai contatti con editori letterari con la speranza di riuscire a pubblicare il libro. Siccome avevo incluso molti dei documenti della Biblioteca del Congresso, il libro avrebbe potuto potenzialmente generare dell'audience che avrebbe influenzato il NPS nel cambiare la sua posizione nei confronti di Luigi. Stavo iniziando a sentirmi come se quella fosse l'unica opzione rimasta a quel punto. Il Monte Rushmore sembrava che stesse chiudendo la porta in faccia a mio nonno. Avrei dovuto trovare dei modi per costringerli a riaprire uno spiraglio.

Nell'estate del 2012, scrissi una versione per bambini del libro che Camille e io avevamo adattato. Ruotava attorno a quel giorno in cui in seconda elementare stavo dicendo alla mia classe, "Vorrei raccontarvi di mio nonno". In quanto narratore per bambini, mi piacque allestire questo libro. Era un modo in più per far venir fuori la storia di Luigi. Ancora una volta, andai dietro gli agenti letterari.

Avevo un sacco di carne al fuoco. Tuttavia, quella frustrazione nei confronti di Rushmore consumava la mia mente. In seguito ebbi un'illuminazione: se Rushmore non avesse dato a Luigi un riconoscimento indelebile in qualità di capo incisore, perché non avrei potuto farlo io stesso, a modo mio? E proprio qui a Port Chester? L'idea di un monumento commemorativo di Luigi Del Bianco nella mia città natale iniziò a diventare molto attraente per me. Immediatamente chiamai Michael Keropian, uno scultore di talento che avevo assunto per realizzare delle copie in gesso dei volti per la torta del "Re delle torte". Notai una targa commemorativa nel suo studio durante una delle mie visite e pensai che era stato in quel momento che il tutto aveva avuto inizio. A Mike piacque l'idea, e feci velocemente uno schizzo che lui ricreò in un prototipo per la targa finale.

Andai dalla famiglia, dagli amici e da tutte le organizzazioni civili nella città per chiedere delle donazioni, per fare in modo che si potesse realizzare questo monumento commemorativo. Tutti risposero allo stesso modo: *È fantastico! Era ora.*

Contemporaneamente, mentre stavo raccogliendo dei fondi per il monumento commemorativo, decisi di allontanare la questione del riconoscimento da parte di Rushmore e mi focalizzai sul libro che io e Camille stavamo adattando. Facevo avanti e indietro da Maureen Ballinger e dagli editori di Rushmore, cercando di scoprire se avessero pubblicato il nostro libro. Finalmente ricevetti una mail da parte di Maureen che diceva che loro hanno rinunciato al progetto. Anche se non entrerò nei dettagli, era solo per dire che la ringraziai per aver trovato il tempo di inviarmi un riscontro che avevo chiesto. Era un'altra delusione.

Decisi di allontanarmi da Rushmore e di dedicare il mio tempo ad altre ricerche. Anche se il nuovo anno aveva un numero sfortunato, speravo che il 2013 avesse portato dei frutti più dolci dell'anno precedente.

CAPITOLO QUARANTASEI
CONTRO LA VERSIONE UFFICIALE

CONTINUAI CON I MIEI tentativi di raccolta fondi per il monumento commemorativo di Luigi. Il mio scopo era di ottenere la presentazione per l'autunno del 2013 completa di cerimonia e copertura mediatica. Ero pronto a portare avanti una interessante storia personale sui media nazionali così come volevo fare quando mio zio era in vita. Il momento era quello giusto. Se solo avessi potuto avere il Monte Rushmore dalla mia parte.

Nel frattempo, Doug Gladstone aveva scritto alcuni raffinati articoli e adesso stava lavorando su uno di essi per la rivista *Westchester Magazine*. Per l'orgoglio di Doug, egli trovò qualcuno di cui io non ero nemmeno al corrente. Si trattava di Amy Bracewell, la storica del Mount Rushmore. Doug inviò una mail a Amy su mio nonno:

Signora Bracewell,

Come da conversazione odierna, le sto scrivendo in merito al summenzionato Westchester Magazine. Il signor Del Bianco al momento vive a Port Chester, New York, che si trova nella contea di Westchester.

Come lei sa, il nonno del signor Del Bianco, Luigi, lavorò in qualità di capo incisore sul monumento commemorativo nazionale del monte Rushmore dal 1933-1940. Era solo un ragazzetto quando suo nonno venne a mancare, il signor Del Bianco ha trascorso buona parte della sua vita divulgando la vicenda di suo nonno, il quale era stato regolarmente riconosciuto da Rushmore e dal creatore/scultore Gutzon Borglum come il collante che ha tenuto insieme il progetto.

Credo che i tentativi del signor Del Bianco di rendere onore alla sua memoria e di raccogliere i risultati di suo nonno siano ammirevoli e meritevoli di una sezione. Spero sia d'accordo e mi possa fornire dei preventivi da parte sua o a nome del Sovrintendente del monumento commemorativo.

Inoltre, se lei avesse informazioni aggiornate da parte di quel signore dell'Ohio che partecipa al lavoro del Civilian Conservation Corps sul Monte Rushmore, potrebbero essere anche quelle d'aiuto. Se lui fosse disponibile, vorrei scrivere anche a lui.

Grazie anticipatamente per la considerazione. Spero di avere presto sue notizie.

Cordialmente,

Doug Gladstone

Ecco qui la risposta di Amy:

Salve signor Gladstone,

Grazie per avermi contattato in merito al monumento commemorativo nazionale del monte Rushmore. Non ho effettuato una grande quantità di ricerche sul signor Del Bianco e la sua relazione con Gutzon Borglum, ma sembra che Lou Del Bianco sia informato riguardo la vita di suo nonno e sarebbe in grado di parlarne meglio. Luigi Del Bianco era uno dei numerosi assistenti di Borglum. Gutzon Borglum invitò molti dei suoi colleghi e collaboratori provenienti dal suo studio di casa nel Connecticut per unirsi a lui sul progetto del Monte Rushmore. Alcuni di loro rimasero per un breve periodo e alcuni rimasero coinvolti nel progetto per molti anni. Il signor Del Bianco era uno di questi artisti che si unirono a Borglum a partire da quel periodo nel Connecticut. Una delle pubblicazioni storiche inserisce perlomeno quattro o cinque di questi artigiani che Borglum aveva invitato per collaborare nel progetto.

Questo è tutto ciò che so riguardo al coinvolgimento del signor del Bianco nel progetto. Il suo nome non è venuto fuori nelle mie ricerche a partire dai nostri archivi o dai documenti di Borglum.

Il signore coinvolto nel Civilian Conservation Corps (CCC) è Elwood Iverson.

La ringrazio,

Amy Bracewell

Questo è tutto ciò che so riguardo al coinvolgimento del signor del Bianco nel progetto. Amy Bracewell, storica per il monumento commemorativo nazione del Monte Rushmore, non sa nulla riguardo all'uomo che era "l'unico incisore su pietra, intelligente ed efficiente presente al lavoro che comprendesse il linguaggio dello scultore". La signorina Bracewell non sa nulla riguardo all'immigrato italiano di talento che fermò tutto il lavoro sulle teste di Washington e Jefferson quando se ne andò. Potrei andare avanti. Secondo lei, Luigi era solamente parte di un altro gruppo, di un'altra "squadra". Perlomeno non lo aveva chiamato un "lavoratore".

Non inviai mai alcuna documentazione alla signorina Bracewell in quanto non seppi mai della sua esistenza. Inviai, comunque, tali documenti in più volte a Maureen Ballinger, Cheryl Shreier e a innumerevoli funzionari prima di loro. Se si è il responsabile dell'interpretazione del Monte Rushmore e si ricevono dei documenti plateali che raccontano una nuova storia, la *prima* cosa che si dovrebbe fare non sarebbe quella di condividerla con i propri storici? Se si è uno storico del Monte Rushmore, non si andrebbe a spulciare tra i documenti di Borglum a Washington e apprendere una storia più completa del "progetto"? Non so esattamente quali documenti di Borglum avesse Amy Bracewell nel suo archivio. Qualsiasi documentazione avesse, non era abbastanza. Non mi si può dire che la storica del Monte Rushmore non conoscesse la completezza di questi documenti esistenti nella Biblioteca del Congresso. E riguardo alla signorina Ballinger, la mia ipotesi è che lei non avesse condiviso quei documenti con la signorina Bracewell perché lei non voleva mettere scompiglio nel racconto dei lavoratori.

Il giorno successivo, inviai una mail a Maureen Ballinger. Nonostante fossi sconvolto, provai a essere positivo. Al suo interno c'era una sequenza temporale di tutte le cose meravigliose che erano accadute al fine di poter commemorare mio nonno. Il sito web, il monologo, l'episodio del "Boss delle torte", la raccolta fondi per il monumento commemorativo e le organizzazioni americane nazionali che avevano manifestato il loro supporto. Volevo che lei sapesse che c'era un movimento in crescita che sosteneva il riconoscimento indelebile di Luigi in qualità di Capo incisore. Solamente per tale motivo, mi aprii al confronto con Maureen per rivisitare il libro che io e Camille avevamo scritto.

Le offrii di far fronte a tutte le sue preoccupazioni e di effettuare tutti i cambiamenti necessari. Ecco qui la sua risposta:

Buon pomeriggio signor Del Bianco,

La ringrazio per la sua mail in cui illustra i numerosi modi di come condividere la storia di suo nonno. Le faccio notare che suo nonno sarebbe stato riconosciuto dal Monte Rushmore e lo è tuttora. Vi è una foto di Luigi Del Bianco presso il centro dei visitatori di Lincoln Borglum, il suo nome viene elencato nella parete dei lavoratori con tutti gli altri lavoratori a partire dagli incisori fino a coloro che si occupano del riporto dei punti agli artificieri e lui si trova su un volantino della bacheca dei lavoratori a disposizione dei visitatori così come all'interno del nostro sito web. Abbiamo cercato di commemorare allo stesso modo tutti coloro che hanno lavorato sulla montagna.

La ringrazio per la sua appassionante relazione con il monumento commemorativo del Monte Rushmore.

Maureen McGee-Ballinger

Un'altra liquidazione educata e benevola. Ho trovato finalmente. Maureen Ballinger, la narratrice che credevo avesse abbracciato questa nuova meravigliosa storia, stava dimostrando di essere un funzionario del Servizio del Parco Nazionale finora molto evasiva e altezzosa.

Ore dopo ringraziai con una risposta:

Cara Maureen,

Con il dovuto rispetto, credo che la sua risposta non sia molto chiara. Non ha preso in considerazione la mia proposta di modificare il libro che le ho inviato. Era in realtà il motivo principale della mia mail. La sequenza temporale che le ho dato era solamente per aggiornarla del progresso emozionante che è stato generato grazie alla storia di Luigi. Tuttavia, credo che dovrò affrontare ciò che ha scritto in quanto ritengo che sia di vitale importanza affinché lei comprenda chiaramente **le mie intenzioni.**

Concordo del tutto: c'è una foto di mio nonno sulla montagna con il suo nome sotto. Lui è anche all'interno delle due liste che lei ha citato. Non ho mai discusso su questo. Quello che ho messo in dubbio molte volte, quello che vorrei fosse abbastanza chiaro per lei e per Cheryl è il fatto che Luigi Del Bianco non venga riconosciuto come capo incisore sul Monte Rushmore.

Dopo letteralmente 25 anni passati nel tentativo di dare a Luigi il dovuto riconoscimento in qualità di capo incisore, rimango con i seguenti dubbi, che richiedono delle risposte:

1. *Perché non riconosce Luigi Del Bianco come capo incisore? (Non riesco neppure a convincerla di aggiungere il titolo di "capo incisore" sotto la sua foto).*

2. *Perché si rifiuta ripetutamente di riconoscere il ruolo distintivo di Luigi rispetto agli altri uomini? (Sa che lui istruì e insegnò il mestiere a molti di loro? Si rende conto che quando Luigi lasciò molte volte il lavoro, tutto il lavoro dei volti si fermò? Nessuno dei lavoratori si interessava dell'incisione allo stesso modo. Neanche lontanamente).*

3. *Ha letto il sito web di Luigi Del Bianco che le ho inviato tante volte? Eccolo qui: LuigiMountRushmore.com. Ha letto le citazioni fatte da Gutzon Borglum riguardo a quanto fosse importante mio nonno per l'opera? Ha letto la testimonianza di Borglum riguardo al tormento e al boicottaggio che avevano travolto Luigi? Se lo ha fatto perché non crede che sia giusto il fatto che a lui sia stato dato uno status speciale che si addice al suo contributo? Né più nè meno.*

4. *Chi ha stabilito le regole di commemorare tutti in maniera equa sulla montagna? Perché avete bisogno di fare questo? Il fatto è che i 400 uomini che lavoravano sulla montagna*

non hanno contribuito allo stesso modo. Luigi del Bianco ne è il tipico esempio. Perché non riconoscerete il fatto che Luigi fosse differente dai lavoratori come artista e come immigrato? Volete perdervi una meravigliosa opportunità di commemorare un immigrato che ha vissuto il sogno americano sul monte Rushmore?

Sono stato davvero emozionato e fiducioso quando arrivai sul Monte Rushmore per rappresentare il mio monologo e raccontare la storia di mio nonno. Credo di aver finalmente realizzato dei passi da gigante nella comunicazione. Cheryl può dirle che il responso è stato estremamente positivo non solamente da parte dei turisti ma anche da parte del personale. Le vostre guardie forestali hanno accolto la storia di Luigi come qualcosa di nuovo ed emozionante. Ho pensato, "Finalmente, il Servizio del Parco Nazionale sta per fare la cosa giusta e sta per dare a Luigi l'onore che si merita e racconterà la sua eccezionale storia".

Cosa è successo? Perchè si è capovolto tutto? Purtroppo, credo spesso che ci sia e che ci sia stato un tentativo intenzionale da parte del Servizio del Parco Nazionale di occultare la storia di mio nonno. Anche se lei volesse convincermi che sia il contrario, questo è il modo in cui io la vedo attualmente.

Sono un uomo davvero paziente e un galantuomo. Tuttavia, è il momento che le mie domande ricevano delle risposte e posso solamente sperare che me le diate il prima possibile.

Cordialmente,

Lou Del Bianco

Non avevo mai usato delle parole così forti così come feci in questa mail. Pensai che era giunto il momento di far capire come mi sentissi. Cosa potevo perderci a questo punto? Così come molte altre volte in precedenza, Maureen non mi rispose mai.

Qualcuno una volta mi citò una definizione sulla pazzia di Albert Einstein: fare la stessa cosa ripetutamente e aspettarsi dei risultati differenti. Era quello il modo in cui cominciavo a sentirmi. Era il momento di farlo passare al livello successivo.

L'unico modo per avere qualche opportunità con un risultato differente era quello di esaminare la sede principale del Monte Rushmore. Contattai il mio Senatore di Stato George Latimer, una persona fantastica e un grande funzionario pubblico. Mi mise in contatto con l'ufficio della parlamentare Nita Lowey a New York. La signora Lowey a sua volta contattò Elaine Hackett, la delegata del Congresso presente al Servizio del Parco Nazionale. Venni infine messo in contatto con Mike Reynolds, responsabile dell'intero Midwest. Mike aveva il potere di annullare la politica di Rushmore.

Spiegai a Mike il mio ventennale dilemma. Sapendo che alla fine avevo davanti a me un pubblico, lessi parola per parola i documenti della Biblioteca del Congresso al telefono. A quel punto, li avevo praticamente memorizzati. Erano diventati parte di me.

Come era prevedibile, Mike ne rimase colpito. Infatti, questo è ciò che ricordo che disse.

"Sono colpito. Sembra che tuo nonno fosse davvero importante per Borglum".

Ero emozionato di sentirgli dire che non aveva molto senso mettere mio nonno nella stessa categoria degli altri lavoratori, specialmente alla luce delle lettere davvero plateali che gli avevo appena letto.

"Il Monte Rushmore sta probabilmente diventando un poco provinciale su quest'argomento. Fammeli contattare e ti dirò se possiamo prendere in esame l'idea di rimediare a questo errore".

Il mio cuore iniziava a battere più veloce. Mike sembrava un ragazzo davvero autentico che voleva aiutarmi sinceramente. Questa era la prima volta che sentivo un funzionario NPS che aveva lasciato ad intendere la possibilità di un cambiamento della loro politica. Questa volta non vi era alcuna giustificazione del "lavoro di squadra" che Rushmore avrebbe continuato ad avallare; nessuna continuazione del racconto che aveva perseguitato la mia famiglia per così tanto tempo. Perché non ci avevo pensato prima? Non potevo farci nulla ma mi sentivo ottimista.

Un mese dopo ricevetti questa lettera da parte dell'ufficio di Mike Reynolds.

United States Department of the Interior
National Park Service
Midwest Region
601 Riverfront Drive
Omaha, Nebraska 68102-4226

MAY 7 2013

10.D(MWR-PCL/PAL)

The Honorable Nita M. Lowey
United States House of Representatives
White Plains District Office
222 Mamaroneck Avenue, Suite 312
White Plains, New York 10605

MAY 13 2013

Dear Congresswoman Lowey:

Thank you for your April 10, 2013, letter to Ms. Elaine Hackett on behalf of your constituent Mr. Lou Del Bianco regarding his grandfather's contributions - the late Luigi Del Bianco - to the carving of Mount Rushmore National Memorial (Memorial). As the Midwest Regional Director for the National Park Service (NPS), the region which includes the Memorial, I have been asked to respond to your letter.

Various staff members of the NPS have been in communication with Mr. Del Bianco for several years concerning his grandfather's contributions. As we have discussed with Mr. Del Bianco, the NPS celebrates all who worked on the sculpture. Luigi Del Bianco's name is inscribed on the workers wall; his photograph is in the museum, and his work on the sculpture is referenced in books sold in the Mount Rushmore History Association Bookstore.

Luigi Del Bianco was one of a small set of gifted carvers assisting Gutzon Borglum with his vision, and Borglum's son, Lincoln, discusses these carvers in the book *Mount Rushmore: The Story Behind the Scenery*:

> "Among the few skilled carvers who worked on the project were three who had studied under my father in the East -- Luigi del Bianco, William S. Tallman, and Hugo Villa, and Joseph Bruner, an experienced stonecutter from Indiana."

Although Hugo Villa, William S. Tallman and Lincoln Borglum all supervised the project during periods when Gutzon Borglum was absent, and Lincoln Borglum became the Superintendent of the site and completed the carving after his father's death, none of these men or the other workers are called out for specialized recognition. The expertise of many contributed to the success of the sculpture. If not for the dynamite experts, the carvers would not have had good rock exposed with which to work. If not for the expert blacksmiths fabricating new tools, maintaining drill bits, and keeping equipment in working order, the drillers would not have been able to make the holes for the blasters. All of the workers were essential to achieving the ultimate goal. We do not have the space, budget or staff to develop special exhibits for each of these individuals. All of these men are celebrated in the same way on the worker's wall and in the museum. We recognize and interpret one Master Carver - the artist himself - Gutzon Borglum.

We appreciate Mr. Del Bianco's dedication to his grandfather and hope that he will recognize the value of his grandfather working as part of a team that created an unprecedented masterpiece.

Sincerely,

Patricia S. Trap
for
Michael T. Reynolds
Regional Director

TAKE PRIDE IN AMERICA

 Conoscete la famosa scena nel fumetto "Snoopy", dove Lucy promette che non avrebbe tolto la palla quando Charlie Brown avrebbe corso per calciarla? Quella in cui ride e toglie ogni volta la palla e Charlie Brown si fa fregare sempre? Bene, i funzionari del NPS sembravano Lucy, il pallone era Luigi e io ero Charlie Brown.

 L'intera lettera sembrava scritta da Maureen Ballinger. Infatti, un paragrafo era veramente identico alla precedente email da parte di Maureen.

"C'è una foto di Luigi Del Bianco nel centro dei visitatori di Lincoln Borglum, il suo nome viene citato sulla parete dei lavoratori con tutti gli altri lavoratori a partire dagli incisori fino agli addetti al riporto dei punti fino agli artificieri e lui si trova sul bollettino del sito dei lavoratori disponibile per i visitatori così come all'interno del nostro sito web. Abbiamo cercato di rendere onore in maniera equa a tutti coloro che hanno lavorato sulla montagna".

Stavo morendo dalla voglia di sapere il tipo di conversazione tra Mike Reynold e i funzionari del Monte Rushmore. Aveva preso le difese di Luigi? Non sembrava. Lui l'aveva lasciato perdere come un abito scadente. Erano state utilizzate le stesse parole in questa lettera, in particolar modo la mia preferita, "squadra".

La sola pietra che era stata lanciata a favore di mio nonno riguardava il fatto che era stato posizionato nella stessa classe dei lavoratori che Lincoln Borglum, nel libro da lui scritto, citava come "persone esperte/professionisti". Con tutto il dovuto rispetto per Lincoln, se avessi dovuto scegliere tra lui e suo padre avrei scelto chi avesse giudicato meglio le abilità dei lavoratori, avrei scelto sempre Gutzon Borglum. Lui aveva posizionato mio nonno al di sopra di tutti gli altri incisori. E allo stesso modo aveva fatto Lincoln, in una trascrizione precedente nascosta negli archivi di Rushmore (pag. 27). Mi sorprendevo sempre del fatto che Lincoln non avesse fatto a mio nonno, all'interno del suo libro, lo stesso elogio che aveva rilasciato in quell'intervista.

Ancora una volta, le persone del Monte Rushmore avevano deciso di scegliere la loro testimonianza al fine di sostenere il loro racconto. Il motivo di tale negazione era stato intenzionale; adesso ne ero sicuro. Mike Reynolds sembrava che avesse ceduto senza combattere. Se avesse provato, non lo saprò mai, perché non mi contattò mai né rispose alla mia successiva telefonata.

Dovevo allontanarmi da tutte quelle cose del Monte Rushmore e schiarirmi le idee per un po'. Decisi di concentrarmi sugli aspetti più positivi di questa esperienza, come la raccolta di fondi per il monumento commemorativo di Luigi. Stava proseguendo bene. Stavo ricevendo soldi da tanti. Siccome avevo rappresentato il mio monologo per tutti i bambini delle scuole elementari a Port Chester, tutta la quarta elementare della scuola John F. Kennedy Magnet si offrì di raccogliere dei soldi per il monumento commemorativo. Non è fantastico?

Port Chester è un paese di immigrati e lo è stato da generazioni. Attualmente, la maggior parte della popolazione immigrata è ispanica. Ero molto emozionato nel vedere questo nuovo gruppo di bambini immigrati che accoglieva la storia di un immigrato a Port Chester vissuto in un altro periodo e in un altro luogo. Penso che la sua ispirazione muovesse quei bambini a volerlo aiutare. E loro lo fecero. Quei ragazzini si presentarono davanti a me con una grande busta piena di banconote da un dollaro e monetine per un totale di 250, 00 dollari.

Mi diedero un grande assegno finto in cui vi era scritto, "In onore del grande Luigi Del Bianco". Ecco qui di seguito una foto di questo avvenimento. Avrei dovuto inviare tutto a Maureen Ballinger.

Io insieme agli studenti della scuola John F. Kennedy Magnet di Port Chester, NY.

A primavera inoltrata ricevetti una telefonata da parte di Doug Gladstone. Voleva scrivere un libro su mio nonno. Doug era convinto che un libro avrebbe potuto essere un grande strumento per esortare a un riconoscimento permanente. Lui chiese la mia approvazione per lanciare l'idea del libro ad alcune case editrici. Ero felice e nervoso allo stesso tempo. Dopo più di 20 anni, la mia famiglia e io avevamo avuto poco o quasi nessun successo per fare in modo che Rushmore cambiasse le testimonianze storiche. Forse Rushmore avrebbe risposto meglio a qualcuno come Doug piuttosto che al nipote di Luigi? Avevo la sensazione che Doug volesse utilizzare il potere della scrittura per mettere pressione all'NPS al fine di fare la cosa giusta. Doug aveva scritto degli articoli davvero gradevoli su Luigi. Mi piaceva il suo stile di scrittura così come piaceva a Camille. Ma un libro? Era un grande impegno. E se non mi fosse piaciuto, o peggio se fossi stato contrario alla sua strategia? La verità era che Doug poteva scrivere tutto ciò che voleva, con o senza la mia approvazione. La sola cosa di cui mi preoccupai fu quella di dare a mio nonno il giusto posto nella storia. Non solo avevo approvato Doug, ma gli avevo anche promesso di condividere tutte quelle risorse per poterlo aiutare in qualsiasi modo fossi riuscito. Doug era emozionato. Anche se non aveva un editore, Doug iniziò a scrivere il libro.

Nell'estate del 2013 decisi di fare un viaggio a Barre, VT a luglio per effettuare alcune ricerche su mio nonno. Mi immaginavo che da quando lui aveva vissuto lì e aveva fatto su e giù per almeno sette anni, forse avrei potuto trovare qualche documento che gli appartenesse. Pensai inoltre che sarebbe stato d'aiuto per il libro che Gladstone stava scrivendo.

Iniziai una relazione con Karen Lane che lavorava per la libreria pubblica Aldrich. Lei era stata una soddisfazione e aveva fatto di tutto per aiutarmi. Anche con l'aiuto di Karen non trovai molto. Questi incisori, non mi sorprendeva, non erano stati descritti. Fotografati sì, ma di solito in grandi gruppi. Non ero riuscito a trovare Luigi in nessuna di quelle foto. Karen mi aveva dato delle copie dell'annuario della città di Barre. Scoprii che lui aveva vissuto in una casa appartenente alla famiglia Ellis in North Main Street n. 565. La casa non c'era più.

Dall'annuario della città di Barre, nell'ultima riga si riconosce mio nonno come incisore su pietra che viveva in N. Main Street n. 565.

Scoprii inoltre che lui aveva lavorato per Guidice Brothers e per la World Granite Company. A parte questo, non trovai nient'altro di significativo. Non mi importava. Era fantastico camminare lungo le stesse strade che lui aveva percorso e immaginare un Luigi così giovane che prendeva il provolone dal mercatino locale, che guardava le ragazze carine e che andava al lavoro nella cava con uno scalpello o due in mano. Mi stavo collegando con mio nonno in modi che non avrei mai immaginato. Nuovamente la memoria sensoriale? Non esattamente. Ma mi sentivo legato a mio nonno in modo eccezionale. Nessun compito, nessuna quantità di sforzi fatti per cercarlo erano una perdita di tempo. Come mio zio Cesare, era qualcosa che avevo intenzione di fare, ritornare indietro a quando mio nonno mi prendeva per le spalle e mi ricordava che avremmo condiviso lo stesso nome.

Di ritorno a Port Chester, condivisi le informazioni che avevo trovato a Barre con Doug. Doug, in cambio, condivise con me quello che aveva scritto. Aveva iniziato a farlo da un po'. Sembrava un saggio affascinante, che mescolava la storia di mio nonno con la storia di un immigrato, con interviste e ipotesi sul fatto che Luigi Del Bianco non era stato onorato sul Monte Rushmore in quanto fosse italiano. Quel sospetto di intolleranza era il trucchetto per attirare il pubblico dentro il libro di Doug.

Mentre speravo che questo stile giornalistico fosse efficace nell'agitare le cose, ero confuso riguardo al motivo per cui Doug stava utilizzando solamente uno o due degli incredibili documenti che avevo condiviso con lui. La motivazione di Doug era che in quanto giornalista, non voleva essere visto dal lettore come troppo a favore di Luigi. Lui voleva essere il più possibile imparziale e oggettivo, ma i giornalisti di solito non fanno affidamento alle fonti primarie per raggiungere i loro obiettivi? Doug era rimasto coerente con la sua posizione. Provai a capire il suo punto di vista. Dopotutto, questo era il suo libro, non il mio. Avrei continuato ad avere fiducia nel suo parere.

Ad ottobre, ricevetti una telefonata da Vinny Sapione, il fratello di Jimmy, un caro amico di mio zio Cesare. "Ho sentito che stai facendo un sacco di lavoro riguardo a tuo nonno. Ho alcuni dei suoi attrezzi. Penso che la tua famiglia debba riaverli indietro".

Evidentemente, quando mio nonno morì, mio padre e i miei zii avevano liquidato dei beni. Cesare aveva trattato con Vinny, un calderaio, e gli aveva offerto gli utensili pneumatici di mio nonno. "Non so cosa farmene, Vinny. Li vuoi?" Vinny prese i trapani e gli scalpelli e li tenne per 44 anni. Mi aveva sempre preoccupato il fatto che la famiglia non avesse mai conservato nessuno strumento di mio nonno. Adesso potevo finalmente averli tra le mani. Sarò per sempre grato a Vinny. Lui ha restituito alla mia famiglia un regalo così grande.

La prima cosa che chiesi a me stesso fu, *Luigi utilizzò questi utensili per incidere gli occhi di Lincoln su Rushmore?* Immediatamente contattai la Chicago Pneumatic, una casa produttrice, e mi misi in contatto con i loro storici. Gli chiesi se fosse davvero possibile che la Chicago Pneumatic fornisse a Rushmore molti utensili pneumatici. Tuttavia, non avevano la ricevuta originale per far coincidere il numero seriale. Non c'era alcun modo di saperlo con certezza.

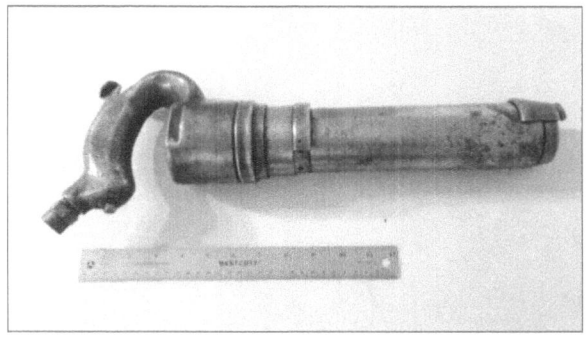

Uno degli utensili pneumatici di Luigi.

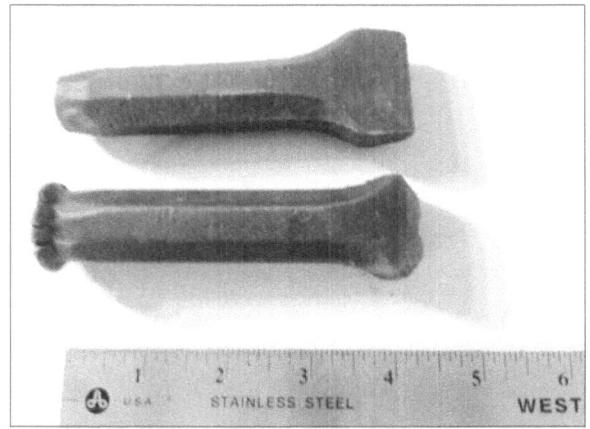

Gli scalpelli di Luigi.

*La parte superiore della cassetta degli attrezzi di Luigi.
La conservo come un tesoro.*

CAPITOLO QUARANTA SETTE

PUBBLICAZIONE, DISCUSSIONE E PRESENTAZIONE

ALLE 7 DEL MATTINO, ancora mezzo addormentato e mentre stavo mangiando i miei cereali, sentii squillare il telefono. Era Doug Gladstone. "Sono felice di annunciarti che *Carving a Niche for Himself* verrà pubblicato dalla Bordigherra Press".

Co...cosa? Ero ancora intontito ma cercai di ringraziare Doug dei suoi sforzi per aver preso finalmente un accordo di pubblicazione.

"Sai, potresti essere un po' più entusiasta".

"Scusami, Doug, mi sono appena svegliato".

Doug doveva essere una persona mattiniera. Era piuttosto carico. Ripensandoci, non credo di essermene reso conto: era stato pubblicato un libro su mio nonno.

Bordigherra Press, che ha sede operativa presso l'Istituto John J. Calandra a New York, ha deciso di dare un'opportunità ad un incisore su pietra sconosciuto. Il libro di Doug, *Carving a Niche for Himself* è un'opera affascinante che combina la biografia, la storia e il giornalismo investigativo. Doug non solo racconta la storia di Luigi Del Bianco, ma getta una nuova luce sulla storia dell'immigrazione e dell'intolleranza in America con una testimonianza aneddotica, interviste e dati concreti sull'argomento. Doug fa una denuncia molto interessante sul fatto che l'omissione di Luigi dalla storia sia basata sul razzismo. Spetterebbe al lettore decidere se confermare la sua tesi.

Per quanto mi riguarda, ero piuttosto emozionato di sapere che sarei potuto andare in una libreria e vedere il nome di mio nonno sulla copertina di un libro. Un libro che avrebbe cambiato gli schemi, perché questa volta Luigi aveva un sostenitore che non era un membro della famiglia. Forse tutto ciò avrebbe fatto la differenza? Andai al telefono e iniziai subito a chiamare le librerie. Volevo che questo libro fosse come il punto di svolta per Luigi. Nel frattempo, avrei dovuto gestire questa grande svolta con i progetti locali che avevo iniziato.

La presentazione per il monumento commemorativo di Luigi a Port Chester venne rinviata alla primavera del 2014. Mentre la targa commemorativa era stata completata presso la fonderia, il paese mi chiedeva di incontrare altre commissioni di Port Chester per aggiornarli su ciò che stavo facendo in città. Una sera mi incontrai con Emily Imbesi, Kathy Rosenfeld e Taryn Grimes-Herbert, tutti membri della commissione per l'abbellimento di Port Chester. Dopo un incontro molto positivo, Taryn mi chiese, "Che genere di copertura mediatica stai facendo? Te lo chiedo perché mio marito è un produttore della 'CBS Evening News.'"

Da anni stavo tentando di promuovere questo racconto e viene fuori che avevamo un produttore della CBS News che viveva a quattro isolati da casa mia. Questo è proprio un colpo di fortuna! Taryn ammise che per ovvie ragioni non aveva mai voluto condividere queste informazioni. In quanto produttrice di talento e scrittrice lei stessa, Taryn era stata colpita dalla storia di mio nonno così come dal mio dilemma con la NPS. Voleva sapere cosa avrebbe potuto fare per aiutarmi. Sia lei che suo marito Sean sarebbero diventati due dei più generosi e altruisti sostenitori di Luigi. Adesso mi sarei avvicinato verso la presentazione di giugno sapendo che gli Herbert mi avrebbero aiutato a fornire il genere di attenzione mediatica che avrebbe esteso questa storia alla massa.

Ad aprile ricevetti una telefonata all'improvviso da parte di Maureen Ballinger. Era la prima volta che prendeva di sua iniziativa un qualsiasi genere di contatto con me. Maureen stava pianificando un progetto di testimonianza orale che avrebbe fornito ai discendenti dei "lavoratori" sul Monte Rushmore un'opportunità di registrare i ricordi, gli aneddoti e le loro sensazioni riguardo al progetto. Le registrazioni alla fine sarebbero state accessibili sul sito web del Monte Rushmore. Le dissi che mi sarebbe piaciuto essere coinvolto e le suggerii di inviare una mail anche a mia zia Gloria. Consideratemi come una persona nata per farsi del male ma colsi questa conversazione con Maureen come un'opportunità ancora una volta di introdurre l'argomento del semplice riconoscimento di mio nonno in qualità di capo incisore al di sotto della sua foto nel museo dei lavoratori. Le dissi che sarei andato a Staples e avrei realizzato io stesso una targa. Tutto ciò che lei avrebbe dovuto fare sarebbe stato di fissarla sotto la sua foto. Fu allora che Maureen disse nel tono più paternalistico possibile, "Tuo nonno non era un capo incisore".

Sono sicuro che il mio volto diventò bianco cadaverico. Dopo anni passati ad evitare questa questione, la signorina Ballinger aveva superato se stessa. Gli innumerevoli documenti provenienti dalla Biblioteca del Congresso identificavano Luigi Del Bianco come capo incisore del Monte Rushmore, ma lei stava dicendo davvero che non lo era. Tutto ciò era veramente surreale. Stavo iniziando a capire che ero nel bel mezzo di qualche strana cospirazione governativa contro di me. Risposi come se Maureen fosse una bambina e io suo padre, "Oh, Maureen, Maureen, ti sbagli. Devi sapere che quello che stai dicendo non è per niente vero".

La sua voce non tremò. "Gutzon Borglum era il capo incisore".

Continuai con il mio tono calmo e genitoriale. Diversamente avrei perso tutto.

"Maureen, sai che Borglum fu il progettista. Mio nonno, carte alla mano, era il capo incisore. È un dato di fatto".

Discutemmo per un paio di minuti. Terminai dicendo, "Mi dispiace. Sto cercando di sopportare quello che stai dicendo. È la conversazione più bizzarra che ho avuto su questa questione. Non so cos'altro dirti a parte di andare nuovamente sul sito web e leggere i documenti di Borglum. Grazie".

Tentammo di concludere la chiamata con un tono amichevole, probabilmente perché ero in uno stato di shock. Lei mi disse che un suo collega mi avrebbe contattato per fissare una data per fare la registrazione orale della storia. Una settimana o forse anche più tardi, inviai una mail a Maureen.

Buongiorno, Maureen,

Sto esaminando un po' la nostra conversazione sulle registrazioni orali della storia. Non ho avuto notizie da parte del tuo collega. Puoi gentilmente farmi sapere com'è la situazione?

Inoltre, mi hai detto che avresti esaminato la possibilità di fornire a Luigi Del Bianco una semplice targhetta sotto la sua foto all'interno del museo dei lavoratori per identificarlo in qualità di capo incisore. Puoi farmi anche sapere gentilmente a che punto siamo?

Per concludere, abbiamo avuto un parere contrastante riguardo al ruolo di Luigi sulla montagna. Tu dichiari che lui non fu il capo incisore, ma che Gutzon Borglum lo era. Spero che tu riesca finalmente a passare in rassegna i documenti della Biblioteca del Congresso che sono sul mio sito web. Sono sicuro che tu abbia visto che Luigi era l'unico all'interno di quel lavoro che avesse il titolo di capo incisore. Ti prego di correggermi qualora io sia informato male. Non si può fare a meno di dire che Borglum sia stato il genio e l'ideatore dell'opera. Se hai bisogno di maggiori chiarimenti da parte mia a riguardo, consulta il link "Borglum/Bianco" sul mio sito web o sentiti libera di contattarmi.

Cordialmente,

Lou Del Bianco

Ero convinto che per quanto esasperante o irritante fosse l'intera situazione, sarei sempre stato superiore e sarei rimasto un galantuomo. Per la prima volta Maureen rispose subito. (Secondo le tempistiche del Monte Rushmore, considero "subito" come sei giorni).

Buon pomeriggio,

Ho aspettato di avere le informazioni da parte del personale riguardo alle eventuali date per una registrazione orale della storia. Adesso che abbiamo alcuni dei nostri volontari estivi di ritorno, abbiamo personale sufficiente per lavorare alle registrazioni. Sarebbe disponibile venerdì 2 maggio o giovedì 8 maggio dopo le 11:30 a dedicare del tempo per effettuare la registrazione via telefono?

Abbiamo discusso sul fatto che io avrei dovuto fare un controllo al museo per essere sicura che suo nonno Luigi Del Bianco avesse il suo nome sotto la sua foto. Sì, Luigi Del Bianco è stato identificato nella fotografia.

Quando ho affermato che Gutzon Borglum fosse il capo incisore, non stavo dichiarando che quello fosse il suo titolo ufficiale. Gutzon

Borglum era un artigiano e per quanto ne sappiamo non ci si riferisce al titolo ufficiale di una funzione.

Attendo un suo cortese riscontro per stabilire il periodo e la data riguardo alla sua registrazione orale.

Maureen McGee-Ballinger

Capo interprete ed educativo

Monumento commemorativo nazionale del Mount Rushmore

Abbiamo discusso sul fatto che io avrei dovuto fare un controllo al museo per essere sicura che suo nonno Luigi Del Bianco avesse il suo nome sotto la sua foto. Sì, Luigi Del Bianco è stato identificato nella fotografia. Incredibile.

Non mi ero *mai* domandato se il nome di mio nonno si trovasse sotto quella foto. Non avevo mai chiesto questo. Ero riuscito a tappezzare il mio salotto con tutte le email che avevo inviato a Maureen negli anni, supplicandola di aggiungere "capo incisore" sotto il suo nome. Come aveva potuto fare a sentire la mia supplica esplicita e ripetuta e in seguito ignorarla *completamente*? Naturalmente, sapevo il perché.

Quando ho affermato che Gutzon Borglum fosse il capo incisore, non stavo dichiarando che quello fosse il suo titolo ufficiale. Gutzon Borglum era un artigiano e per quanto ne sappiamo non ci si riferisce al titolo ufficiale di una funzione.

Tutto ciò miei cari amici si chiamava ritrattazione.

Per la registrazione inviai (nuovamente) un'ulteriore risposta, chiarendo quello che avevo già specificato:

Salve Maureen,

La ringrazio per la rapida risposta. Sto ancora contando sul fatto che lei riesca a parlare con me e mia zia. Lei è l'unica figlia vivente di Luigi. Sono disponibile il 2 maggio alle 11:30 a concederle del tempo. Le invio l'e-mail di mia zia Gloria in modo che possa mettersi d'accordo anche con lei. Grazie mille.

So che il nome di mio nonno si trova sotto la fotografia all'interno del museo dei lavoratori. La mia semplice richiesta era che sotto la fotografia comparisse non solo il suo nome, ma anche il suo titolo di "Capo Incisore".

Mi faccia chiarire in modo che non vi siano equivoci: questo è ciò che mi piacerebbe venisse inserito sotto la foto:

Luigi Del Bianco
Capo incisore
1933-1940

"Lui era apprezzato più degli altri 3 uomini d'America per questa tipologia particolare di lavoro". - Gutzon Borglum

Mi faccia sapere come possiamo entrambi procedere per fare in modo che ciò avvenga.

Nuovamente la ringrazio per l'opportunità di prendere parte al programma di testimonianza orale.

Cordialmente,

Lou Del Bianco

Non mi rispose mai.
La testimonianza orale andò bene. Maureen fece le domande e io risposi. Lessi ogni documento scritto da Borglum che credevo fosse rilevante. Mi sentivo come se Rushmore mi stesse facendo un altro favore per tranquillizzarmi ulteriormente. Chi sapeva quante copie avessero fatto di queste registrazioni e se fossero state disponibili a breve. A dispetto di come mi sentissi, lessi quei documenti come se la mia vita dipendesse da quello. Ero sicuro di aver letto forte e chiaro "Capo Incisore" ogni volta che compariva, il che era abbastanza spesso. Mentre stavo leggendo, non potevo fare a meno di domandarmi cosa diamine passasse nella mente di Maureen. Lei stava ascoltando tutte quelle incredibili prove. Aveva categorizzato quello che aveva sentito e lo avevo trasformato in ciò che lei voleva sentire? Non sono uno psicologo. Non arrivo fin lì.

Alla fine della registrazione, Maureen mi ringraziò educatamente per la partecipazione. Le chiesi se fosse andata sul mio sito web a leggere i documenti una volta per tutte. Lei molto educatamente mi disse che non c'era altro tempo per parlare di ciò. Non potei fare a meno di ridere e dire, "Va bene!"

Mia zia Gloria ebbe un'esperienza ancora più sconvolgente alla fine della sua intervista:

> *"Aspettai fino al momento in cui terminò l'intervista prima di chiedere a Maureen, 'Non hai mai ammesso che mio padre fosse un capo incisore?' Lei rispose, 'C'è una foto di tuo padre nel museo dei lavoratori. Lui è stato inserito nel registro giornaliero. Numerosi libri nel nostro deposito lo citano'. Le dissi che sapevo tutto questo e le ricordai che lui non viene riconosciuto da nessuna parte come capo incisore. Vi fu un silenzio tombale. In seguito Maureen disse, 'Questo non accadrà mai'.*

Oggi, nel 2017, di tanto in tanto vado sul sito del Monte Rushmore a vedere se le registrazioni della testimonianza orale sono state pubblicate. Come qualcuno che lavora nel settore discografico, so quanto sia semplice caricare le registrazioni su un sito web. Se le registrazioni ci sono, io non riesco a trovarle.

Il giorno della presentazione del monumento commemorativo di Port Chester, il 21 giugno 2014 si presentò come se fosse molto simile alla presentazione di uno spettacolo; la targa commemorativa e la pietra fornirono il set, gli oratori erano gli attori e il pubblico rimase sulla strada, che era stata chiusa dalla polizia. Quando stavo cercando la posizione mia sorella Andrea mi suggerì lo spartitraffico sulla strada in cui si trovava la casa dove eravamo cresciuti. Io preferivo metterla all'interno del più grande Parco che abbiamo. Quando quest'idea fallì, riconsiderai la sua idea e realizzai che era la posizione ideale. La strada aveva molti passaggi pedonali da cui centinaia di ragazzini delle scuole superiori del posto passavano per andare a casa ogni giorno. Loro avrebbero camminato proprio vicino al monumento commemorativo. Generazioni di studenti avrebbero imparato a conoscere tutto riguardo a mio nonno.

Era un gran giorno per Port Chester. Molte persone contribuirono con del denaro a realizzare il monumento commemorativo. Altri contribuirono attraverso la fornitura di materiale e manodopera. Lou Larizza e Nick Gonzalas fornirono la base. John Zicca ideò la meravigliosa disposizione del giardino. Ron e Mike Luiso fornirono il basalto blu e Jerry La Bella si assicurò che il monumento commemorativo venisse illuminato di notte.

Di seguito il programma della cerimonia.

SPONSORED BY THE PORT CHESTER COUNCIL FOR THE ARTS

LUIGI DEL BIANCO MEMORIAL DEDICATION
SATURDAY JUNE 21, 2014
1:30PM

Welcome:
Denise Colangelo, Port Chester Council for the Arts
Michael Keropian, Sculptor of Memorial Plaque
Anthony Tamburri, Dean of the John D. Calandra Italian American Institute
Andre' DiMino, Executive Director of UNICO National
Gloria Del Bianco, Daughter of Luigi Del Bianco
Port Chester Mayor Neil J. Pagano
Rye Town Supervisor Joseph Carvin
New York State Senator George Latimer
Lou Del Bianco, Grandson of Luigi Del Bianco
Memorial Unveiling

Special Thanks:
The Port Chester Council for the Arts, Port Chester Mayor Neil J. Pagano
Port Chester Board of Trustees: Gregory K. Adams, Gene Ceccarelli, Daniel Brakewood, Joseph D. Kenner,
Luis A. Marino, Saverio L. Terenzi
Port Chester Village Attorney Anthony M. Cereto, Port Chester Village Manager Christopher Steers
Port Chester DPW: Rocco Morabito, Chris Summa
Port Chester Beautification Commission
Port Chester Parks Commission
Andrea Daur, Maria Del Bianco, Amy Del Bianco, Reception
Camille Linen
Lou Larizza and Nick Gonzalas, Lazz Development
Ronnie Loizzo of Byram Mason, Building, Stone and Landscape Supply
John Zicca Landscaping, Inc.
Jerry LaBella, LaBella Electric
Nicholas Melendez, Wells Fargo

**MANY THANKS TO ALL THE GENEROUS CONTRIBUTORS
WHO MADE THIS MEMORIAL POSSIBLE.**
For a detailed list of contributors, go to WWW.LUIGIMOUNTRUSHMORE.COM

Mia zia Gloria fu la relatrice principale. Era venuta dalla California per essere presente. Dopo aver condiviso un aneddoto commovente riguardo alla battaglia di Luigi contro la silicosi, la sua voce fu rotta dall'emozione nel momento in cui parlò di suo padre.

"Era un uomo che viveva con la sua serie di regole, qualsiasi fossero i rischi. Era lo stesso uomo che aveva messo la sua vita nell'incisione del

Monte Rushmore, per incidere la rifinitura dei lineamenti al fianco del suo maestro, Gutzon Borglum, in qualità di capo incisore e tutti gli altri uomini valorosi che lo avevano aiutato a creare il monumento nazionale per gli Stati Uniti d'America. Lui era un immigrato che aveva realizzato il proprio sogno".

Io fui l'ultimo a parlare e condivisi ciò che avevo realizzato, che avrei dovuto ottenere numerosi anni prima.

"Sto continuando a raccontare storie da 27 anni. Questa è la storia che avrei dovuto raccontare".

Chiesi a mia zia Gloria e al resto della mia famiglia di afferrare la fune per togliere il telo. La folla fece un sussulto quando venne scoperta la bellissima targa in bassorilievo di Michael Keropian.

Foto di Dawn Talia.

Nel momento in cui tutti sussultarono alla vista della targa commemorativa, Aaron Coplan suonò "Fanfare for the Common Man". Le parole splendide degli oratori risuonavano ancora nelle orecchie di tutti. Un tema di base che echeggia durante tutto il pomeriggio: viviamo in una grande nazione e tutti i suoi cittadini, qualunque siano le loro origini, hanno diritto ad essere riconosciuti per i loro risultati e i loro contributi. Luigi era diventato lentamente un simbolo per l'immigrato e per il sogno americano.

L'orgogliosa famiglia Del Bianco. Foto di Dawn Talia.

Subito dopo, la "CBS Evening News" mi contattò. I reporter volevano realizzare una storia su Luigi e sull'obiettivo della mia famiglia di ottenere il suo riconoscimento. La sezione sarebbe stata realizzata dal produttore della CBS News T. Sean Herbert. Ann Marie Green, una corrispondente della CBS News, la quale fu profondamente commossa da quello che vide e sentì.

Milioni di persone da tutta la nazione avevano visto la storia. Ricevetti molte e-mail e chiamate telefoniche dalle persone che mi avevano incoraggiato ad *andare avanti! Non mollare!* Migliaia di italiani e di stranieri firmarono una petizione affinché potessi presentare un appello al Ministro degli Interni per cambiare la sua posizione da 73enne su Luigi Del Bianco. Doug Gladstone continuò la sua campagna attraverso energiche lettere per riorganizzare le cose. Inoltre, in modo risoluto andò dietro i politici per avere il loro supporto. Infine, Doug iniziò a comunicare con Maureen Ballinger per ottenere che il Monte Rushmore diffondesse il suo libro.

A seguito della grande reazione alla storia della CBS News, Taryn e Sean Herbert parlarono con me faccia a faccia e mi raccontarono che loro volevano produrre un documentario su Luigi e sulla lotta della mia famiglia. A loro non importava in nessun modo del profitto che ne sarebbe derivato; loro volevano solamente aiutare. Queste erano il genere di persone che mi avevano fatto andare avanti in tutti questi anni. Non appena sentivo di rinunciare, qualcuno arrivava e diceva, *voglio aiutarti*. Mi tirava sempre su. Taryn e Sean non avrebbero solamente fornito un alto livello di competenza sul terreno televisivo e dei media, ma sarebbero stati anche un supporto emotivo come amici.

Un'intervista con Anne Marie Green l'operatrice della CBS News Michele Worst in salotto.

Dopo averli abbracciati e baciati entrambi andammo tutti al lavoro. Dopotutto, avevamo bisogno di raccogliere del denaro. Venne aperto un account *Indiegogo*. Presi il telefono e iniziai a chiamare ogni organizzazione con cui mi ero messo in contatto negli ultimi dieci anni per richiedere delle donazioni. Anche se non stavamo ancora raccogliendo dei soldi, avevamo iniziato a girare alcune scene. Matt Wachsman, un cameraman di talento, offrì generosamente la sua abilità e la sua attrezzatura *pro bono*. Matt aveva stima per gli Herbert ed era anche stato ispirato da questa storia.

Entro il 2016, uno splendido mini-documentario sarebbe stato completato e visto da molta gente. "Through Lincoln's Eyes" è una testimonianza commovente dell'amore di un nipote, dell'eredità di un nonno, della perseveranza di una famiglia nel sostegno per il loro padre e nonno immigrato. In questi tempi di tweet, di pagine Facebook e di smartphone, gli Herbert hanno avuto successo nel comunicare un messaggio importante: noi diventiamo delle persone migliori, più cariche e più ricche quando ci mettiamo in contatto con le storie dei nostri predecessori. Sarò per sempre grato a Taryn, Sean e Matt per avermi concesso così tanto del loro tempo, del loro talento e della loro amicizia.

Taryn Grimes-Herbert, Sean Herbert, io, e Matt Wachsman.

Anche l'Italia ha scoperto Luigi. Un famoso programma italiano "Voyager," ha filmato un intero episodio riguardo a mio nonno e trasmesso nel 2016. Il movimento di Luigi adesso si stava diffondendo fuori dall'America verso la patria di mio nonno. Cinque milioni di italiani orgogliosi poterono apprendere la sua storia.

Lou con i membri della produzione italiana di "Voyager".

Ritorniamo al 2014. In autunno, Karen Lane e Patty Meriam collaborarono con il Museo storico di Vermont per portarmi a Barre a rappresentare il mio spettacolo su Luigi all'Opera House di Barre, gestito da Dan Casey. L'idea era quella di fare "Luigi", ma anche di aggiungere l'elemento della storia del granito di Barre nello spettacolo diurno degli alunni e poi in quello per le famiglie nella serata.

A novembre feci un viaggio speciale a Barre per realizzare lo spettacolo di Luigi presso la biblioteca Aldrich. Anche Doug Gladstone si trovava lì per parlare del suo libro. Dopo il mio spettacolo, Doug si alzò per parlare. Prima di indirizzarsi alla folla, Doug fece uno specifico confronto tra noi due.

"Lou è davvero un ragazzo simpatico. Lui riscalda il cuore di tutti. Io non sono così simpatico".

Sembrava come una sceneggiatura di poliziotti buoni e cattivi. Doug aveva ragione, da un certo punto di vista. Io ero una persona simpatica e mentre lavoravo sodo e con determinazione, tentavo sempre di essere un galantuomo nel mio approccio. Doug si approcciava dando riconoscimento a Luigi con il modo di fare di un giornalista che non si ferma davanti a nulla per ottenere la verità. Ero colpito dall'ostinazione tenace di Doug e speravo che il suo approccio arrivasse a un punto di svolta.

Gli spettacoli all'Opera House di Barre furono un successo. Incontrai alcune persone molto importanti a cui piaceva saperne di più di Luigi e del suo periodo nella città adottiva della sua giovinezza. Fu un bel modo di finire il 2014.

CAPITOLO QUARANTOTTO

Il traguardo

Il responsabile dell'interpretazione del Monte Rushmore Maureen Ballinger diede il via al mio 2015 mettendo dei paletti. In un commento di Doug Gladstone presente su Vtdigger.org il 23 gennaio 2015, la signorina Ballinger venne citata con le seguenti parole "Ho visto la lettera in cui Borglum si riferisce a Del Bianco come capo incisore, ma io considero Gutzon Borglum come capo incisore".

Dopo tre anni e mezzo passati ad evitarmi e sfuggirmi, Maureen Ballinger *finalmente* ammetteva di aver letto un documento in cui Gutzon Borglum nomina lui stesso Luigi Del Bianco come capo incisore. Dunque cosa avrebbe fatto? Lei considerava Borglum come l'effettivo capo incisore. La sua posizione completamente contraria e inconcepibile riguardo a questo fatto *adesso* era pubblica. Sentivo come se stessimo perdendo sempre più terreno. Mi sentivo scoraggiato e arrabbiato. Il mio istinto fu quello di inviare una mail a Maureen. Convinsi me stesso di non farlo e di concentrarmi su delle cose più produttive.

In primavera, Doug Gladstone mi scrisse una mail riguardo al fatto che lui si era messo in contatto con il nuovo direttore del Parco Nazionale del Midwest, Cam Sholly. Evidentemente, Mike Reynolds aveva lasciato la sua posizione. Non ero al corrente di ciò in quanto avevo lasciato le redini a Doug un po' di tempo prima, sperando che lui avesse più successo di me con la NPS. Doug fissò una conversazione telefonica con Cam Sholly. Gli

Herbert, che stavano lavorando sul documentario, si offrirono di andare ad Albany dove Doug stava lavorando e filmarono la conversazione.

A detta di Doug, la conversazione andò bene. Dopo che Cam condivise il vecchio dogma del Monte Rushmore con Doug, portò avanti la sua causa in favore di Luigi e raccontò a Sholly quali fossero i desideri della famiglia Del Bianco: un riconoscimento permanente in qualità di capo incisore per Luigi Del Bianco. Doug era felice di raccontarmi del fatto che Cam sembrò empatica verso tale causa e verosimilmente si aprì alla modifica del registro storico. Ero felice anch'io di sentire ciò, ma ricordai che Mike Reynolds mi aveva fatto la stessa identica speranzosa retorica.

Tutto sommato, ero contento di questo sviluppo, con una sola grande eccezione. Cam non sapeva del mio sito web e di quei magnifici documenti storici. Potete starne certi che le persone del Monte Rushmore non gli avevano detto nulla a riguardo. Con tutto il dovuto rispetto per Doug, lui aveva fatto una scelta coraggiosa di non includerli in nessuno dei suoi discorsi, con l'eccezione di una lettera che nomina Luigi come capo incisore. Sapendo in cuor mio che il Monte Rushmore aveva rifiutato quelle documentazioni tutti questi anni in forza dell'autorità che avevano, non potevo lasciare che passasse così inosservata questa opportunità. Cam aveva il diritto di sapere di questi documenti in modo che avrebbe potuto prendere la decisione migliore.

Gli Herbert mi filmarono un venerdì pomeriggio all'interno del mio ufficio. Le telecamere erano puntate su di me mentre digitavo il numero dell'ufficio di Cam Sholly. Stavamo scommettendo se lui fosse o meno disponibile a parlare e, se il destino lo avesse voluto, lui lo sarebbe stato. Mi presentai e sentii il mio cuore battere nel petto. Per una qualche ragione, ero più nervoso del solito. All'improvviso, la posta in gioco sembrò essere estremamente alta.

La conversazione iniziò con Cam che stava ripetendo tutto quello che le persone del Monte Rushmore gli avevano detto: c'era una foto di Luigi all'interno del museo dei lavoratori, tutti avevano contribuito in maniera equa... pensai tra me e me, *Oh Dio, ci risiamo*. Dovevo cambiare discorso e alla svelta.

"Sono felice di sentire che lei abbia avuto una conversazione con l'autore, Doug Gladstone. Volevo comunque parlare con lei, in quanto possiedo alcune informazioni essenziali che dovrebbe conoscere".

Mi sedetti e lessi ogni documento importante come se fosse Gettysburg Address. Non mi fermai fino a quando non passai dall'uno all'altro, parola per parola. Cam non fiatava. Potrei dire che lui stesse ascoltando con attenzione. Quando terminai, disse, "Wow. Questo è veramente impressionante".

Dissi, "Grazie. Ho aiutato mio zio Cesare a cercare questi documenti nella Biblioteca del Congresso. Questi documenti sono da anni nel sito web da anni mio nonno, e sono anche stati condivisi con un sacco di funzionari del Monte Rushmore fin dall'inizio degli anni '90".

"Veramente?" disse incredulo Cam. "E tu affermi di avere un sito web su tuo nonno?" Lui non sapeva del mio sito web; meno male che lo avevo chiamato.

Terminò la telefonata dicendomi, "Tu possiedi una storia avvincente. Fammi parlare con le persone del Monte Rushmore e ti ricontatterò".

Proprio come Mike Reynolds, Cam Sholly era un gentiluomo. Proprio come Mike Reynolds, rimase colpito e avrebbe parlato con i funzionari del Monte Rushmore. Proprio come Mike Reynolds, sembrava ottimista. Per me, l'ottimismo non attraversava esattamente le mie vene. Semmai mi sentivo come il protagonista in alcuni thriller di Hollywood. *Non parlare con Rushmore! Fui terrorizzato. Ti porteranno dove tutti gli altri ti hanno portato!*

Mi diedi una calmata. Quello che sarebbe stato sarebbe stato.

Sapendo che Cam non mi avrebbe ricontattato per almeno un'altra settimana, tentai di concentrarmi sulla raccolta fondi per il documentario e la mia carriera a tempo pieno in qualità di attore-cantante-narratore. Qualunque cosa avessi fatto, sia che fosse stato lavorare al computer sia che avessi recitato davanti a un pubblico di 300 studenti, Cam Sholly e la sua ultima decisione pesavano sulla mia testa come la spada di Damocle, domandandomi se questo viaggio sarebbe finalmente terminato con la mia testa integra.

Una settimana dopo, il telefono mi svegliò da un pisolino del tardo pomeriggio.

Era Cam Sholly. Sembrava ottimista. "Ho una proposta da farti. In base a tutti i documenti che mi hai letto, vorrei inviare due dei miei migliori storici a casa tua per analizzare ogni documento di tuo nonno che possiedi. Che ne pensi?"

Penserete che avrei dovuto essere esaltato o gridare di gioia.

"Cosa intendi per due storici? Cosa significa?"

Cam era sorpreso. Come dargli torto. Lui mi aveva spiegato di nuovo con molta pazienza la proposta. All'improvviso fui consapevole della mia strana reazione. Mi scusai e diedi la colpa al pisolino. Ero un poco intontito dal sonno, ed in parte era vero.

"Non ci sono problemi," mi assicurò Cam. "Sai, fino alla nostra conversazione della scorsa settimana, onestamente non sapevo cosa fare di questa storia. Dopo aver ascoltato di quei documenti, adesso lo so. Mi rivolgerò veramente a degli storici per il loro aiuto e per la competenza in questo campo".

La conversazione terminò con una nota molto positiva. Mi disse che avrebbe voluto organizzare un incontro con me e gli storici nelle prossime settimane, se tutto fosse andato bene ad ottobre. Gli dissi che non vedevo l'ora e lo ringraziai. Non posso credere alle parole che erano venute fuori dalla mia bocca, ma non ho idea di come fossi stato in grado di dirle. Dovevo ancora essere in fase di shock.

Quando riagganciai il telefono, mi sentivo orribile sul modo in cui avevo reagito. In seguito realizzai il perché avessi reagito in quel modo. Tornai in me e immediatamente misi giù due righe per scrivere una mail a Cam.

Caro Cam,

Voglio ringraziarti nuovamente dal più profondo del cuore per esserti messo in contatto con me per propormi la tua offerta di portare due storici importanti a revisionare i miei documenti ottenuti dalla Biblioteca del Congresso. Mi dispiace se ti sono sembrato un poco diffidente all'inizio della telefonata. È colpa del sonnellino. Ripensandoci, credo che fossi solamente sbalordito e non sapessi come reagire. Ti prego di comprendere il fatto che ho trascorso 25 anni facendo tira e molla con almeno 15 diversi funzionari della NPS senza alla fine avere alcun risultato. Anche se ho perseverato, credo di essermi ormai programmato per aspettarmi sempre un altro muro davanti a me. Tu hai alterato tutto questo e mi hai confuso! Adesso che le acque si sono calmate sono molto emozionato per questa nuova possibilità e ti sono davvero grato per aver fatto quello che molti altri (con tutto il dovuto rispetto) non hanno avuto intenzione di fare. Mi sentivo in dovere di darti una spiegazione.

Resto in attesa di un tuo riscontro a breve sui dettagli dell'incontro.

Cordialmente,

Lou Del Bianco

Era così bello averlo fatto. Mi sono ripromesso che non avrei potuto lamentarmi del fatto che la proposta di Cam non era stata fatta 25 anni fa da uno dei suoi predecessori. Il fatto è che lui si era assunto la responsabilità e aveva avuto l'istinto di fare quello che molti prima di lui non avevano intenzione di fare: ribaltare la versione ufficiale dei lavoratori del Monte Rushmore. Cam Sholly adesso era ufficialmente l'eroe di Luigi.

Cam Sholly, la persona che ha cambiato le regole.

Iniziai a organizzare la presentazione del libro con tutti i documenti disposti in ordine cronologico in modo tale da poter raccontare la storia del periodo di Luigi sul Monte Rushmore. L'inizio del libro aveva come punti principali le fonti primarie dei documenti, una volta per tutte.

DOCUMENTAZIONE SU LUIGI DEL BIANCO
DOCUMENTI DI BORGLUM
DIVISIONE MANOSCRITTI
BIBLIOTECA DEL CONGRESSO, WASHINGTON, DC.

I DOCUMENTI ALLEGATI MOSTRERANNO QUANTO SEGUE:

- Luigi Del Bianco, immigrato italiano e incisore su pietra con formazione classica, fu il capo incisore sul monte Rushmore tra gli anni 1933 e 1940.
- Il talento e le abilità di Luigi Del Bianco erano di vitale importanza per il lavoro.
- Luigi Del Bianco fu il braccio destro di Borglum e l'unico artista a cui venne chiesto di incidere "la rifinitura dell'espressione" sui quattro volti.
- Luigi Del Bianco non aveva solamente eseguito i suoi doveri come capo incisore, ma aveva anche istruito e fatto da guida sul lavoro a molti dei lavoratori sia inesperti che qualificati.
- Luigi Del Bianco, nonostante l'accanimento contro di lui da parte della sede di Rapid City, aveva perseverato sul Monte Rushmore con forza, dignità e senso artistico senza pari.
- Luigi Del Bianco era molto di più di uno dei 400 "lavoratori" sulla montagna e si merita un riconoscimento speciale per il suo grande contributo.

Passarono due settimane senza alcuna notizia. Dovevo continuare a ricordare a me stesso che Cam era il direttore di tutti i Parchi nazionali dell'intero Midwest. Insomma, il ragazzo aveva altre cose per la testa, non solamente Luigi. Gli inviai comunque una mail. Mi rispose quel pomeriggio.

Caro Lou,

Così come avevamo discusso al telefono lo scorso mese, abbiamo riunito un'ottima squadra per valutare le informazioni storiche disponibili relative a tuo nonno, e al suo ruolo per il monumento nazionale commemorativo presso il monte Rushmore.

Bob Sutton è lo storico del Servizio del Parco Nazionale presso la sede centrale di Washington, DC. Bob ha lavorato in svariate mansioni durante la sua carriera, inclusa quella di Sovrintendente del sito del campo di battaglia nazionale a Manassas in Virginia. Tim Good è attualmente il Sovrintendente del sito storico nazionale di Ulysses S. Grant e ha una vasta formazione sulla storia. Entrambi sono stati inseriti in copia per conoscenza in questa mail.

Ho scelto entrambi per la loro preparazione approfondita e variegata e mi fido di loro per considerare in maniera oggettiva la totalità delle informazioni; sia quelle presentate da te, dal Parco e da altri qualora fosse necessario. Si metteranno in contatto direttamente con te per programmare una loro visita. Così come abbiamo discusso, i loro propositi saranno:

- *Una valutazione di tutte le informazioni disponibili relative a Luigi Del Bianco e al suo ruolo sul Monte Rushmore, inclusa una revisione della documentazione fornita da famiglia, Parco e altre persone;*
- *Interviste a Lou Del Bianco e qualsiasi altra persona in possesso di informazioni pertinenti;*
- *Una valutazione del riconoscimento attuale di Luigi Del Bianco presso il Monte Rushmore;*
- *Sulla base della valutazione di tutte queste informazioni disponibili, si è consolidata in me la convinzione del fatto che Luigi Del Bianco dovrebbe essere riconosciuto a dei livelli superiori rispetto a quello attuale.*
- *In secondo luogo, loro dovranno valutare il libro di Doug Gladstone su Luigi Del Bianco.*

Sia Bob che Tim avranno il piacere di lavorarci su. Grazie Lou, Bob o Tim potrebbero chiederti un numero di telefono da contattare per programmare il tutto.

Cam

Stava diventando sempre meglio. Cercai Bob Sutton e Tim Good su Internet e loro erano tutto ciò che Cam avesse detto che fossero: storici di alto calibro. Malgrado questo sviluppo promettente, non potevo continuare a non avere quei pensieri ossessivi nella mia mente; tutti quei "se". E se il Monte Rushmore iniziasse a parlare con gli storici e li influenzasse nel loro modo di pensare? E se alcuni personaggi a sorpresa comparissero dal nulla e boicottassero l'incontro che Cam stava organizzando? Camille mi assicurò che a differenza di tutte le altre volte, questa era una svolta *reale*. Lei mi incoraggiò ad essere positivo. Feci del mio meglio ed ebbi alcuni istanti di ottimismo. Tuttavia, dopo 25 anni di delusioni ripetute, dentro la mia testa ricorreva un solo pensiero: *è troppo bello per essere vero*.

Subito dopo, ricevetti una mail molto cordiale da parte di Tim Good.

Caro Lou,

Bob e io siamo entrambi onorati di avere l'opportunità di lavorare con lei su questo progetto. Vi sono tre date che andrebbero bene per me e Bob: martedì 20 ottobre; mercoledì 21 ottobre e giovedì 22 ottobre.

Ci sarebbe uno di questi giorni che andrebbe bene in base ai suoi programmi?

Inoltre, siamo disponibili ad incontrarla a New York. Quale posto e quale indirizzo andrebbe bene per lei?

La ringrazio

Tim

Bene, stavo davvero ricevendo risposta da uno dei due storici. Stava succedendo davvero!

Nessuna preoccupazione per questa mail. Era una svolta inaspettata.

Il giorno dell'incontro, resi la nostra sala da pranzo una sala riunioni e collocai sul tavolo gli opuscoli della presentazione che avevo creato per l'incontro. Incrociai le dita guardandoli, implorando Dio affinché le cose cambiassero così come avevo da sempre sperato che andassero.

Il nostro incontro venne programmato per le 10:00 e io ero pronto dalle 9:30. La cosa peggiore che potessi fare fu quella di concedermi del tempo extra solo per aspettare. Cattiva idea. Pensai, *Sposto la mia macchina dal vialetto di accesso così uno degli storici può parcheggiare lì.* Entrai nella mia monovolume e notai che i tappetini erano un poco in disordine. Andai in preda al panico. Oh no! E se dovessi portare gli storici in macchina e vedessero che la base e i tappetini della macchina sono sporchi? Il cruscotto era impolverato! Immediatamente entrai in città. Venti minuti prima del mio incontro con gli storici del Parco nazionale ero in ginocchio presso il locale lavaggio e passavo l'aspirapolvere sui tappetini della mia monovolume. Tutto questo solamente per dire che questo era il modo di fornire un'energia negativa al mio sistema nervoso.

Camille ritornò a casa da scuola e arrivarono gli storici. La volevo lì per questo incontro. Entrambi mi misero immediatamente a mio agio. Loro erano cordiali, gradevoli, avevano aspettato impazienti questo incontro. Quando li feci sedere e gli mostrai gli opuscoli, posso dire che rimasero colpiti di quanto fossero esaurienti. Tutte le ricerche erano inserite all'interno degli opuscoli. Loro dovevano semplicemente ascoltarmi e leggere man mano.

Cominciai dall'inizio, dal 1933, quando Luigi fu il primo ad essere assunto da parte di Borglum e lessi i documenti in ordine cronologico. Siccome i documenti, soprattutto con le parole utilizzate da Borglum, erano molto dettagliati e ben scritti e trattavano una vera storia, i due signori ascoltavano con attenzione. Quando lessi ciò che aveva scritto Borglum all'interno di una lettera per un verbale ufficiale, per un telegramma e per una relazione, la mia voce iniziava a svelare l'emozione. Non ero pronto a tutto questo. Andai alla lettera di Borglum dove difendeva "Bianco" nei confronti della "Sede di Rapid City". Iniziai a leggere la riga preferita di mio zio Cesare: "Lui è apprezzato più dei tre uomini d'America per il suo genere particolare di lavoro...": quando mi invase un ricordo.

D'improvviso ricordai quei giorni a Grant Street nella piccola camera da letto di mio nonno. Quando iniziai a leggere le parole di quella citazione, i miei 52 anni divennero di nuovo 5 anni. Riuscivo a vederlo seduto sul bordo del letto, che mi chiamava. *Vieni qui, abbraccia tuo nonno.* Riuscivo a sentirlo avvicinarsi a me, afferrarmi per le spalle...

Lui è apprezzato più dei tre uomini d'America...
Io sono Luigi, tu sei Luigi.

Le mie parole si fusero con il suono conciso e teso che si ha quando ci si sta trattenendo e provando a non piangere. La mia gola faceva male mentre mi sforzavo di leggere l'estratto senza cedere. Un poco imbarazzato e un poco rincuorato, riuscivo a sentire gli storici vicini a me, in silenzio e con rispetto di questa completa liberazione di 25 anni che si stava inscenando davanti a loro.

Il mare di lacrime terminò. Pensai, *ci siamo*. Lessi il resto del libro con più convinzione che mai. Ogni tanto, Bob o Tim inserivano una domanda o un commento, ma per la maggior parte del tempo loro sembravano come degli alunni di cui avevo ottenuto la completa attenzione durante uno dei miei programmi d'assemblea. Dopo aver finito, mi sentivo del tutto sollevato. Mi ero tolto un peso. Tim fu il primo a parlare.

"Dunque, tu hai condiviso questi documenti con il Monte Rushmore da quanti anni?".

"Venticinque," risposi.

Dopo aver detto il numero realizzai che significava un quarto di secolo. Non avevo mai visto tutto ciò in questo modo prima d'ora.

Tim si sporse verso di me.

"Lou, questi 25 anni devono essere stati davvero frustranti per te e per la tua famiglia. Ti stimo per essere sempre stato un galantuomo con il Monte Rushmore per quanto dovessi essere stato esasperato. Altre persone avrebbero inveito e distrutto il loro obiettivo. Ma non tu".

Wow, pensai. Essere stata una persona garbata ha dato i suoi frutti.

Bob e Tim mi fecero entrambi gli applausi per i documenti incredibili che mio zio aveva trovato in tutti quegli anni passati. Dissi che ero convinto che lui sarebbe stato a conoscenza di questo giorno e da qualche parte stava sorridendo e arricciando il suo naso contorto.

Tim intervenne. "Lou, questa è la situazione ideale da parte nostra in qualità di storici, non quella di doverci occupare delle dicerie o anche delle prove indirette, ma delle testimonianze date dai documenti primari. Bob ha preso un opuscolo.

Gli storici del Parco nazionale Bob Sutton e Tim Good.

"Questo è quello che ci hai presentato oggi, e posso dirti che attiveremo subito la possibilità di fornire referenze per un maggiore riconoscimento a tuo nonno. Penso che una targa commemorativa sul Monte Rushmore potrebbe essere la cosa più appropriata".

Camille mi strinse la mano. Era *troppo* bello per essere vero. Era bello, era vero e stava accadendo. Dissi, "Davvero?! Non avevo idea che avreste deciso oggi!"

"La prova è troppo convincente. Hai reso tutto molto semplice per noi".

Successivamente Bob sorrise e disse, "Sono soddisfatto. Che ne dite di pranzare?"

Dopo un grande pasto al ristorante italiano preferito da me e Camille, ci sedemmo tutti e parlammo un poco.

Tim si girò verso di me e disse, "Prima di lasciarci, devo dirti che hai davvero una storia incredibile. Non è mai stato scritto nulla su tuo nonno utilizzando questi documenti storici".

Dissi a Tim che mio zio Cesare voleva scrivere una storia anni fa, ma era troppo travolto da questo compito.

"Comporterà molto lavoro, ma so che potrai farlo. Dopo tutto, sei un narratore. Sono sicuro che utilizzerai i documenti per raccontare la sua storia e fare la cronaca del viaggio della tua famiglia per fare in modo che lui venga riconosciuto".

Ero stato stimolato. Ringraziai Tim per il suo supporto. C'era solamente una cosa che era rimasta nella mia mente.

"Tim e Bob," iniziai. "So che darete delle referenze a Cam per il riconoscimento permanente. Credo che adesso sia tutto nelle sue mani".

Tim disse, "Beh, dovresti saperlo, per il direttore del Midwest del Parco nazionale inviarci qui a sue spese, vuol dire che la cosa deve essere veramente seria".

Bob aggiunse, "Sappiamo che Cam fa affidamento su di noi per guidarlo a prendere una decisione".

Era tutto ciò che avevo bisogno di sentire.

La giornata si concluse con un viaggio speciale sulla mia monovolume appena spolverata per raggiungere il monumento commemorativo di Luigi Del Bianco. Volevo che lo vedessero in quanto gli avevo raccontato che ciò sarebbe stato un buon esempio da utilizzare per la targa commemorativa a Rushmore. Il calco era già stato effettuato; solamente una parte del testo richiedeva qualche modifica. A loro piacque l'idea, come pure la targa commemorativa quando gliela mostrai.

Tutto ciò avvenne il 21 ottobre 2015. Le settimane trascorsero senza alcuna notizia da parte di Cam. Vissi la mia vita provando a rimanere positivo. Ero alla fine di una lunga odissea. Avevo fatto questo vivendo sulle spalle di tante persone che mi erano passate davanti. Riconoscevo come tutti mi avevano supportato: Silvio in modo paziente accarezzò il mio fragile ego; mia nonna, sensibile a ogni mio spostamento; mio padre che mi contestava; Cesare che mi aveva passato il testimone mentre lo teneva ancora. Infine, mio nonno, il quale non aveva bisogno di fare pressioni su suo nipote che portava il suo nome. Tutti gli sforzi, tutti i patemi, tutti gli anni di lotta, sperando e pregando di raggiungere questo momento finale...

Ciao Lou,

Spero che tu stia bene. Abbiamo preso la decisione di dare maggiore riconoscimento ai contributi di tuo nonno sul Monte Rushmore sulla base dell'incontro tra Tim, Bob e te e sulla loro discussione con i funzionari del Parco. Credo di averti accennato che qualora avessimo deciso di aumentare il livello di riconoscimento, sarebbe passato un po' di tempo e un'ulteriore procedura per decidere le cose da fare.

Ci metteremo sicuramente in contatto con te man mano che andremo avanti e svilupperemo altre ipotesi.

Grazie e ti auguriamo delle stupende vacanze.

Cameron Sholly

EPILOGO

"Io sono Luigi, tu sei Luigi".

MENTRE SCRIVO TUTTO QUESTO, il mio editore e amico, Anthony Fasano, conduttore del The Italian American Podcasts sta lavorando instancabilmente per mandare in stampa puntualmente questo libro mentre aspettiamo ansiosamente il grande giorno: il 16 settembre 2017. Dopo nove mesi di riflessione, il Servizio del Parco Nazionale ha deciso che la targa commemorativa per rendere onore a mio nonno verrà scoperta sulla montagna; la ciliegina sulla torta a vari strati con alti e bassi lungo un periodo di 25 anni. Ci siamo quasi, e mi sento come un piccolo ragazzino che si trova davanti all'albero di Natale alle tre del mattino, in pigiama aspettando ansioso il sole che sorge…

Anche l'attesa in questo caso è stata un insieme di pianificazione, di realizzazione, e sì, di molta attesa. Benché Cam Sholly e i suoi colleghi avessero deciso il riconoscimento già nel dicembre del 2015, un "pacchetto commemorativo" doveva essere riunito e approvato da chi prendeva le decisioni dell'Amministrazione di Washington per il consenso finale (Oh cavolo. Non avevo più le forze per affrontare tutto).

Con il passare dei mesi, finalmente ricevetti una mail da Cam che mi diceva che il pacchetto commemorativo era già stato firmato. Il mio cuore esplose dall'emozione. E in seguito colò a picco con il promemoria da parte di Cam del fatto che era solo la prima di una serie di autenticazioni, che necessitavano di un'approvazione finale. E se non avessimo ottenuto tutte le firme di cui avevamo bisogno? E se durante questo piccolo percorso con il pacchetto verso Washington qualcuno nella gerarchia delle autorità, all'interno della sede da qualche parte, si fosse rifiutato di firmare? Sarebbe andato tutto perduto? Avremmo dovuto ricominciare di nuovo tutto da capo? Cam con cautela mi assicurò che era sicuro del fatto che si sarebbe andati fino in fondo.

Ad ogni approvazione firmata ci avvicinavamo sempre di più. La data scelta per la cerimonia era il 24 giugno 2017 a condizione che vi fosse il nostro piccolo pacchetto che avrebbe ricevuto l'approvazione. Questo fascicolo misterioso, che stava attraversando un percorso burocratico a ostacoli, era diventato come un nuovo membro della famiglia per cui tutti facevamo il tifo. Aspettai con nervosismo a bordocampo, pronto a chiamare la mia famiglia in modo che loro avrebbero potuto prenotare i voli e gli hotel, solamente per sentirmi dire da Cam che la NPS aveva bisogno di più tempo. Non era affatto colpa di Cam; faceva tutto parte della procedura. La cerimonia doveva essere spostata al periodo autunnale.

Un giorno dell'inverno del 2016, ricevetti una mail che affermava che il nostro piccolo pacchetto aveva ricevuto l'approvazione finale ed era stato portato in dirittura d'arrivo. Si era riusciti a far sfondare la pubblicazione che era rimasta sospesa tutti quegli anni precedenti. Ricordo che iniziai a fare salti di gioia davanti al mio computer come un piccolo ragazzino. Come avrebbe detto mio nonno, *Finalmente!*

Durante una lunga telefonata con Cam, lui mi rivelò anche che era stato rincuorato dal fatto che la procedura era terminata. D'un tratto mi resi conto che questo amministratore del Servizio del Parco Nazionale, al di fuori di Omaha, Nebraska, non solo credeva in questa storia ma si era anche coinvolto emotivamente. Cam Sholly sarà sempre come un fratello per me e come un nipote ad honorem di Luigi.

Perciò eccoci qua. Dopo un continuo andirivieni sul contenuto della targa commemorativa, la cerimonia e gli innumerevoli altri aspetti con la meravigliosa assistente di Cam, Lauren Blacik, aspettavamo adesso il 16 settembre. I voli e gli hotel erano stati prenotati. Gli oratori e le persone importanti si erano messi in fila. I comunicati di sostegno da parte delle celebrità come Lidia Bastianich e Tony Bennett verranno letti durante la cerimonia. Tutto stava andando alla perfezione.

In sole poche settimane, la mia grande, vivace e rumorosa famiglia italiana sarebbe arrivata sul Monte Rushmore. Camille sarebbe stata al mio fianco con le mie sorelle e Gloria. Ci sarebbe stato anche Cesare qui, ne sono sicuro. E Luigi? Lui è stato qui tutto il tempo. Il suo spirito non ha mai abbandonato la montagna. Sono sicuro che nel momento in cui Cam e io avremmo scoperto quella targa, quelle lunghe e muscolose braccia sarebbero diventate nuovamente giovani e forti, per aiutarci a togliere il velo quando avremmo definitivamente cambiato la testimonianza storica. Per quel "grande e grosso italiano". Per mio nonno.

La targa di Luigi scoperta sul Monte Rushmore.

Gloria Del Bianco

Ricordi di mio padre…

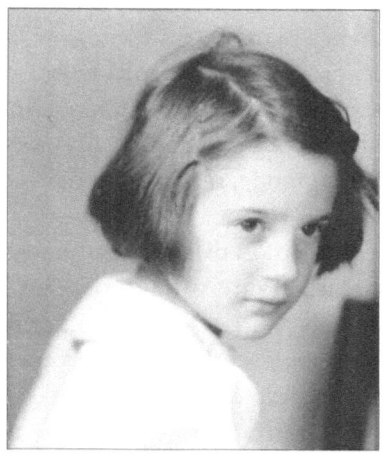

Gloria Del Bianco, l'ultima figlia sopravvissuta di Luigi Del Bianco, all'età di 5 anni.

I MIEI GENITORI, LUIGI E Nicoletta (Cardarelli) Del Bianco mi diedero il benvenuto al mondo nel marzo del 1946 a Port Chester, New York. Mi unii ai mie tre fratelli più grandi, Silvio, Vincenzo e Cesare. Venni chiamata Gloria Teresa, il mio secondo nome dopo che mia sorella era venuta a mancare a 4 anni per una meningite spinale. Mia madre aveva 44 anni e mio padre 54 quando nacqui all'ottavo mese, con un peso di soli 5 libbre. Venni soprannominata "nocciolina" dalle infermiere dell'ospedale. In quanto ero troppo giovane rispetto ai miei fratelli, mio fratello Cesare adorava dirmi, "Non eri nemmeno in programma quando papi stava lavorando sulla montagna", con quel nome si riferivano al Monte Rushmore. Mio padre aveva terminato il suo lavoro sul Rushmore anni prima che io nascessi.

Crescendo, sentivo regolarmente parlare del Monte Rushmore ma non avevo mai capito il significativo contributo di mio padre fino a quando raggiunsi l'età dei vent'anni. Con il passare degli anni, appresi molto di più riguardo a mio padre, io riuscivo davvero a immaginarlo lì in alto sulla montagna ad incidere e a rifinire i lineamenti. Nonostante fossero passati molti anni da allora, ho ancora dei bei ricordi di mio padre e proverò a raccontarne quanti più possibile.

Lasciatemi iniziare con il dire che ero la gioia di mio padre, e lui la mia. Mia madre mi raccontava che quando avevo circa 3 anni, mio padre doveva andar via di casa per un incarico come incisore su pietra, io rimanevo davanti la zanzariera a piangere e a prendere a calci la porta dopo che lui se ne era andato. Lei provava a spiegarmi che era andato via per lavoro e non avrebbe potuto portarmi con sé. Ma a me non interessava; continuavo a piangere e a dare calci, a volte continuavo fino a quando lui rientrava a casa. Quando divenni più grande, riuscii ad andare con lui qualche volta e riuscii a vedere quanto ogni persona fosse felice di avere mio padre come incisore della tomba commemorativa dei loro parenti, in quanto per loro era un modo per ricordarli. Tante volte loro ci offrivano del cibo tipico italiano o del vino per mio padre. Qualche volta mio padre mi diede un piccolo bicchiere di Porto e mi sentii come una vera adulta!

All'età di 3 o 4 anni, ricordo che mio padre stava costruendo la casa in cui avremmo vissuto a Clinton Street. Non andavo ancora a scuola, quindi potevo stare un poco con lui. Mi metteva sulla carriola piena di cemento, mi piaceva molto. Quando la casa venne terminata, lui realizzò il suo studio nel garage dietro la casa. Di solito andavo lì per vederlo mentre lavorava. C'era una lunga e spessa cintura in gomma, che dava al suo trapano la carica per frantumare la pietra da incidere. Era molto rumoroso e spaventoso per me. Lo studio presentava molti lavori sculpiti da mio padre sospesi e sistemati su degli alti tavoli da lavoro. Busti di Teddy Roosevelt, Lindbergh, un mosaico di Lincoln e altri ancora che riempivano lo studio. C'era una stufa nera panciuta con una pentola sopra dove lui qualche volta preparava per noi la colazione o il pranzo. Era sempre un piatto speciale, e riesco ancora a vederlo fare il fuoco e sento ancora l'odore del cibo che veniva cotto su quella vecchia stufa. Adoravo rimanere con mio padre mentre lui stava incidendo. Infatti, mia madre mi raccontò più avanti che mio padre voleva scolpire un busto che rappresentasse me quando ero giovane. Inutile dire che ero una ragazzina turbolenta e troppo impaziente per stare seduta per un periodo di tempo così lungo. Di certo oggi rimpiango tutto questo.

Mio padre mi aveva aiutato a costruire una gabbia per piccioni. Sembrava come una piccola casa che stava in piedi da sola con finestre, una porta e un'apertura sulla parte superiore per i piccioni bianchi e neri. Fu in questo periodo trascorso con mio padre e i piccioni che notai che lui aveva una ferita sulla mano destra proprio sopra il mignolo. Mi raccontò che c'era ancora un proiettile nella sua mano da quando lui era stato nell'esercito italiano e che un soldato nemico gli aveva sparato, ma lui aveva risposto sparando al nemico. Non sono sicura se si fosse inventato tutto, ma non gli chiesi mai più di quella ferita.

Mio padre era sempre molto premuroso e ricordo due episodi in particolare in cui lui fu per me. Il primo, quando avevo all'incirca 4 anni, mi lanciai nel traffico e stavo quasi per essere investita da un'auto. Mio padre mi tirò su tra le sue braccia, e io piansi fino a quando arrivò un poliziotto. Mio padre mi mise in testa il cappello del poliziotto e io smisi di piangere. L'altro episodio fu all'incirca a 10 anni, mentre mi stavo arrampicando su un albero del nostro giardino quando d'improvviso il tronco dell'albero si ruppe e caddi giù, sbattendo forte a terra. Mio padre era di nuovo lì per me, venendomi a prendere e assicurandosi che stessi bene.

Quando avevo all'incirca 11 o 12 anni, mio padre mi beccò mentre fumavo. Non volevo che nessuno a casa sentisse l'odore di fumo così la spegnevo dalla finestra del piano di sopra. Guarda caso mio padre, che si trovava nel suo studio per lavorare, andò in giardino. Lui arrivò proprio mentre stavo buttando una grande nuvola di fumo dalla finestra. Sentii quella esclamazione in italiano e sapevo di essere in un *mare* di guai. Mi portò dal dottore di famiglia che mi chiese qualcosa del fumo e con mio padre seduto alla mia destra confessai. Inutile dirlo, non fumai mai più a casa fino a quando fui più grande. In seguito fu la volta dei ragazzi che venivano a prendermi per un appuntamento galante. Mio padre stava in piedi mentre si apriva la porta e al ragazzo toccava il terzo grado.

"Quindi, ti piace mia figlia", diceva mio padre con il suo accento severo da inglese stentato. "A che ora la riporterai a casa?"

Senza aspettare che il mio ragazzo rispondesse, lui aggiungeva "A casa entro le 23:00, capito?"

"Sì signor Del Bianco", e ce ne andavamo. Ero imbarazzata, ma sapevo che lui era protettivo con me perché mi amava.

Mio padre aveva realizzato per me un anello ricavato da una pietra, una magnifica pietra di agata, che lui aveva ottenuto dalle Black Hills quando si trovava sul Monte Rushmore. Aveva inciso questo anello in forma di rubino levigandolo con un effetto patinato di nero e grigio e incidendolo con 18K d'oro. Quando lo mettevo al sole, appariva semitrasparente. Lo volevo indossare per il mio 16° compleanno durante la mia festa in cui i miei genitori si sarebbero lanciati con YMCA, ma lui mi disse che ero troppo giovane e che avrei dovuto aspettare. Ricordo quella festa come se fosse ieri, mio padre con il suo bellissimo abito marrone, mia madre con il suo stupendo vestito e tutti i miei amici, e ovviamente del gran cibo. Quando in seguito chiesi di nuovo dell'anello, lui mi disse che non riusciva a trovarlo e che uno dei miei fratelli poteva averlo trovato e lo aveva venduto. Ero fuori di me ed ebbi una grossa lite con i miei fratelli, i quali negarono tutto. Quando finalmente raggiunsi l'età dei 18, e mio padre pensò che io fossi grande abbastanza, lui mi diede l'anello. Era stupendo, e io ero così orgogliosa di indossare qualcosa di così meraviglioso che aveva realizzato mio padre. La pietra si staccò molti anni dopo e la misi in un cassetto in una piccola cesta verde con un coperchio fino a quando riuscii a farlo riparare. Andai a prendere la scatola dal mio cassetto qualche giorno dopo e non c'era. Cercai ovunque ma non la trovai.

Vi sono molti aggettivi che descrivono mio padre: bello, forte, intelligente, divertente, creativo, carismatico e gentile, per dirne alcuni. Ma innanzitutto lui era umile. Lui era protettivo verso di me e credo che questo in parte derivava dalla perdita di mia sorella Teresa all'età di 4 anni. Lui era un rispettoso cittadino di Port Chester e camminava per la città con la sua fedora in testa, abbassando il suo cappello alle persone che conosceva. Proveniente dal nord Italia, lui parlava uno splendido italiano. Mio padre era un ammaliatore delle donne dicendo loro che erano davvero carine. Loro amavano questo modo di fare. Ricordo che un paio di loro ridacchiavano quando lui diceva ciò, in particolar modo le amiche di mia madre che venivano in casa per il caffè e per qualsiasi dolce che mia madre avrebbe dovuto preparare quel giorno. La maggior parte delle volte c'erano quattro o sei donne che chiacchieravano e mio padre entrava nella stanza per vedere chi vi fosse e di cosa stessero parlando. Lui esprimeva la sua opinione e loro erano compiaciute.

Mio padre era anche molto premuroso. Ricordo che una volta stavo male per l'influenza; avevo questo terribile mal di testa che andava avanti da giorni. Strillavo contro i miei genitori e chiedevo quando sarebbe andato via quel mal di testa. Ogni giorno quando chiedevo di lui mi rispondeva, *Non preoccuparti, molto presto starai meglio.* Quando ero piccola e fuori faceva molto freddo, mio padre portava a me e a mia madre del caffè con un poco di whiskey per riscaldarci.

Mio padre di certo non era sempre perfetto. Aveva un cattivo carattere e senz'altro nessuno voleva essere la causa di quella rabbia. Quando mia madre e lui avevano un battibecco era spaventoso, ma mia madre, con la sua altezza da 4'11" non si spaventava mai di lui e gli teneva testa. Quando la lite terminava, loro parlavano ed entro un paio di ore era come se nulla fosse mai successo. Quando facevo la monella, ricordo che entrambi i miei genitori mi davano la caccia a casa e io mi nascondevo sotto il letto. Dopo veniva fuori la scopa per cacciarmi via da sotto il letto, da una parte mia madre e dall'altra mio padre. In quel momento sapevo che non c'era via d'uscita.

Gloria e il busto del suo paparino.

Le domeniche in casa Del Bianco stavano ad indicare maccheroni e polpette. Ricordo che mia madre cucinava i maccheroni e faceva le polpette e mio padre la aiutava a friggerli. Lui gironzolava fischiettando un brano di un'opera, con uno strofinaccio ficcato nei suoi pantaloni, mescolando il sugo. Io prendevo un poco di condimento crudo delle polpette per assaggiarlo. Mia madre mi urlava contro per non prenderne più, ma erano così buone. Posso ancora sentire l'odore di quelle polpette e di quel sugo cotto. Tutti si riunivano in cucina dopo la messa domenicale, parlando e ridendo e aspettando il pranzo. Una volta preparato il cibo, ci sedevamo tutti attorno al tavolo della cucina. Vi erano risate, conversazioni su una cosa o un'altra, Sinatra che si sentiva in sottofondo e del buon cibo. Mio padre metteva sempre del formaggio grattugiato sul sugo e gli chiedevo, "Papi, perché così tanto formaggio?" Lui mi rispondeva, "Perché sono un topo". Questo faceva ridere i miei tre fratelli, mia madre e me.

Fu durante uno di questi pranzi domenicali, quando avevo all'incirca 10 anni, che appresi che mio padre era stato il capo incisore sul Monte Rushmore. Ricordo che mio fratello Cesare a tavola prese una foto del Monte Rushmore e mi disse, "Papà ha fatto questo".

Mio padre adorava stuzzicarmi baciandomi le orecchie, le quali sarebbero risuonate e io gli urlavo di smetterla. Lui rideva. Quando ero più grande, e lui si sedeva a tavola io andavo dietro di lui e gli baciavo la sua testa pelata e questo lo faceva sorridere. Ci stuzzicavamo sempre a vicenda.

Mio padre era anche un grande cuoco. Lui faceva il migliore risotto al mondo, la stracciatella in brodo e la zuppa di lenticchie. Credo che una delle sue cose preferite fosse fare per se stesso un uovo crudo che avrebbe sbattuto con un poco di latte tiepido e dei cereali al mattino. Se non avesse avuto la silicosi, sarebbe probabilmente vissuto per un periodo di tempo abbastanza lungo in quanto lui mangiava in modo salutistico.

Mio padre aveva un amico che si chiamava Alfonso, il quale aveva un cane di nome Tiny. Alfonso mi spediva dal signore con il bar bungalow che gironzolava per vendere gelati su un camioncino, con dei soldi per prendere un gelato per me e uno per Tiny. Mi piaceva e anche a Tiny. Ricordo che Alfonso di solito andava a cacciare, e una volta venne nella nostra cucina e lanciò una busta di plastica sul pavimento. Dentro c'era un coniglio scuoiato e lui aveva annunciato che lo aveva portato per "Lueeg". Mia madre lo dava immediatamente a mio padre che lo cucinava ed era l'unico che lo mangiava. Mia madre non ne voleva sapere.

Alfonso era un muratore. Quando iniziò a star male e si trovò in punto di morte, mio padre mi portò a casa sua e mi chiese di salutarlo e abbracciarlo. Feci quello che mi chiese mio padre ma fu una cosa spaventosa per una bambina perché sapevamo che stava per morire. Sapevo che era importante per mio padre, così lo feci, perché mi chiese di essere rispettosa della morte di un amico. Era un momento triste per me e di cui non mi sarei mai dimenticata. Ero contenta che mio padre mi avesse insegnato questo genere di compassione e di rispetto.

Lui lavorava sodo come incisore. Praticava il suo mestiere di incisione su pietre tombali e altre statue per sostenere la sua famiglia. Nei fine settimana mio padre aveva un rito. Lui e i suoi amici si riunivano davanti alla veranda e bevevano quel buon vino Gallo! Bevevano, chiacchieravano e ridevano fino a tarda sera. Posso ancora sentirli se chiudo gli occhi e mi soffermo ad ascoltare attentamente.

Ricordo che mio padre era seduto su un'alta sedia nera con il resto di noi accanto a guardare la televisione. Se vi era un attore o un comico non gli importava, si alzava bruscamente dicendo alcune paroline per poi lasciare la stanza. Mio padre di solito guardava i comici; i suoi preferiti erano Sid Caesar e Jackie Gleason. Una volta vidi Sid Caesar quando lui era un po' più adulto, mentre si trovava in un ristorante a Los Angeles, e gli raccontai quanto mio padre amasse il suo lavoro. Lui sorrise e mi fece l'occhiolino. Mio padre andava a letto presto e mia madre e io rimanevamo in piedi per i nostri spuntini con pistacchi o merendine e guardavamo insieme la televisione. In seguito mio padre ritornava nella stanza dopo circa un'ora e voleva sapere quando saremmo andate a letto. Lui non riusciva a dormire se sapeva che non eravamo tutti a letto. Mia madre e io mettevamo via i nostri dolci e andavamo a letto.

Ricordo che la nostra famiglia stava guardando "To Tell the Truth" negli anni '50 e uno dei concorrenti era Lincoln Borglum, il figlio di Gutzon Borglum. Quando lo spettacolo terminò, il telefono iniziò a squillare incessantemente. La famiglia e gli amici si stavano chiedendo se avessimo visto lo spettacolo. Mio fratello Cesare chiamò a New York per parlare con l'emittente. Gli disse di mio padre e di Lincoln ed era abbastanza sicuro del fatto che potevano mettere in contatto Lincoln per parlare con mio padre. Parlarono per un bel po' e tutti ascoltammo fino alla fine la conversazione di mio padre. Non si parlavano da anni e io sono sempre stato grato a mio fratello Cesare per aver reso ciò possibile.

Quando avevo circa 16 anni, mio padre aveva avuto problemi di respirazione e gli venne diagnosticata la silicosi a causa della polvere prodotta durante il suo lavoro di incisione. Siccome per lui divenne difficile respirare, il dottore lo ricoverò in ospedale. Quando si sentì meglio si vestì e lasciò l'ospedale da solo. Il dipartimento amministrativo dell'ospedale aveva sempre saputo quando venne ricoverato ma non seppe mai quando lui lasciò l'ospedale. L'addetto alla reception disse, *il signor Del Bianco ha deciso di andare via. Noi non siamo così sicuri di quando se ne sia andato ma il suo letto è vuoto* e aggiunse *il signor Del Bianco è una persona molto carina e molto bella.* Il dottore rimase sorpreso del fatto che mio padre riuscì a vivere così a lungo con la sua silicosi, ma mio fratello Vincenzo disse che era dovuto al vino, alle donne e alle canzoni. Lui aveva un grande spirito di vita! L'ultimo lavoro che mio padre fece prima che vendesse la casa fu per la signora Nighe di Rye, New York. Lei aveva un busto d'argilla di sua figlia che lei stessa aveva realizzato e voleva che mio padre la lanciasse e le facesse da tutor. Lavorarono insieme nello studio per un paio di mesi durante l'estate. Il mio papà completò il lavoro che finì per essere l'ultimo della sua vita.

Grazie all'influenza di mio padre, divenni più forte nell'affrontare le sfide della vita. Era un uomo coraggioso. Lui affrontò molti pericoli nell'incisione del Monte Rushmore. Questo dice molto riguardo a come lui affrontasse anche altre sfide nella sua vita. A partire dalla perdita di sua figlia Teresa, ad un'età così precoce, ai suoi problemi di salute, lui non si lamentò mai. Questo mi aveva reso più forte e con più autocontrollo, sia dal punto di vista artistico che per le prospettive della mia vita in generale. È sempre qui con me e io sono orgogliosa del suo risultato sul Monte Rushmore. Quando vedo la montagna e la bellezza delle incisioni penso, *questo è stato il lavoro di Luigi Del Bianco e Luigi Del Bianco è mio padre!*

INTERVENTI DELLE NIPOTI DI LUIGI

"Con gli occhi di una bambina, mio nonno era sempre una presenza dominante. Aveva inciso maestose figure e un luccichio distintivo nei loro occhi. Ricordo di aver pranzato con lui e mia nonna e di essere andata nel garage per guardare tutte quelle sue statue. Naturalmente, tutto ciò successe anni prima rispetto a quando capii quanto lui fosse davvero una persona di talento. Tramite mio padre, avevo sentito molte storie riguardanti il Monte Rushmore. Non potrei che essere orgogliosa di questo compito così lungo e tumultuoso che mio zio Cesare e mio fratello Lou hanno inseguito per concederti questo riconoscimento, nonno! Oh, e che bel sorriso che aveva".

— **ANDREA DAUR**

"Da bambina ero sempre stata allo stesso tempo affascinata e spaventata da mio nonno. Le sue dimensioni erano intimidatorie, ma il suo spirito delicato sopraffaceva la sua statura. Avevo trascorso molti giorni nel suo garage solo per guardarlo lavorare sui suoi manufatti, sia su una statua o su marmo con il ritratto di Abraham Lincoln. Ricordo che gironzolavo con un articolo di giornale su di lui; nessuno dei miei amici mi credeva riguardo al fatto che lui fosse il capo incisore e quindi dovevo provarlo! Chi poteva dirlo che sarebbe stato destinato a grandi cose? Credo che non avrebbe mai pensato di essere riconosciuto per il suo talento in quanto era occupato solamente a fare ciò che amava".

— **LINDA DEL BIANCO**

"Ricordo che da bambina andavo a casa sua durante i pasti e ricordo il ritratto con mosaico in bianco e nero di Lincoln. Essendo così giovane, non avevo apprezzato in quel periodo quello che lui avesse compiuto nel corso della sua vita come scultore. Durante la mia vita da adulta, sono sempre stata orgogliosa di parlare del suo ruolo sul Monte Rushmore e mi divertiva la reazione di alcune persone quando sentivano dire tutto questo. La mia più grande emozione fu riuscire a vedere finalmente la montagna quando incontrai la mia famiglia lì nel 2005! Ricorderò sempre l'emozione quando la vidi per la prima volta... indescrivibile!"

— NANCY HUDSON

"Le visite settimanali a casa dei miei nonni a Grant Street sono i miei unici ricordi di lui. Mia nonna era sempre vicino al tavolo della cucina o alla stufa e mio nonno era seduto su una sedia di velluto color senape nel salotto. Ricordo che un giorno mi sedetti al suo grembo e lo guardai mentre parlava un inglese stentato. Il lavoro che mio fratello e mio zio hanno fatto per scoprire la verità riguardo al suo incredibile talento, alla sua etica lavorativa e alla direzione dei lavori ci hanno reso tutti molto orgogliosi. Noi saremo sempre orgogliosi ma questo riconoscimento si basa sulla credibilità e il successo che davvero si merita. Questo ricordo sarà il miglior ricordo al mondo!"

— AMY DEL BIANCO

"Avevo 11 anni quando mio nonno venne a mancare. Ricordo che andavo lì ogni domenica per pranzo cercando la scatola di biscotti Mayfair sulla lavatrice e mia nonna con i suoi occhi blu cristallini che cucinava sulla stufa. Ero intimidita da mio nonno per il suo peso e per le sue caratteristiche da possente romano. Aveva un buco nella sua mano come Gesù. Mio nonno era Gesù, pensai? Negli ultimi suoi mesi di vita, andammo a trovarlo mentre era a letto. Allungò la sua enorme mano e la colpì sul letto. Ogni volta che stavo andando in vacanza mio padre mi diceva, "Quando andrai sulla montagna?" Se solo avessi saputo quello che so adesso. Orgogliosa di essere sua nipote".

— MARIA DEL BIANCO

LE CONGRATULAZIONI DI ILLUSTRI AMERICANI

LUIGI DEL BIANCO!

Il 16 settembre del 2017 la targa commemorativa venne presentata sul Monte Rushmore, gli americani famosi hanno contribuito con le loro opinioni lette durante la cerimonia. Qui di seguito vi sono alcune delle nostre preferite:

"Ho adorato aver scoperto questa storia di immigrazione di Luigi Del Bianco, un maestro incisore che ha portato in vita il Monte Rushmore con la sua maestria per renderlo uno dei più evidenti capolavori realizzati al mondo dagli uomini. Vi sono così tante storie di immigrazione di uomini e donne che hanno costruito questa grande nazione e hanno portato artigiani come Luigi Del Bianco ad essere riconosciuti per i loro contributi".
— **TONY BENNETT**

"Uno dei miei nipoti e io recentemente venimmo in auto dal Texas fino al Monte Rushmore in modo che egli potesse vedere il monumento per la prima volta. Quando lui guardò verso l'alto verso il monumento, le sue prime parole furono 'che enorme quantità di lavoro'. Infatti. Per troppo tempo, Luigi del Bianco il capo incisore del Monte Rushmore non era stato riconosciuto per il suo lavoro. Adesso lo riconosciamo per il suo talento, per la sua dedizione e il suo duro lavoro che ha dedicato nella realizzazione di ciò che è diventato uno dei nostri tesori nazionali".
— **DAN RATHER**

"Luigi Del Bianco. Questo straordinario artista e artigiano meticoloso era un maestro incisore su pietra... un immigrato italiano. Noi celebriamo questo riconoscimento, atteso da tempo, per il notevole risultato di aver portato in vita i volti di pietra sul Monte Rushmore".
— **ALAN AND ARLENE ALDA**

"In qualità di italo-americana mi sento immensamente orgogliosa di sapere che Luigi Del Bianco è stato il capo incisore del Monte Rushmore e che lui è stato finalmente riconosciuto come tale. Dio benedica la sua famiglia per la battaglia così lunga e difficile in suo onore, questo significa molto per tutti gli italo-americani!"
—**LENA PRIMA**
Daughter of Singer Louie Prima

Nota: Queste citazioni non sono un sostegno a questo libro, ma vengono inserite per la storia di Luigi del Bianco e del suo lavoro sul monte Rushmore.

RINGRAZIAMENTI

PER LA NATURA STESSA di questa storia e il modo in cui è stata scritta, ho già avuto l'opportunità di ringraziare tante persone che mi hanno aiutato lungo questo percorso. Vi sono, tuttavia, alcuni che principalmente voglio menzionare.

Il primo e più importante personaggio che voglio ringraziare è il mio editore, Anthony Fasano della Niche Content Corp, per aver voluto essere mio socio e aver fatto in modo che questo libro diventasse una realtà. Sarò per sempre grato a Anthony per la sua idea, per il suo impegno e la sua amicizia. Lui è diventato subito un portavoce convincente e positivo all'interno della comunità italoamericana e siamo fortunati di averlo come guida.

Vorrei ringraziare la mia redattrice, Dolores Alfieri, per essere arrivata all'ultimo momento e aver guidato la nave verso la giusta direzione; quando stavo per risentire del colpo finale, Dolores con delicatezza mi ha guidato con la sua competenza e ha fatto tutto con garbo, entusiasmo e con una risata contagiosa che porta tutti a sorridere.

Per ultimo, voglio ringraziare il grafico del mio libro James Woosley della Free Agent Press per il suo talento, la sua competenza, e il suo impegno in questo progetto. Ha preso il mio manoscritto artigianale e lo ha trasformato in un lavoro d'arte. Luigi ne sarebbe stato colpito!

In una nota a sé, voglio ringraziare Gloria Del Bianco per aver condiviso i suoi meravigliosi ricordi su suo padre. Mia zia vorrebbe ringraziare il suo coniuge, Kathi Del Bianco per l'amore, il supporto e l'aiuto durante la scrittura di quei ricordi.

Qui di seguito alcune grandi persone che non sono state menzionate nel libro ma che mi hanno dato un aiuto disinteressato per raccontare questa storia:

> Lou Gallo, Matilda Cuomo, Sandra Gallo, Silvia and Marshall Toppo, Francis Polizio, Henry Varriano, Vinny Bell, Donna Cribari, Dana Rutson, Denise Colangelo, Mario Toglia, Michael Genovese, Toni Salvatore, Lou Truini, Richie Scafa, Gennaro Cardarelli, Gina Truini, Robin Borglum-Kennedy, Len Charney, Lou Magnan, Joe Stagneta, Marshall Toppo, Kathy and Paul Zaccagnino, Andrea Daur, Linda Del Bianco, Nancy Hudson, Maria Del Bianco, Amy Del Bianco, Sean Herbert, Taryn Grimes-Herbert, Lauren Blacik, Matt Wachsman, Jim Anderson, Carla Scacchi, Margherita Ganeri, Mauro Belvedere, Valentina Loreto, Roberto Giacobbo e il gruppo della TV RAI "Voyager".

Un ringraziamento anche a tutte quelle persone, così numerose da citare, che sono venute alle mie conferenze, che hanno pianto per mio nonno, che mi hanno abbracciato e incoraggiato a non mollare mai. Questa storia vi impressionerà più di quello che avreste mai creduto.

Vorrei ringraziare le seguenti illustri persone americane per il loro sostegno nei confronti di Luigi e /o di questo libro:

> Tony Bennett e il suo addetto alle relazioni stampa Sylvia Weiner
> Dan Rather e il suo editore Phil Kim
> Alan e Arlene Alda
> Lidia Bastianich
> Douglas Brinkley
> T. Sean Herbert
> Daniel J. Longo della OSIA
> Lena Prima
> John Viola della NIAF

Mi piacerebbe concludere ringraziando nuovamente mia moglie e mia collaboratrice Camille Linen. Dire che lei è stata un grande contributo per il successo di questo libro sarebbe poco. Come consulente editoriale, Camille mi ha aiutato a dare forma al tono e alla struttura di questa storia speciale in un modo che nessun altro avrebbe saputo fare. È stata la mia musa ispiratrice per molte delle decisioni creative che ho dovuto prendere nel corso dell'intera procedura. Quando l'amore della tua vita è anche la tua collega artistica ringrazi il grande spirito per questo dono. Ti amo Camille. Sono sicuro che anche Luigi ti vuole bene.

NOTA SULL'AUTORE

Foto di Mike Pierro del Vita Studios.

Lou Del Bianco è un attore, cantante e narratore da 30 anni. Le registrazioni per bambini che includono storie originali e canzoni della sua infanzia hanno vinto cinque premi scelti dai genitori.

Gli ultimi monologhi di Luigi includono i ritratti teatrali di Abraham Lincoln, e del nonno di Lou, Luigi Del Bianco, capo incisore sul Monte Rushmore. "Abraham Lincoln: da Railsplitter (*letteralmente "spaccalegna" nomignolo attribuito ad Abramo Lincoln, NdT*) a Presidente" è stato promosso dalla Commissione bicentenaria di Lincoln, e "In the Shadow of the Mountain" è stato rappresentato sul Monte Rushmore.

Fuori dall'ombra del Rushmore è stato scritto per concessione degli storici del Parco Nazionale ed è il primo libro autobiografico di Lou.

Inoltre è coautore di un romanzo storico per giovani lettori e di un copione teatrale sull'incisione del Monte Rushmore.

Lui e sua moglie Camille Linen vivono a Port Chester, N.Y.

PER SAPERNE DI PIÙ

LuigiMountRushmore.com

www.ingramcontent.com/pod-product-compliance
Lightning Source LLC
Chambersburg PA
CBHW030430010526
44118CB00011B/565